上海社会科学院区域国别高等研究院
ADVANCED INSTITUTE OF AREA STUDIES, SASS

世界发展研究丛书

总主编 / 朱国宏
副总主编 / 王健　程福财

法国贫困问题与反贫困政策研究

苑莉莉　著

A Study on Poverty Problem and Anti-Poverty Policy in France

社会科学文献出版社
SOCIAL SCIENCES ACADEMIC PRESS (CHINA)

总　序

当前，世界秩序正经历新一轮大变革大调整，大国战略博弈全面加剧，人类文明发展面临新机遇、新挑战。基于对世界形势的敏锐洞察和深刻分析，以习近平同志为核心的党中央作出了"当今世界正处于百年未有之大变局"的重大论断。深刻认识这一"变局"的丰富内涵，充分了解世界主要国家和地区正在发生的变化，牢牢把握"变局"给人类文明进步和中华民族伟大复兴带来的影响，是我国不断开拓发展空间、实现"第二个百年"奋斗目标的紧迫要求。

随着国家综合实力不断增强，我国与欧美、东南亚、中亚、非洲、拉美等地区的交流合作不断加深，相互依存度持续提升。另外，美西方近年来推进的对华"脱钩""断链"等战略打压遏制政策，给我国的对外开放造成许多新的困难与不确定性。因此，我们迫切需要更加完整准确地理解世界，迫切需要加大对世界其他国家和地区，特别是主要国家和重要区域的研究。

从现实的情况看，我国对其他国家和地区的研究都不够深入系统，缺乏专门的力量。长期以来，我们专注于国内问题研究，对国内政治经济社会文化发展的国际背景缺乏深入系统的经验研究。这与我国不断发展壮大的国家综合实力与不断拓展的国际影响力不相适应。从国际经验看，美国对世界其他国家和地区研究的进程，与美国不断发展壮大并保持世界强国的状况始终高度一致。从 20 世纪初开始，一大批美国人类学家、历史学家、经济学家等开始对中国、日本、俄罗斯等国和东南亚、非洲等地区进行了深入研究，出版了一批富有影响力的研究著作与报告，为美国外交战略的制定与实践提供了重要参考。和美国相比，我国的国别与区域研究明显滞后，亟待发展、壮大。

2022 年 9 月，国务院学位委员会、教育部印发《研究生教育学科专业目录（2022 年）》和《研究生教育学科专业目录管理办法》，将"区域国别学"正式设立为交叉学科门类下的一级学科，推动了我国区域国别研究的发展。同年 12 月，为充分发挥学科门类齐全、跨学科特征显著、区域国别研究基础较好的优势，上海社会科学院建立了区域国别高等研究院，以强化我院对世界其他国家和地区的系统研究。该研究院为我院学科发展与智库建设创新发展的跨学科研究平台，以对世界特定国家和地区的专题研究为中心，积极服务我院学科发展与国家高端智库建设。

上海社会科学院区域国别高等研究院以下属特定国别与区域研究中心为主体力量，对特定国家和地区进行跨学科研究，力图充分解析这些国家和地区政治、经济、社会、文化等多方面或特定方面的发展现状、趋向与逻辑。我们尝试从不同的学科出发，透过对相关国家和地区的特定议题的专项研究，尝试完整理解这些国家和地区的整体发展脉络、特点与趋向。这显然是一项富有挑战性的系统工程。当前，我国的区域国别研究本身还面临学科理论范式有待发展，学科研究方法有待创新，学科融合发展路径有待探索等一系列问题。学界同仁对其学科属性、发展目标与路径的认识尚缺乏统一的认识。在技术层面，对世界其他国家和区域的研究，往往需要更多的资源和投入，开展实证调查研究的难度较大。这些是区域国别研究无可回避、必须克服的难题。不过，惟其如此，才更有系统地组织推动的必要。

呈现在读者面前的这套丛书，正是上海社会科学院区域国别研究团队，特别是一批青年科研人员专心研究的成果。他们尝试以系统科学的论据，揭示相关国家和地区发展的脉络与逻辑。我们期待以此与学界同仁、读者加强交流切磋，共同推动我国区域国别研究的深入进行。

朱国宏

上海社会科学院区域国别高等研究院院长

2023 年 10 月 29 日

序

　　苑莉莉是我的博士后，进上海交通大学公共管理博士后流动站时我曾向她建议，尽可能多地把法国的研究成果和实践经验介绍到中国。这是她的第一本专著，又是以法国贫困问题为主题的，我甚为高兴，愿作序。

　　《法国贫困问题与反贫困政策研究》一书以"黄马甲"运动为切入点来探析激化法国社会矛盾的根源。以自由、平等和博爱为核心价值观的法国，一直努力推进社会团结和提升社会凝聚力，在社会保障方面投入了大量的资金，但为什么还会爆发这样的社会事件？原本为维护社会稳定的一些社会政策是如何发挥催化社会问题、加剧社会矛盾激化的"负效应"，进而产生事与愿违的结果的呢？全书以贫困和反贫困为主线探索相关问题的生成机制、矛盾根源与化解方案，从长时段的视角分析法国对贫困的界定、贫困认知观的演化、贫困线与贫困率的变化、贫困与社会排斥和不平等之间的关系等，并对应研究了法国反贫困的思想基础、相关政策，尤其是针对"新贫困"推行的相关调试性政策。20世纪80年代前后法国"新社会"转型出现了以青年贫困、单亲贫困、在职贫困、失业贫困为主要特征的"新贫困"。所以，法国政府及时出台相关政策，以应对贫困问题的冲击，但福利保障开支的"刚性"膨胀，为政府财政赤字带来沉重的负担，以至于这种原本用于应对社会风险的社会保障机制，反而成为加剧"长期贫困"的生成机制。相应地，法国反贫困政策的思路也在转变：从侧重高税收再分配的社会福利保障向社会投资转型，更加聚焦在对儿童贫困、青年贫困和失业贫困的化解。在这个过程中，法国在"多维"贫困的界定，多样化的贫困研究视角，贫困人口参与的反贫困政策制定模式，政 –

企－社联动的反贫困网络和国际化扶贫方面都有很多成功经验。

苑莉莉是法国巴黎高等社会科学研究院（EHESS）历史与文明专业的博士，主要从事中法妇女史和社会性别史研究，在博士后期间研习慈善公益，关注贫困弱势群体的保障问题，获得国家社会科学基金青年项目"精准扶贫战略下慈善信托的资源整合机制研究"后，重点关注世界贫困问题，尤其是法国贫困问题，以法国为例探讨化解贫困问题的机制。

此书无论在选题、研究资料方面，还是在研究思路和研究方法方面，都有其独特之处，供方家阅读参考。

是为序。

徐家良

上海交通大学特聘教授 中国公益发展研究院院长

2023 年 10 月 28 日于无锡

导　论
"黄马甲"运动——激化社会问题的导火索

步入 21 世纪的短短 20 年内，法国已经爆出好几起社会矛盾激化事件。例如，2007 年因社会保障改革引发的大罢工；2016 年抗议劳动法改革的"黑夜站立"运动；2018 年 11 月 11 日在凯旋门隆重举行纪念一战结束百年的官方仪式，仅在一周后这个万众瞩目之地就因"黄马甲"运动冲上了热搜。新冠疫情防控期间"黄马甲"再度游行，进而引发了一系列问题的连锁反应，激化了深层的社会矛盾，这也是 21 世纪初期法国多重社会危机的一次集聚性爆发。

事实上，法国的核心价值观是自由、平等和博爱，这是写入法国宪法中的国家格言。长期以来致力于维护社会团结和提升社会凝聚力，在社会保障方面投入了大量资金的法国，为什么会频繁出现这样的社会事件？原本维护社会稳定的社会政策是如何发挥出催化、加剧社会问题产生与社会矛盾激化的"负效应"的？一些社会政策是如何产生事与愿违的逆向非预期结果的？本书以"黄马甲"运动为切入点，以贫困和反贫困为主线探索相关问题的生成机制、矛盾根源与化解方案。

一　从抗议燃油税的游行到城市暴乱

（一）背景与导火索

2015 年，法国促成《巴黎气候协定》的签署，积极推进能源转型，通过对汽柴油燃料征收碳排放税来进行碳排放治理，这也是为了减少环境污染。① 改革触动了每天需开车上班、居住在外省的中产阶级的利益，法国长途运输工会最先提出抗议，一些对省道车辆限速政策不满，对全国医疗、教育等福利保障制度有意见，以及担心自身购买力的各行各业群体开始响应，在互联网社交媒体上发起"堵塞一切"（Bloquons Tout）的抗议行动。也有人将其视为外省人对巴黎管理者的反抗，是社会底层反全球化的一种方式，燃油税增加导致的油价上涨只是一个导火索而已。

原定从 2019 年 1 月 1 日起，汽油每升提高 0.029 欧元，柴油每升提高 0.065 欧元，② 仅几欧分的涨幅却引发了 2018 年 11 月 17 日法国约 28.7 万人③身穿黄马甲上街游行示威，3 天内已造成 1 人死亡，400 多人受伤，其中 14 人受重伤。④ 11 月 20 日，政府立刻宣布拨款 500 万欧元帮助贫困家庭承担上涨的汽油税，但这些快速应对的举措并没有及时实现有效安抚游行示威群体的预期目的，这是"黄马甲"运动与政府部门的第一轮博弈。历史总是惊人的相似，当初法国大革命爆发的直接导火索也是波旁王朝的面包价格涨了几分钱。⑤ 为什么最微小的调整往往会成为压垮骆驼的最后一根稻草？

（二）运动第一阶段：渗入暴力分子与反暴力的"红围巾"运动

2018 年 12 月 1 日，游行队伍被极左翼的不屈的法兰西党和极右翼的国民联盟渗透，⑥"黄马甲"运动逐渐演变成一场规模空前的城市暴乱。当天有 13.5 万人参加，在香榭丽舍大街发生了打砸抢等暴力事件，与警察起了激烈的冲突，至少 65 人受伤，169 人被捕，已经严重影响到社会治安稳定。早期参加运动的非暴力民众退出了，但极端分子比例明显提高。⑦ 老

---

① Le projet de loi de finances 2019, 23 octobre 2018, https：//www. gouvernement. fr/.
② 徐波：《转型中的法国》，中信出版社，2020，第 104 页。
③ "Nombre de participants lors des manifestations des gilets jaunes en France entre novembre 2018 et juin 2019," Statista Research Department, 16 janvier 2020, https：//fr. statista. com/statistiques/952143/nombre-manifestants-gilets-jaunes-france/.
④ 《法国"黄马甲"示威游行：当局表示听到愤怒声，但改革方向不变》，《世界报》2018 年 11 月 20 日，转引自王战、刘靖玥、崔萍主编《法国热点问题研究》，武汉大学出版社，2019，第 73 页。
⑤ 徐波：《转型中的法国》，中信出版社，2020，第 104 页。
⑥ 王鲲：《法国"黄背心"运动及其影响评述》，转引自丁一凡主编、戴冬梅副主编《法国发展报告（2020）》，社会科学文献出版社，2020，第 59 页。
⑦ 王鲲：《法国"黄背心"运动及其影响评述》，转引自丁一凡主编、戴冬梅副主编《法国发展报告（2020）》，社会科学文献出版社，2020，第 59 页。

佛爷、巴黎春天等大型商场停业，相关商区的营业额损失很大。临近元旦，很多巴黎酒店订单被大量取消。业内咨询公司 MKG 估计由此损失的营业额将有 1000 多万欧元，法国商业零售业联合会（FCD）认为此次"黄马甲"运动已经造成数十亿欧元的损失。① 法国总统马克龙立刻召开了紧急会议：一些议员呼吁从源头上解决问题，延期执行提高燃油税的政策，也有代表主张慎重考虑征收财富团结税（即"巨富税"，ISF）的问题。② 2018 年 12 月 4 日，法国总理爱德华·菲利普发表电视讲话，宣布将原定于 2019 年 1 月 1 日实施的调涨燃油税政策推迟 6 个月，在此期间将统一柴油和汽油的燃油税。大讨论期间，电费和天然气价格也不会变动，以稳定民心和人们的购买力。③ 因对购买力下降的忧虑，平民不理解为什么对自己加税，反而对富人的巨富税进行改革。马克龙总统认为"巨富税"等增值税改革是为了留住人才、吸引人才，使其投资法国经济，从长远来看，有助于国内生产总值增长 3.3%，创造 44 万个就业岗位。④ 当短期利益、直接利益与国家民族的长远利益产生摩擦时，社会改革总要牺牲一部分人的利益。12 月 8 日，12.5 万人再度上街示威，与警方起了冲突，1723 名抗议者被逮捕，其中 1220 人被拘留。因为政府的积极应对，家家户户筹备过圣诞节和迎接新年，"黄马甲"运动逐渐进入低潮期。12 月 29 日，仅有 1.2 万人参加游行示威。⑤ 虽然第六次抗议运动的游行人数减少了将近一半，但出现了种族主义、反犹主义等过激行为，游行示威者甚至暴力袭警。

此时期，民间也出现了一些反暴力、抗议"黄马甲"运动的自发行

---

① 《"黄马甲"运动重创法国商业》，《世界报》2018 年 12 月 4 日，转引自王战、刘靖玥、崔萍主编《法国热点问题研究》，武汉大学出版社，2019，第 194～195 页。

② 《法国"黄马甲"抗议活动：总统马克龙寻求方法解决危机》，《费加罗报》2018 年 12 月 3 日，转引自王战、刘靖玥、崔萍主编《法国热点问题研究》，武汉大学出版社，2019，第 77～78 页。

③ 《法国总理菲利普发表电视讲话，宣布燃油税等多项政策暂缓实施》，《费加罗报》2018 年 12 月 5 日，转引自王战、刘靖玥、崔萍主编《法国热点问题研究》，武汉大学出版社，2019，第 79～80 页。

④ 《马克龙欲在 2025 年前通过税制改革创造 26 万就业岗位》，《回声报》2018 年 4 月 17 日，转引自王战、刘靖玥、崔萍主编《法国热点问题研究》，武汉大学出版社，2019，第 125～126 页。

⑤ "Nombre de participants lors des manifestations des gilets jaunes en France entre novembre 2018 et juin 2019," Statista Research Department，16 janvier 2020，https://fr.statista.com/statistiques/952143/nombre-manifestants-gilets-jaunes-france/.

为。2019 年 1 月 10 日，图卢兹的工程师洛朗在脸书（Facebook）上发起"红围巾"运动，号召人们 1 月 27 日走上巴黎街头抗议"黄马甲"的暴力行为，也有一些人穿着"蓝背心"和印有"我爱共和国"的衣服，举着"要民主，不要暴力"的标语在雨中前行，① 民间自发力量开始抵制"黄马甲"运动，保卫共和国不陷入危机之中。

（三）运动第二阶段："粉背心"与"黑衣团"

2019 年，法国"黄马甲"抗议者们声称公民倡议联盟（Ralliement d'initiative Citoyenne）准备参与欧洲议会选举，"黄马甲"代表埃里克·杜洛埃（Eric Drouet）认为英格丽德·勒瓦瑟尔（Ingrid Levasseur）违背了"黄马甲"运动的非政治性立场，内部阵营出现分裂。此次竞选面临融资困境，因为全国竞选及政治捐款审计委员会禁止公民倡议联盟成立集体资金库。② 之后，此次运动的维权层面越来越广，2019 年 3 月 9 日第 17 次游行示威呼吁维护妇女权益，女示威者服装换成了"粉背心"。③ 在号召女性参与的柔和风向中，3 月 16 日一些穿黑衣戴面罩的极端暴力分子——无政府主义者黑衣团（Black Blocks）公然破坏书报亭等公共设施，并在街道餐厅、银行打砸抢和公然放火，引发 5 处住宅起火。当天约有 3.2 万人参加游行，230 人被逮捕，游行者、警察和消防队员等 60 多人受伤。④ 此次暴力事件引发各党派的谴责，"黄马甲"运动日益演变成民粹、暴力和极端政治色彩的打砸抢抗议运动，⑤ 社会公众对"黄马甲"的支持率也日益下降。2019 年 11 月 16 日，再次出现"黑衣人"的打砸抢暴力事件，内政部早就做好警力部署，当天全国约 2.8 万人参与游行示威，黑衣人点燃垃圾桶、打砸抢银行和商店，损毁了朱安元帅的雕像，警方为了维持治安，动

---

① 王鲲：《法国"黄背心"运动及其影响评述》，转引自丁一凡主编、戴冬梅副主编《法国发展报告（2020）》，社会科学文献出版社，2020，第 61、70 页。

② 《欧洲议会选举：法国"黄马甲"组团竞选出师不利》，《世界报》2019 年 2 月 10 日，转引自王战、刘靖玥、崔萍主编《法国热点问题研究》，武汉大学出版社，2019，第 98~99 页。

③ 王鲲：《法国"黄背心"运动及其影响评述》，转引自丁一凡主编、戴冬梅副主编《法国发展报告（2020）》，社会科学文献出版社，2020，第 62 页。王鲲将"粉背心"运动归为"黄马甲"运动的第一次高潮，本文将其归为运动的第二阶段。

④ Vincent Gautronneau, Céline Carez, "Acte 18 des Gilets jaunes: champ de bataille sur la plus belle avenue du monde," 16 mars 2019, http://www.leparisien.fr/faits-divers/acte-18-des-gilets-jaunes-champs-de-bataille-sur-la-plus-belle-avenue-du-monde-16-03-2019-8033391.php.

⑤ 王鲲：《法国"黄背心"运动及其影响评述》，转引自丁一凡主编、戴冬梅副主编《法国发展报告（2020）》，社会科学文献出版社，2020，第 64 页。

用了催泪弹和水炮，双方起了激烈的冲突。[①] 此次事件之后，"黄马甲"运动逐渐衰落，参与人数也日益减少。可见，此次游行运动已经从普通的燃油税上涨问题升级到混合着社会保障、政府改革、社会治安、司法、经济发展、种族、宗教、党派政见的复杂问题，逐渐从社会问题向政治问题演进。

（四）运动第三阶段：衰退期的余波

为了继续维系"黄马甲"的存在，"黄马甲"积极寻求与其他工会运动和社会运动相结合，如他们参与讨论养老金改革问题。2020 年 3 月，"黄马甲"代表参加法国市镇选举，其中 10 个市镇选举中有"黄马甲"的候选人代表参加，[②] 这可以看出"黄马甲"的参政意愿，而且进一步违背了之前运动的非政治性初衷。新冠疫情防控时期，法国政府规定禁止 100 人以上的聚会，但 2020 年 3 月 14 日，仍有"黄马甲"参与纪念"最后通牒"一周年活动，发起了一些破坏活动，警方逮捕了 74 人，之后一些零星活动很快被警方平息。至此，此次"黄马甲"运动造成 4300 余人受伤，11 人死亡。[③] 事实上，法国议会于 2019 年 3 月 12 日已经通过了《反暴力示威法》，但"黄马甲"仍兴风作浪，一再挑战政府维护社会稳定的底线。

二　"黄马甲"运动的多米诺骨牌效应

（一）外交困境与压力

"黄马甲"运动是 1968 年"五月风暴"50 年后出现的另一次罕见的暴力游行事件，甚至在疫情防控期间再度发生游行事件。这不但重创了法国的经济，也给法国的外交带来了很大的麻烦。为了平息群众怒火，保障人们的基本生活，马克龙总统已经宣布政府将支出 100 亿欧元来维持法国人民的购买力。国际舆论中，德国《世界报》（Die Welt）经济版主编奥尔

---

① 王鲲：《法国"黄背心"运动及其影响评述》，转引自丁一凡主编、戴冬梅副主编《法国发展报告（2020）》，社会科学文献出版社，2020，第 65 页。王鲲将此次运动归为"黄马甲"运动的第三次高潮，本文将其归为运动的第二阶段。

② 王鲲：《法国"黄背心"运动及其影响评述》，转引自丁一凡主编、戴冬梅副主编《法国发展报告（2020）》，社会科学文献出版社，2020，第 65 页。

③ 王鲲：《法国"黄背心"运动及其影响评述》，转引自丁一凡主编、戴冬梅副主编《法国发展报告（2020）》，社会科学文献出版社，2020，第 65 页。

阿夫·杰斯曼（Olaf Gersemann）认为"马克龙不再是拯救欧洲和欧元区的盟友，而是一个危险因子"，因为应对"黄马甲"运动会使法国财政赤字超过《欧洲联盟条约》规定的3%，《南德意志报》也认为马克龙此举是放弃了"减赤"政策。①

更危险的是，其他国家的社会运动开始效法"黄马甲"运动，德国、比利时先后出现身穿黄马甲的游行示威者，荷兰、西班牙、英国、葡萄牙相继出现了效仿"黄马甲"装束的社会运动，② 激发了欧洲极左、极右、民粹主义情绪增长。俄罗斯总统普京明确表态，不允许"黄马甲"进入俄罗斯，但是意大利政府曾正式声明支持"黄马甲"运动，导致法意关系紧张。

总之，此次基于燃油税的分配调节政策，使民众对政府政策越发不理解，并出现了难以调和的利益博弈状态。"黄马甲"运动从一种乌合之众模式，在社会运动和政党斗争的催化中，逐渐变成持续性的、无组织动员模式，③ 对法国社会结构转型的影响非常大，因为不需要借助传统的工会运动模式，直接通过互联网即可聚集大量人群，形成多次松散、自发、自动的社会集体行动，逐渐成为政府、精英与大众之间的对立模式。这种没有明显边界的、多元的组织形式，④ 在周边国家引发连锁效应，是一种值得关注的互联网时代"新运动"形式。

（二）财政赤字与"大辩论"改革

"黄马甲"运动改变了法国财政改革的良好势头，政府承诺用100亿欧元维持法国人民购买力的举措仍有待落实，⑤ 这将给法国财政再度加压。事实上，自1974年以来法国的财政状况几乎一直是赤字，2010年赤字高达239亿欧元，2011年略有下降为174亿欧元，2012年赤字133亿欧元，

---

① 《法国回应国内抗议活动，德国、比利时表示不安》，《世界报》2018年12月12日，转引自王战、刘靖玥、崔萍主编《法国热点问题研究》，武汉大学出版社，2019，第81页。

② 王鲲：《法国"黄背心"运动及其影响评述》，转引自丁一凡主编、戴冬梅副主编《法国发展报告（2020）》，社会科学文献出版社，2020，第75页。

③ 王鲲：《法国"黄背心"运动及其影响评述》，转引自丁一凡主编、戴冬梅副主编《法国发展报告（2020）》，社会科学文献出版社，2020，第76页。

④ 王鲲：《法国"黄背心"运动及其影响评述》，转引自丁一凡主编、戴冬梅副主编《法国发展报告（2020）》，社会科学文献出版社，2020，第57~58、67页。

⑤ 《马克龙2019年关键性的七项改革：退休、失业、公共机构等》，《回声报》2019年1月7日，转引自王战、刘靖玥、崔萍主编《法国热点问题研究》，武汉大学出版社，2019，第87页。

2013 年赤字 125 亿欧元。经济危机期间，2008 年财政赤字占国内生产总值的 3.3%，2009 年上升到 7.5%，远超欧盟 3% 的标准。同期经济增长率 2011 年为 1.7%，2013 年为 0.3%，[①] 2018 年和 2019 年达到 1.7%，10 年内三年都超过 1.5%。[②] "黄马甲"运动风波之后，法国政府重新推动 2019 年七项重点改革，并通过"大辩论"广泛听取各界意见，尤其是税收过高问题的"大辩论"，马克龙总统指出人们愤怒的原因是税收太高了，却没有享受到相应的公共服务，也因工资太低，无法过上有尊严的生活，都期待着公正与公平。但是我们不接受任何形式的暴力，如果人们相互攻击，这个社会就会崩溃，我们必须用希望战胜恐惧！[③] 法国人围绕着税收与公共支出、国家和公共服务组织、生态转型、民主与公民身份四个主题进行交谈和辩论：怎样才能使税收更公平、更有效；应优先降低哪些税收；行政或地方政府层级是否过多；我们是否应该加强权力下放，让更多的决策权更有利于行动主体；如何改善社会融入和国家融合。在这个"大辩论"的过程中，法国的社会公众，尤其是青年参与政府政策制定的讨论，这有助于重新唤起他们的政治热情和对法兰西制度的信心。[④] "黄马甲"运动促使法国政府恢复了以前的"大辩论"形式，也有助于社会参与的新发展。

　　关于此次"黄马甲"运动的原因，爱德华·菲利普总理认为"黄马甲"游行示威者的愤怒，是对法国无法满足住房、食物、旅行、取暖、衣服等基本需求的愤怒。法国是世界上税收最重的国家之一，但也是负债最多的国家之一，这违背了逻辑。因为法国也是公共服务和社会福利规模最大、最慷慨的国家之一，不断增加的公共开支恶化了相关境况，如果想要降低税收，就要减少公共支出。[⑤] 可见，这牵一发而动全身的"黄马甲"

---

① 吴国庆：《"巴黎的忧郁"：变革、平衡与新的困境——近三十年来法国经济社会转型历程综述》，《人民论坛·学术前沿》2014 年第 16 期。

② "Soutenir le travail, invertir, pour l'avenir," Projet de Loi de Finances（PLF），24 septembre 2018, p. 5, https://www. gouvernement. fr/.

③ Emmanuel Macron, "Grand débat national：la lettre aux Français du président de la République," 13 janvier 2019, https://www. gouvernement. fr/grand-debat-national-la-lettre-aux-francais-du-president-de-la-republique.

④ 徐波：《转型中的法国》，中信出版社，2020，第 118 页。

⑤ Édouard Philippe, "Discours devant l'Assemblée nationale," 5 décembre 2018, https://www. Gouvernement. Fr/partage/10773-declaration-du-premier-ministre-sur-la-fiscalite-ecologique-et-ses-consequences-sur-le-pouvoir-d.

运动所反映出的深层社会问题是经济发展和社会保障体系制度的失衡，归根到底还是跟贫富分化与分配制度有关。

社会保障制度虽然为穷人和弱势群体提供了兜底性生活所需的保障，对法国缓和劳资矛盾、稳定社会、发展经济发挥了重要作用，但是不能从本质上真正解决法国社会的贫富差距问题，反而降低了社会生产效率，甚至加剧了法国社会的不稳定性，导致经济丧失活力。每每相关福利的改革总会引发大规模罢工、罢课浪潮，不利于法国的长远发展和社会团结。

三 贫困何以成为重要的社会问题？

关于法国社会问题的研究，主要代表作有《法国社会发展趋势（1975～1995）》[①] 和《法国社会的重大问题》等，伊乌斯·克劳泽特（Yves Crozet）从社会学的理性角度通过5个基本的问题意识研究了法国15个关键的社会问题。5个基本的问题意识如下：一是家庭结构和人口变化是如何引发社会变迁和文化变化的；二是实用个人主义社会关系的变化为教育系统带来了哪些困难；三是随着多重排斥机制的增强，社会分层和社会流动性发生了哪些变化；四是在企业的集体行动中，如何将工作作为主要的整合因素；五是法兰西共和国"民族"回归所引发的矛盾情绪等，主要核心概念包括从现代性到后现代性、个人主义的兴起与社会纽带的削弱、社会分层和社会流动、"工作：在组织与抗议之间"、"政治生活：'民族'回归的矛盾心理"。[②] 张金岭将法国相关问题的基本形态归纳为民生问题、移民问题和宗教问题三个基本范畴，其中较为突出的社会问题是失业率居高不下、贫富分化严重、不平等和阶层固化现象日益突出，移民导致的人口与民族结构复杂、族群关系恶化、排外思潮高涨，天主教、基督新教与伊斯兰教之间的冲突，以及宗教与世俗主义之间的博弈等，从而使法国社会治理结构陷入结构性困局。[③] 其中，民生问题主要表现为失业、贫困和社会不平等。也有学者从"社会法"（droit social）的视角研究社会问题，认为劳动法或社会保障法都是通过特定的法律、法规来回应工业化带来的工人

---

① Louis Dirn, *La société française en tendance 1975 – 1995*, Paris：Presses universitaires de la France, 1998.

② Yves Crozet, Dominique Bolliet, François Faure, Jean Fleury, *Les Grandes Questions de la société française*, Paris：Armand Colin, 2005.

③ 张金岭：《当代法国社会治理的结构性困局》，《国外社会科学》2018年第5期。

贫困、赤贫、残疾和工人团体抗争的政治选择。[①] 法国总统马克龙认为法国的核心问题是处理好就业、金钱、创新、经济全球化和社会不平等的关系，以及欧洲相关问题等。[②] 可见，他把就业问题放在首位。

关于如何有效解决社会问题的研究，吴国庆认为法国通过社会治理创新的方式来解决相关社会问题，基于社会保障和福利制度构建社会安全网，通过财富再分配缩小贫富差距，以社区治理的方式消除社区贫困，推进城乡一体化以解决城乡对立问题，通过权力下放化解中央与地方的矛盾，并通过谈判机制处理劳资冲突等。但是，法国依然面临社会贫富差距加大和社会治安恶化的困境与挑战。[③] 其中，贫富差距加大进一步体现在法国儿童贫困的加剧上，近 300 万名儿童处于贫困状态，[④] 由此出现的贫困代际循环和阶层固化现象日益严重，法国社会日益分裂为精英和草根两大阶层，从而导致民粹主义泛滥。贫困问题不但影响社会稳定、民族团结，也影响政治安全。

因此，贫困往往与社会分层和社会流动、就业、教育、民族种族、健康疾病、家庭破裂、失业、懒惰、酗酒、吸毒、卖淫、暴力、自杀、社会治安恶化等问题相关，与社会排斥、不平等问题相互交织，是贯穿各类社会问题的主线，也是解决贫富差距问题的核心。

四　本书的篇章结构

自人类社会产生以来，贫困问题始终如影随形。有大量的研究在探寻贫困的根源、产生的原因、形成机理和贫困的本质，以及如何有效地解决贫困难题。世界各地多样化的探索实践，主体思路可以大致分为三大类。一是大力发展经济，通过提高生产力以增加物质财富来解决贫困问题，以此惠及更多贫困群体，即通过经济发展做大蛋糕，使穷人的物质生活更充裕一些，主要研究如涓滴理论等。二是侧重分配制度，通过改变财富和资

---

① 郑爱青：《法国"社会法"概念的历史缘起和含义》，《华东政法大学学报》2019 年第 4 期。
② 〔法〕埃里克・福托里诺编《重塑法国——法国总统马克龙访谈录》，钱培鑫译，上海译文出版社，2020，第 43 页。
③ 吴国庆：《法国社会治理模式及其面临的新挑战》，《社会治理》2015 年第 1 期。
④ Julien Damon, *France: Combattre la pauvreté des enfants*, Fondation pour l'innovation politique, 2019.

源的利益分配，来缩小贫富差距。目前主要通过国家财政的税收制度来进行财富调节，建立福利国家的社会保障政策体系，为贫困群体提供基本生活保障，尤为侧重对特困群体进行基本救济。三是通过民间的慈善公益扶贫济困，自发缓解贫富分化。

本书围绕"社会保障制度的再分配机制是否真减少了贫困，以及这种制度又是如何反向加剧了贫困"等问题展开，主要研究法国贫困问题和反贫困政策演变的动因、过程和生成机制，通过回顾历史上贫困问题的演进历程，聚焦于21世纪法国反贫困、反社会排斥和反不平等的政策制定、落实与成效研究，分析法国分配调节的"刚性"与"弹性"，进一步探索法国相关社会问题转变的根源与特点，以及未来的发展趋势。

第一章综述了法国学界关于贫困和反贫困领域的相关研究。从贫困的概念界定、贫困产生的根源、贫困的测量和贫困线等元问题和衍生概念入手，对法国推行社会救助、慈善公益、国家福利、反贫困举措的思想基础以及反贫困研究中的权力关系等进行了研究。最后聚焦在谁是穷人的问题上，因为无论是贫困研究还是反贫困研究，核心对象都是贫困者，即研究穷人的主体性和表现形式问题。

第二章从长时段的视角追溯历史上的贫困与反贫困，主要通过贫困认知观点的演变和历史上的贫困周期，概述农业社会、工业社会和信息化社会不同贫困状态的表现形式，以及政府、慈善公益组织的反贫困举措，分析法国历史上的贫困与反贫困博弈共生，探寻历史上贫困产生的原因，如生产力低下、饥荒、黑死病等大规模的瘟疫、动乱、战争等致贫动因，以区别于21世纪贫困产生的新原因。

第三章主要研究第二次世界大战后的法国贫困与反贫困问题，尤其是"辉煌三十年"前后这段时间，在法国经济快速发展的同时，构建了法式社会保障制度，一方面为贫困人群和更广泛的社会公众提供了兜底性的保障机制，另一方面为日后福利保障制度日益庞大的开支埋下了隐患，导致经济增速与社会保障严重失衡。

20世纪80年代法国兴起"新社会"，出现了"新贫困"群体，以青年贫困、中产贫困、单亲贫困、高失业率导致的失业贫困和在职贫困（pauvreté laborieuse）为主要特征，即主要贫困的群体不再是老年人和残疾人等没有劳动力的传统贫困人群，而是因为经济"去工业化"发展和家庭结构变化导致的中产贫困群体和单亲女性贫困群体，中产阶级贫困有普遍化的倾向，成为社会风险因素。所以，法国政府及时出台"最低融合收入"（RMI）政策，以期应对贫困的新问题。

第四章和第五章聚焦于 21 世纪初的法国贫困问题与反贫困政策研究。2007 年法国发布"五年减贫计划"，致力于 5 年内将贫困人口减少 1/3，并将贫困问题提到政治问题的高度，以期凝聚共识，推动法国相关领域的改革。因此，以 2012 年为分界点，将 2000～2012 年作为第一个阶段。第四章主要介绍了此时期法国的贫困状况，如法国多维贫困率的变化、2008 年国际金融危机时的贫困问题、贫困与不平等的变化和空间视域中的贫困化，建构了新贫困测量指标体系以及分析了反贫困计划的评估情况，针对"最低融合收入"中的一些问题，法国出台了新的反贫困政策——"积极就业团结收入"，体现了政策调整的与时俱进。之后 2013～2020 年为第二阶段。第五章关注了此时期法国贫困演进的新动态，如妇女、儿童和青少年贫困率的变化与法国社会保障制度的福利欺诈等困境，并出台和落实了侧重区域化的《2015～2017 年反贫困和反社会排斥多年计划》《2018～2022 年国家预防贫困的反贫困战略》。随着新冠疫情的蔓延，贫困问题有所加剧，法国政府积极承担相关责任，为贫困弱势人群、医院、企业、高校提供了大量补助以应对相关困难，但也加剧了财政赤字的压力。贫困问题推动了新的社会问题产生，诱发社会矛盾的"负效应"。

第六章是法国反贫困政策的发展逻辑与悖论困境研究。法国的反贫困政策和社会保障制度是以牺牲经济长远发展为代价的，自由、平等、博爱的价值观赋予法国社会保障制度开放性，在法国生活的非法国籍人也可以领取各类福利补助，如种类繁多的家庭补助、免费教育和医疗绿色通道等，这给政府财政带来沉重的负担，政府对福利保障亏空的纠偏机制也难以有效发挥作用，以至于这种原本为了应对贫困风险的社会保障机制，反而成为加剧"长期贫困"的机制。

第七章是法国反贫困的经验与启示。法国重视发挥穷人解决贫困问题的作用，鼓励穷人参与反贫困政策制定，关注穷人的体验和知识生产的作用。界定多维贫困，搭建政—企—社联动的反贫困网络，借鉴国际化扶贫方面的成功经验。笔者基于将极端贫困线研究作为衡量社会贫困线和释放家庭红利的反事实假设研究法，探讨了法国摆脱贫困"陷阱"的一些方法，如优化协调好三次分配机制等。

总之，本书从贫困治理的视角研究法国的贫困与反贫困领域的相关问题与经验。关于治理的研究，国内外理论研究中均有政府、企业和社会组织三部门划分的解释逻辑，国外一般认为政府是第一部门，企业是第二部门，以慈善捐赠和志愿服务为主开展慈善公益活动的非营利组织（NPO）、非政府组织（NGO）属于第三部门。相关理论有市场失灵、政府失灵、合同失灵、志愿失灵、第三方治理等。法国学者安德烈－让·阿尔诺（André-Jean Arnaud）主要研究通过权力"平衡"和优化"参与"方式来解决多元主体参与的治理结构问题。[1] 厉以宁先生 1994 年在《股份制与现代市场经济》一书中提出"三次分配"：第一次是由市场按照效益进行分配；第二次是由政府按照兼顾效率与公平的原则，通过税收、扶贫及社会保障统筹等方式来进行第二次分配；第三次是在道德力量作用下，通过个人收入转移、个人自愿缴纳和捐献等非强制方式再一次进行分配。[2]

　　本书主要研究法国三次分配体系的建构与失衡产生的"贫困再生产机制"，侧重分析以下三方面：一是第二次分配对第一次分配的过度调节，政府通过最低工资制度和社会保障制度对市场的过度干预，逐渐导致法国经济的空心化，并使其丧失了长远发展的活力；二是第二次分配的过度调节导致政府巨大的财政压力，法国跨国界的博爱、社会救助、社会团结等理念为法国社会福利套上了沉重的枷锁，福利分配的"刚性"导致法国财政赤字越来越严重；三是第三次分配的失调，反贫困领域以政府责任为主导，家庭的反贫困责任虚化，当代家族之间的民间互助救济和慈善公益等捐赠力量有待加强，以此增强分配调节的"弹性"，走出"分配陷阱"。本书的研究框架如图 1 所示。

---

① André-Jean Arnaud, Laure Ortiz, *La Gouvernance. Un outil de participation*, Issy-les-Moulineaux: Librairie Générale de Droit et de Jurisprudence, Lextenso éditions, 2014, pp. 9 – 10.

② 厉以宁：《股份制与现代市场经济》，江苏人民出版社，1994，第 77～79 页。

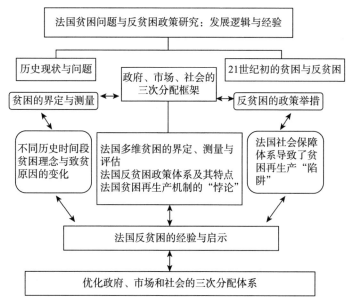

图 1　研究框架

资料来源：笔者自制。

第一章
法国语境中的贫困与反贫困

在法国语境中贫困往往与社会排斥和不平等相关，有些人认为这样会导致政策偏差，花过多精力解决社会排斥问题，反而没有真正有效解决贫困问题。那么，什么才是贫困问题，怎样才能精确解决贫困问题。这涉及"贫困"界定的话语权问题，即谁在研究贫困问题，谁在为穷人代言，如何界定贫困和划定贫困线，谁是穷人，怎样制定反贫困政策，等等。

第一节　贫困的元问题研究

贫困问题是人类社会面对的共性问题，法国学界主要从贫困的概念界定和测量、贫困产生的根源、贫困的表现形式、贫困与社会排斥、贫困与不平等、反贫困的思想基础、反贫困相关政策与举措方面展开相关研究。

一　贫困的概念界定

（一）什么是贫困？

如何界定贫困？1984 年欧共体对贫困进行了界定：指个体、家庭和群体因物质、文化和社会资源匮乏而处于最低限度的生活状态。[1] 法国没有

---

[1] Anthony B. Atkinson, Sandrine Cazes, Serge Milano, J. Assemat, Bruno Jeandidier, Rudolf Teekens, M. A. Zaïdi, "Mesures de la pauvreté et politiques sociales: une étude comparative de la France, de la RFA et du Royaume-Uni," *Observations et diagnostics économiques: revue de l'OFCE*, No. 33, 1990, pp. 105 – 130.

完全采用基于最低限度的绝对贫困线的衡量法，主要采用相对贫困线，综合考虑地域空间、时间、个人本身的资源和社会需求等多种因素，不仅仅从物质匮乏层面来界定。

1. 物质匮乏型

大多数对贫困的界定侧重资源匮乏，以收入为主要衡量标准，主要用货币贫困（la pauvreté monétaire）和贫困的生活状态（pauvreté de conditions de vie）来测算相关贫困率，具体指难以获得维持基本生存需要的日常生活中的常用物品、财产、教育和居住环境等，无法保障基本生活消费。调研中主要衡量指标有家庭预算困难、延迟付款、消费限制和住房条件。如迈克尔·弗斯特（Michael Förster）认为贫困是指缺乏资源、收入低、物质匮乏或意识到处于缺乏资源的状态，[1] 其中意识到贫困也可以理解为主观贫困的一种类型。

2. 关系缺失与建构型

欧洲学者格奥尔格·齐美尔（Georg Simmel）认为穷人的特征不能仅用缺乏资源来衡量，从社会逻辑来看，穷人不只是那些缺乏资源而贫困的人，更主要是指那种接受或按社会标准接受救助的社会群体。[2] 应关注处于我们援助关系中的穷人，即从关系分析的视角去研究如何帮助穷人摆脱贫困，[3] 摆脱贫困的关键是通过援助关系将穷人与社会联系起来，使穷人不被排斥在外。萨林斯（Sahlins）认为贫困不是因为生活用品不足，也不在于目的与手段之间的关系，贫困是一种人与人之间的关系，是社会分化逻辑的基础。[4] 可见，对贫困界定的立足点是人本身。克里斯蒂安·金查德（Christian Guinchard）尝试探索贫困的社会逻辑：穷人"生活世界"的连贯性受到了威胁，那些没有金钱、关系或社会地位等保障的疲于应付生活的人，直接受到被削弱的危害或破坏，贫困的危害在于使穷人消极地处

① Michael Förster, Dominic Richardson, "Réduction de la pauvreté des enfants: comparaisons internationales," *Politiques sociales et familiales*, No. 104, 2011, pp. 63 – 75.

② Georg Simmel, *Les Pauvres*, Paris: PUF, 1998; Ruwen Ogien, *Théories ordinaires de la pauvreté*, Paris: Presses Universitaires de France, 1983, p. 102.

③ Georg Simmel, *De l'avarice, du gaspillage et de la pauvreté: Suivi de Les pauvres*, Frederic Joly Traduction, Paris: Éditions Payot, 2020.

④ Paul Grell, Anne Wery, "Le concept de pauvreté: les diverses facettes institutionnelles de la pauvreté ou les différentes naturalisations de ce concept," *Courrier hebdomadaire du CRISP*, Vol. 771, No. 25, 1977, pp. 1 – 25.

于社会保护之中。① 所以，反贫困就要重建这种社会关系。

3. 秩序建构型

与上述逻辑有点类似，主要基于社会分化和社会分层的观点，米歇尔·莫拉从"结构性贫困"的视角研究了贫困的演变历程。② 相关研究的理论基础是基督教的价值观和国家思想，③ 因为《圣经》中有一些救助穷人的内容，在实践中也会通过慈善救济的方式解决贫困问题，直到 8 世纪，贫困仍主要被视为一种精神价值方面的问题，因为怜悯穷人是得到救赎的一种方式，而不仅仅是社会问题或公共秩序问题。④ 1767 年莱梅西尔（Lemercier）将贫困视为一种自然秩序，也是政治、社会的基本秩序。除了这种将贫困视为社会秩序自然化结果的观点之外，也有研究认为贫困是竞争带来的社会选择的必然后果，贫富分化导致穷人依赖富人的同情和施舍。⑤ 贫困的生成是源于权力、道德、文化共同建构的社会秩序。

4. 社会风险型

也有研究将贫困视为一种社会风险，与社会治理紧密相关，会引发一系列社会问题。塞格·鲍甘（Serge Paugam）认为贫困通常被视为代际传递问题，与特定阶层或明显可以识别群体相伴生的一种风险。⑥ 尼可拉斯·杜弗（Nicolas Duvoux）将贫困界定为国家治理和公共空间建构中行动者联盟的产物，这种因贫困引发的联结关系的变动重塑了国家社会干预政策，⑦ 逐渐形成一种社会保障范式。在涂尔干相关观点的基础上，鲍甘等认为贫

---

① Christian Guinchard, *Logiques du dénuement: Réflexions sociologiques sur la pauvreté et le temps*, Paris: Editions L'Harmattan, 2011.

② Michel Mollat, *Les Pauvres ou Moyen Âge*, Paris: Éditions Complexe, 1992, p. 44.

③ Abram de Swaan, *Sous l'aile protectrice de l'État*, Paris: Presses Universitaires de France, 1995, in Nicolas Duvoux, Jacques Rodriguez, "La pauvreté insaisissable: Enquête（s）sur une notion," *Communications*, No. 98, 2016, pp. 7 – 22.

④ Nicolas Duvoux, Jacques Rodriguez, "La pauvreté insaisissable: Enquête（s）sur une notion," *Communications*, No. 98, 2016, pp. 7 – 22.

⑤ Jean-Michel Wachsberger, Jacques Rodriguez, "La neutralisation politique de la pauvreté," *Communications*, No. 98, 2016, pp. 109 – 123.

⑥ Serge Paugam, *Die elementaren Formen der Armut*, Hamburg: Hamburger Edition, 2008, pp. 201 – 206.

⑦ Frédéric Viguier, "La cause des pauvres. Mobilisations humanitaires et transformations de l'État social en France（1945 – 2010）," thèse de doctorat, Paris: École des hautes études en sciences sociales, 2010.

困是一种失范，是社会瓦解的一个因素。① 所以，政府和社会只有积极解决贫困问题，才能更好地维护社会稳定与团结。

5. 剥夺视角

有研究从社会公平正义的权利视角，将贫困界定为一种被"剥夺"状态。丹妮尔·兹瓦托德（Danielle Zwarthoed）对约翰·罗尔斯（John Rawls）和阿玛蒂亚·森（Amartya Sen）关于贫困的定义进行了详细的分析，揭示了"政治"的特殊性，使贫困理论中公平正义的一致性成为主要利益的保证，贫穷是指经济匮乏或缺乏相应的经济"代理人"而无法保障相关权利，这种定义有两个维度：一是伦理道德层面不平等与不正义之间的关系，涉及如何判断穷人的生存状态，二是认识论层面用什么方法界定贫困。② 杰罗姆·阿卡多（Jérôme Accardo）采用"剥夺"的视角通过问卷调研贫困生活的不同条件，将穷人定义为一系列"剥夺"的受害者，测试欧洲不同国家居民对贫困的耐受度。根据问卷问题，排名在前三位不能接受的"剥夺"有：不能给孩子买衣服和鞋子（90%），无法支付牙科设备的费用（89%），经常一周几次吃不饱饭，住在没有热水的房子里（89%）。可以看出，这种"剥夺"更像是一种"匮乏"或消费不足。在法国的调查中，超过50%的受访者认为"剥夺"是不能被接受的，尤其是住房质量差，难以获得治疗等。③ 欧洲各国不同问卷的共性是指涉及影响生命功能的"剥夺"，如吃、穿、住等匮乏是不能被接受的，即"刚需"的无法满足。而涉及娱乐或者社会关系层面的"剥夺"或匮乏，则是可以接受的，将不能容忍的行为限制在纯物质层面，进一步论证了从生活条件入手界定贫困和反贫困的重要性。在比较研究的基础上，杰罗姆·阿卡多提出从"文明"的视角比较不同国家贫困观的重要性，跳出国别研究人类社会的贫困。

6. 贫困表征的"所指"与"能指"

有研究从语言学角度分析"贫困"的所指与能指，认为贫困本身是虚幻统一的，不同的社会贫困指代不同的社会现实，即贫困表征的差异化与

---

① Serge Paugam, *Les Formes élémentaires de la pauvreté*, Paris：Puf, coll, 2005, in Frédéric Viguier, "Les paradoxes de l'institutionnalisation de la lutte contre la pauvreté en France," *L'Année sociologique*, No. 63, 2013, pp. 51 – 75.

② Danielle Zwarthoed, *Comprendre la pauvreté. John Rawls, Amartya Sen*, Paris：Universitaires de France, 2009.

③ Jérôme Accardo, "Thibaut de Saint Pol, Qu'est-ce qu'être pauvre aujourd'hui en Europe? L'analyse du consensus sur les privations," *Economie et Statistique*, No. 421, 2009, pp. 3 – 27.

共性问题。如在一些发达国家，贫困这个范畴体现了一种被剥夺参与集体活动的权利和失去个人自我价值实现机会和社会地位的状态。[1] 也有研究认为在发达国家，物质匮乏的绝对贫困状态已经逐渐消失了，[2] 而广大欠发达国家的贫困依然主要指物质匮乏。克劳德－弗朗索瓦·巴拉特（Claude-François Barrat）从经济学角度研究了经济思维中的贫困概念、贫困的后果、影响贫困的因素和补救措施，[3] 指出贫困在发达国家和欠发达国家的表现形式是差异化、多样化的。但也有一些共性问题，如致贫原因是收入不足、营养不良、文盲、家庭风险（离婚、丧偶）、疾病、残疾、自然灾害、政治不稳定（战争）等；减少贫困的主要措施包括基于同情、利他主义的个人行为、宗教信仰、集体选择、公共政策、慈善公益等。在此基础上，让－克洛德·韦雷斯（Jean-Claude Vérez）将反贫困工作归结为五个共性的目标——界定贫困，区分和量化各种形式的贫困（特别是货币贫困），关注贫困人群，关注社会贫困，寻找减少贫困的方法。这在各个历史时段和各个国家都有所体现。

7. 贫困再生产现象

塞格·鲍甘和马里恩·塞尔兹（Marion Selz）分析了 20 世纪 70 年代以来欧盟国家的贫困表现形式：贫困再生产现象。1976～1993 年，贫困有所缓解，但 1993～2001 年再度严重，主要原因是就业不足和失业问题。1993 年法国的极端贫困（extrême pauvreté）比例在欧洲各国相对较高，仅次于希腊和葡萄牙。[4] 此外，社会性别也导致了贫困的再生产。海伦·佩里维尔（Hélene Périvier）指出性别不平等会导致"贫困复制"现象的产生，这也与统治的政治语言有关，语言机制的虚构更验证了排斥、不公正或隔离的存在。在"社会心理结构"中，传统贫困、结构性贫困、新贫困

---

① ONPES, "Observatoire national de la pauvreté et de l'exclusion sociale, L'Évolution de la pauvreté en France: les nouvelles formes de l'aggravation. Suivi annuel des indicateurs de pauvreté et d'exclusion," in Nicolas Duvoux, Jacques Rodriguez, "La pauvreté insaisissable: Enquête（s）sur une notion", *Communications*, No. 98, 2016, pp. 7 - 22.

② Kathryn J. Edin, H. Luke Shaefer, *$ 2. 00 a Day: Living on Almost Nothing in America*, Boston: Houghton Mifflin Harcourt, 2015, in Nicolas Duvoux, Jacques Rodriguez, "La pauvreté insaisissable: Enquête（s）sur une notion," *Communications*, No. 98, 2016, pp. 7 - 22.

③ Claude-François Barrat, *La Pauvreté*, Paris: Presses Universitaires de France, 1998.

④ Serge Paugam, Marion Selz, "La perception de la pauvreté en Europe depuis le milieu des années 1970, Analyse des variations structurelles et conjoncturelles," *Economie et Statistique*, No. 383 - 385, 2005, pp. 283 - 305.

处于并存状态，各国对贫困者都保持警惕，因为穷人为了生存会团结在一起抗争，存在贫困的污名化现象，而社会援助制度有助于改变这种状况。

总之，法国有多种方式描述贫困：货币贫困[①]（la pauvreté monétaire）、生活贫困[②]（pauvreté de conditions de vie）、主观贫困[③]（pauvreté subjective）、行政性贫困（la pauvreté administrative）、绝对贫困（pauvreté absolue）、相对贫困（pauvreté relative）、极端贫困（extrême pauvreté）、显性贫困（如无家可归者）和隐性贫困（心理困扰、精神疾病）等。针对不同的贫困标准有不同的测量体系，所得到的贫困率也不同。

（二）贫困产生的根源

关于贫困产生的原因，一般多从关系建构与重构的视角分析贫困的生成机制。一是权力导致了贫困的产生，吕西安·阿伊西（Lucien Ayissi）研究了腐败与贫困之间的关系，指出道德贫困是滋生腐败，进而造成物质贫困的基础，这在所有社会阶层中都会产生。[④] 二是社会关系建构过程中依附关系的衍生，导致了贫困群体的分化。塞格·鲍甘认为在社会化秩序的表征中，穷人既自卑又彼此相容，有一种贫困共同体的归属感。在僵化的不平等制度下，他们觉得难以改变命运，就会依附亲属、家庭和政府等。这种经年累月的社会最底层地位，使他们在依附中形成一种贫困的自然归化过程。[⑤] 穷人是社会衍化中的"受害者"，所以社会要通过一些改革措施解决贫困问题，这也是一种社会团结的纽带。因此，塞格·鲍甘从依附理论的视角分析了贫困问题的产生，即依附关系建构了贫困体系，在社会互动中，依附表现为对其他人、机构和资源援助的期待，并发生了从依附群体到依附结构的转变。在涂尔干《社会分工论》相关观点的基础上，鲍甘将贫困问题与集体道德相联系，根据四种关系类型——亲子关系（以亲属血缘关系为基础）、选举/选择参与关系、有机参与关系（有机团结和融合）、公民网络关系（政治共同体成员之间的关系）——建立了贫困的

---

① 货币贫困主要指与收入有关的物质匮乏。

② 生活贫困指缺乏难以获取日常生活中的常用物品、财产、教育和居住环境等，无法保障基本生活消费。

③ 主观贫困是基于自己的意见和感受，即人们对生活水平的看法，不是根据一些已经设定的贫困区间阈值，类似于贫困感知度。

④ Lucien Ayissi, *Corruption et pauvreté*, Paris: Editions L'Harmattan, 2007.

⑤ Serge Paugam, "La perception de la pauvreté sous l'angle de la théorie de l'attachement," *Communications*, No. 98, 2016, pp. 125 – 146.

分析框架，分别对应家庭主义、志愿主义、有机主义和普遍主义。[①] 其中，家庭主义贫困主要在工业化不发达的地区，尤其是农业社会时代社会保障制度不完善，贫困的个体和家庭在面对不稳定生活时无法获得真正的保障，当时主要缓解贫困的机构是天主教、新教等基督教教会。志愿主义贫困是通过选择性来调节的，资本主义发展的自由主义阶段，工厂、企业和市场发展起来之后，虽然加剧了贫困，但也开始通过社会保障计划向最贫困的人提供最低限度的救助，与此同时，社区慈善、社区共同体也逐渐发展起来。有机主义贫困是以有机参与为主解决贫困问题，基于法定保护的逻辑，国家要在社会正义和互补原则中维护不同团体的依存关系，因为在有机主义的机构中，穷人并不在社会体系之外，虽然处于底层，但都有获得可接受的社会地位的权利。普遍主义基于社会伙伴之间的协商关系，他们可以超越自己的既得利益，维护社区普遍的利益和价值观。在普遍主义政权中，国家稳定是每个人的事，消除贫困和不平等也是每个公民的责任。也有不同的观点，如迪克斯（Diques）坚持发展职业道德，主张向穷人施加压力，要求他们迅速重新进入劳动力市场。[②] 否则社会救助可能会被滥用，国家全面实施预防贫困的行为可能会使真正的贫困者进一步受到伤害。越接近普适主义模式的贫困对社会凝聚力的风险就越大，只有所有人共同希望生活在一个充满活力、和平、包容的社会，国家才能够真正建立起一个融合机制，才有可能解决贫困问题。谢尔盖·鲍加姆从社会学角度分析不同的规范性社会关系的监管模式，将贫困的主要感知模式分为三类——归化、内疚和受害，因此也会伴生四种理想的依附制度——有机主义制度、志愿主义制度、家庭主义制度和普遍主义制度，每种制度都对应了对贫困的不同认知。[③] 可见，两位学者的共性都是对贫困及对贫困的感知进行分类，从家庭、社会、国家不同主体间的关系建构，探索真正解决贫困问题的路径。三是在地理环境决定论中，空间导致了贫困的产生。布鲁诺·库辛（Bruno Cousin）从空间动力学的角度研究了城市空间变化如

---

① Serge Paugam, "La perception de la pauvreté sous l'angle de la théorie de l'attachement," *Communications*, No. 98, 2016, pp. 125 – 146.

② Serge Paugam, "La perception de la pauvreté sous l'angle de la théorie de l'attachement," *Communications*, No. 98, 2016, pp. 125 – 146.

③ Nicolas Duvoux, Jacques Rodriguez, "La pauvreté insaisissable: Enquête (s) sur une notion," *Communications*, No. 98, 2016, pp. 7 – 22.

何加剧了贫困，探索了加剧贫困的内外部机制问题。四是从利益分化和文化层面研究贫困的"受害性"。迪迪埃·法辛（Didier Fassin）从福柯的"历史隐藏面"中分析不占主导地位的受众和被歧视的受害者的待遇，隐含了贫困人口文化（明）化的危险性，即社会在文化中稀释，通过掩盖这一现象的根本原因，使贫困的含义与利害关系非政治化，① 进一步从社会问题的道德性出发研究贫困文化及其批判。文化人类学研究贫困、痛苦和疾病的文化表现形式，20 世纪 80 年代法国发现非洲一些儿童出现了因铅中毒引发的精神症状，这多由他们居住环境中墙体脱落的铅磷灰尘导致，② 也涉及种族贫困和移民贫困等问题。五是福利制度的危机导致了贫困，当以贫困为主的公共政策在推进时，会掩盖其他社会形态和社会问题。这是一个一体两面问题，贫困问题的政治化可以激发国家的功能发挥，也有助于掩盖政治层面导致的贫困。③ 蒲鲁东认为福利分配随着价值波动而变化，财富增长过程中的价值支配会导致惊人的贫富不均现象。④ 福利制度虽然在一定程度上保障了社会的稳定，缓和了社会矛盾，但其巨额的赤字也抑制了经济发展的动力和活力，从长远发展来看，反而加剧了贫困问题。

总之，导致贫困的原因很多，如制度危机、政治权力建构、社会分化中的依附关系建构、利益博弈机制、文化与文明层次、社会性别不平等。此外，战争、饥荒、疾病等都会引发大规模的贫困。不同身份的人对贫困的认知也有较大差异，政治家认为应该通过社会保障维护穷人的利益，一方面为了社会团结，另一方面为了维护社会稳定。而一些人认为这种"穷人的事业"逐渐与纳税人的保障错位，⑤ 因为纳税人的钱没有直接用于纳税人。企业家和商人宁可解除雇员降低成本，以实现经济效益最大化，教会和慈善家希望通过捐赠来帮助穷人，而一些学者认为穷人希望得到政府

---

① Nicolas Duvoux, Jacques Rodriguez, "La pauvreté insaisissable: Enquête (s) sur une notion," *Communications*, No. 98, 2016, pp. 7 – 22.

② Didier Fassin, *La Raison humanitaire. Une histoire morale du temps présent*, Paris: Seuil/Gallimard, 2010, pp. 65 – 109.

③ Jean-Michel Wachsberger, Jacques Rodriguez, "La neutralisation politique de la pauvreté," *Communications*, No. 98, 2016, pp. 109 – 123.

④ 〔法〕蒲鲁东：《贫困的哲学》，余叔通、王雪华译，商务印书馆，2017，第 116 页。

⑤ Frédéric Viguier, "La cause des pauvres. Mobilisations humanitaires et transformations de l'État social en France (1945 – 2010)," thèse de doctorat, Paris: École des hautes études en sciences sociales, 2010.

的保障，以满足基本生活需要。不同阶层所建构的贫困认知体系和话语体系有差异，这也基于不同主体的不同诉求。

二 贫困的测量——贫困线

（一）贫困测量方法与视角

关于如何测量贫困，可以大致采用定性、定量、定性与定量相结合的混合方式。欧洲学者齐美尔在 1908 年提出贫困的"关系"方法（relationnelle），强调科研人员应对穷人进行换位思考，即研究者不应处于贫困群体之外，而是应该融入贫困群体内部，从内部性视角展开研究。[①] 这对法国贫困研究有较大影响，此后法国专注于穷人经验的研究。2019 年获得诺贝尔奖的法国经济学家埃斯特·迪弗洛（Esther Duflo）是法国新生代知识分子，关心人类的贫困与不平等问题，深入非洲实地调研扶贫，采用了"减轻全球贫困的实验性方法"，十多年来她提出了研究经济发展和贫困的新方法——实验方法。在严格的实验基础上，她对减贫政策进行社会实验，通过现场评估新的想法和旧的解决方案来确定哪些策略有效、哪些无效，这样可以加深对贫困持续存在的根源及其基本过程的理解，尝试通过科学的方法来消除贫困。[②] 阿杜·萨拉姆·法尔（Abdou Salam Fall）等在研究塞内加尔的贫困问题时，侧重于分析引发贫困的事件的顺序问题，研究在长时段的贫困循环中，世代相传的导致贫困的动态条件有哪些。[③] 他采用定性与定量相结合的方式，通过传记了解 80 多年里人们陷入贫困和摆脱贫困的事件顺序，即动态修复贫困的研究，进而观察反贫困政策的有效性和社会经济转型中存在的问题。针对以往多以经济学为主研究贫困问题的方法，米西耶主张跨学科研究，从历史学、社会学、哲学、心理学、语言学等多学科角度解析贫困问题。

（二）贫困线（Seuil de pauvreté）

如何确定是否贫困，最常见的衡量方法是贫困线，即在特定时间、空

---

① Georg Simmel, *Les Pauvres*（*1908*）, Paris：Presses Universitaires de France, 1998；Ruwen Ogien, *Théories ordinaires de la pauvreté*, Paris：Presses Universitaires de France, 1983, p. 42.

② Esther Duflo, *Expérience, science et lutte contre la pauvreté*, Paris：Fayard, 2009.

③ Abdou Salam Fall, Rokhaya Cisse, *La pauvreté dynamique au Sénégal*, Paris：Éditions universitaires européennes, 2021.

间和社会发展条件下，维持人们基本生存所需要的消费物品和服务的最低费用，主要分为绝对贫困线和相对贫困线。学界认为英国学者 B. 西博姆·朗特里（B. Seebohm Rowntree）1901 年出版的《贫困：城镇生活研究》中将贫困定义为家庭所拥有的收入不足以维持其生理功能的最低需要，① 是较早系统界定绝对贫困线的研究，如世界银行的标准——每天消费低于 1.25 美元的标准。有研究认为 1967 年富克斯·维克多（Fuchs Victor）最早明确提出相对贫困的概念，并将全国人口收入分布中值的 50% 设定为相对贫困线，后来也有学者用中值的 50% 或者均值的 40% 来设定贫困线。② 欧盟的货币贫困线是生活水平低于总人口的中等社会水平的 60%。③ 不同国家的贫困线设定不一样，所以贫困率差异也很大。1993 年，欧盟各国按照各自的标准计算的贫困率如下：希腊 17.7%，葡萄牙 18.9%，意大利 12.9%，西班牙 11.5%，法国 11%。按照欧洲的贫困线，希腊 44%，葡萄牙 36%，意大利为 19%，西班牙 25%，法国处于欧洲平均水平，为 10%。④ 不同贫困率的界定主要基于收入统计的类别与方法的差异，例如，是否统计住房等不动产、必须缴纳的赡养费等必需的转移支付，以及各类不同收入和必须支出的费用类型等。此外，还会衡量食品在家庭总预算中支出的比例，目前普通家庭预算 18%~20% 用于食物消费，20 世纪 60 年代家庭食物消费占 30% 的为贫困状态。⑤ 可见，主要衡量标准有收入以及食物消费等。

2001 年欧盟的相对贫困线定为人均可支配收入中位数的 60%。法国国家统计与经济研究所（Institut National de la Statistique et des études économiques，INSEE）对贫困线的测量包括人均可支配收入中位数的 60%、50% 和 40% 三类，主要采用可支配收入中位数的 60% 来衡量，即每月可支配收入为 1102 欧元，或有 2 个不到 14 岁小孩的家庭每月至少有 2314 欧元的可

① Benjamin Seebohm Rowntree, *Poverty: A Study of Town Life*, London: Macmillan, 1901, p. 66.
② 闫坤、刘轶芳等：《中国特色的反贫困理论与实践研究》，中国社会科学出版社，2016，第 124~130 页。
③ 白澎、叶正欣、王硕编著《法国社会保障制度》，上海人民出版社，2012，第 271 页。
④ INSEE, "D'après les données de la première vague du panel européen (1994)," *Synthèses*, No. 11, 1997, https://www.insee.fr.
⑤ ONPES, "Les Travaux de l'Observatoire 2000," 29 septembre 2009, p. 36, https://onpes.gouv.fr/le-rapport-2000.html.

支配收入。① 也有以可支配收入中位数的 50% 来测量的，② 或每消费单位③
的一半，即相对货币贫困（pauvreté monétaire relative）对应的贫困线，如
1996 年每个成年人每月 3500 法郎，约 170 万～180 万名贫困者，到 1999
年将近有 300 万名贫困者，所有家庭中约有 1/10 的家庭生计困难。④ 测量
的难度主要在于对相对收入的界定，根据需要与生活条件等相关指标进行
补充，如住房、基础设施、消费和债务等。自 1970 年以来法国的货币贫困
率从 16% 下降到 7%，1996～1999 年停滞不前，以生活条件衡量的贫困率
在 1997～1999 年从 13.2% 下降到 11.9%。⑤ 之后新的贫困衡量指标体系把
可支配收入中位数 40% 的极端贫困线也纳入进来，分为三个层次衡量贫困
的强度。

此外，不同类型贫困的标准也有差异，比如此前相对贫困线是每月
3500～3700 法郎，而行政贫困的最低收入保障是每人 2500 法郎，⑥ 相关数
值也在变动中。2015 年法国贫困线为每月 1008 欧元，而当年国家贫困与
社会排斥观察所（Observatoire National de la Pauvreté et de l'Exclusion Socia-
le, ONPES）的"体面预算"（budgets décents）为保持在住房、食物、交
通和社交等方面的体面生活每月预算为 1400 欧元。⑦ 2017 年贫困线为每月
约 1100 欧元，虽有增值趋势，但是绝不能把贫困人口当作最低保障收入领
取者，积极就业团结收入（Revenu de Solidarité active, RSA）、特别团结津
贴（ASS）等最低服务的保障水平与实际生活需求还是有差距的，这进一

① "L'essentiel sur... la pauvreté," 10 novembre 2021, https://www.insee. fr/fr/statistiques/5759
045.

② Frédéric Viguier, "Les paradoxes de l'institutionnalisation de la lutte contre la pauvreté en France,"
L'Année sociologique, No. 63, 2013, pp. 51 – 75.

③ 消费单位（unité de consommation）是衡量家庭规模对于消费需求的单位，用家庭总收入除
以家庭中消费者的数量，一个成年人代表一个消费单位，每个额外的成年人计 0.5，每个
14 岁以下的儿童计 0.3，如一对夫妻有 2 个 14 岁以下的孩子，则有 2.1 个消费单位。

④ ONPES, "Les Travaux de l'Observatoire 2000," 29 septembre 2009, p. 11, https://onpes. gouv. fr/
le-rapport – 2000. html.

⑤ ONPES, "Les Travaux de l'Observatoire 2000," 29 septembre 2009, p. 12, https://onpes. gouv. fr/
le-rapport – 2000. html.

⑥ ONPES, "Les Travaux de l'Observatoire 2000," 29 septembre 2009, p. 38, https://onpes. gouv. fr/
le-rapport – 2000. html.

⑦ Christine Cloarec-Le Nabour, Julien Damon, Rapport au Premier ministre, "La juste prestation pour
des prestations et un accompagnement ajustés," 5 septembre 2018, https://www. gouvernement. fr/
upload/media/default/0001/01/2018_09_ rapport_ de_ christine_ cloarecle_ nabour_ et_ julien_
damon_ sur_ la_ juste_ prestation. pdf.

步导致社会正义、财务平衡和就业需求等诸多问题交织。

总之，无论怎样测量贫困，都需要面对一个问题，即贫困不只是一种状态，更是一个过程，需要研究的是穷人是怎样跌入贫困线以下的，又是如何退出贫困再生产机制的，是一个动态变化的过程。

三 贫困的衍生概念

马歇尔·萨林斯（Marshall Sahlins）指出应避免用"贫困"这样的范畴来指代这种普遍的不安全现象或社会安全的脆弱性问题。[1] 贫困与社会不稳定、社会排斥和社会不平等相关概念以及社会问题紧密相关，因为经济和社会的不稳定多由就业、健康、住房、资源分配等领域的问题累积而来，进而产生或加剧贫困。

（一）贫困与社会排斥

1. 社会排斥问题的转向

社会排斥多由贫困、就业和资源不足导致，或由权利缺失与使用不当，以及社会关系薄弱而引发。第四世界扶贫国际运动组织（ATD，以下简称"第四世界"）1967 年发布《反对排斥穷人》，把"排斥"作为思考贫困问题的核心。法国各界自 1978 年开始关注"排斥"现象，并发布了重要的研究报告，提出一些应对措施，主张打破救助逻辑努力促进人人享有基本权利，以防止被排斥的风险。1982 年，法国经济规划部部长聘请第四世界的领导人维辛斯基为政府撰写了一份贫困报告。一年后发表了题为《阻止赤贫再生产》的报告，将穷人称为"被排斥者"，[2] 因为"他们没有能力去理解和参与社会的未来，他们在家庭之外没有社会地位，没有为社会做出贡献的凝聚力，也难以融入社会发展中"，[3] 即"排斥"问题作为传统贫困的伴生形式存在，指那些无法在"辉煌三十年"分享社会创造财富的人，也归因为职业的不良适应或个人性格。

[1] Marshall Sahlins, *Âge de pierre, âge d'abondance. L'économie des sociétés primitives*, Paris: Callimard, 1976, in Nicolas Duvoux, Jacques Rodriguez, "La pauvreté insaisissable: Enquête (s) sur une notion," *Communications*, No. 98, 2016, pp. 7-22.

[2] Joseph Wresinski, *Enrayer la reproduction de la grande pauvreté. Rapport de mission au ministre d'Etat, ministre du plan et de l'aménagement du territoire*, Paris: Éditions Quart Monde, 1983, https://www.atd-quartmonde.fr/.

[3] Sarah Haßdenteufel, "Covering Social Risks: Poverty Debate and Anti-Poverty Policy in France in the 1980s," *Historical Social Research*, Vol. 41, No. 1, 2016, pp. 201-222.

1980～1999 年，随着经济危机和失业现象的出现，社会排斥的观念与内容有了新变化，越来越多的阶层受到影响，人们开始重新思考排斥的起源问题，如社会生产系统产生排斥的运作机制，将排斥视为一种社会关系的破裂机制。① 西尔维安·莱热（Sylvianne Léger）依据相关调研，指出极端贫困的人在童年或成年期间经历过三个层面的关系破裂：个人与原生家庭关系破裂、与群体或机构的融合关系破裂和国家公民身份的破裂（如一些非法移民）。所以，被排斥的人也多处于贫困状态。这些被排斥的人聚集在一起游行和罢工，就会激起社会矛盾。法国社会科学近 20 年的发展范式有些去历史化（déshistoricisation）和非政治化（dépolitisation）倾向。迈克尔·阿吉尔（Michel Agier）反思了种族的起源、存在、持续与转变，指出现在社会排斥的是"不受欢迎的人"，不仅仅是因为物质、经济和社会关系疏离造成的匮乏的、脆弱的贫困群体。② 可见，不同时段被排斥的主体是有差异的。

2. 排斥掩盖了失业？

有研究认为社会各界对"排斥"问题的关注，掩盖了原本应该关注的核心问题——失业，从而产生了对社会问题的关注偏差。20 世纪 80 年代，社会学关注工人阶级的失业、就业不足、收入不足和被排斥在社会保护之外等问题，并用互动主义、污名化、非自然化的职业生涯等研究"排斥"问题，强调"被排斥"与失范概念和救助系统之间的关系。③ 弗雷德里克·维吉耶（Frédéric Viguier）认为如果当代法国社会学界无法使复杂的"排斥"问题的公共讨论简化，所激发的同情心或压迫性将会掩盖对失业这一核心问题的关注，也难以在政治领域进行相对客观的分析，④ 社会情绪的滋生会湮没真正需要解决的核心问题。关键是谁希望为失业者的社会运动、工会或相关活动提供服务，这是一个贫困受益人的整合集成和社会

① Michel Agier, "Le maléfice de la race et le corps de l'indésirable," *Commucicatons*, No. 98, 2016, pp. 175 – 188.

② Michel Agier, "Le maléfice de la race et le corps de l'indésirable," *Commucicatons*, No. 98, 2016, pp. 175 – 188.

③ Serge Paugam, *Les Formes élémentaires de la pauvreté*, Paris: Presses Universitaires de France, 2013, in Frédéric Viguier, "Les paradoxes de l'institutionnalisation de la lutte contre la pauvreté en France," *L'Année sociologique*, No. 63, 2013, pp. 51 – 75.

④ Frédéric Viguier, "Les paradoxes de l'institutionnalisation de la lutte contre la pauvreté en France," *L'Année sociologique*, No. 63, 2013, pp. 51 – 75.

融合过程。

1998 年 7 月 29 日法国推行《反排斥法》，主要提出四大支柱：保障所有公民基本权利，预防社会排斥，社会紧急情况处理，相关机构、人员的社会动员。[1] 2002 年，法国因经济增长放缓，失业率上升，处于结构性和周期性困境中，亟须采取新战略以摆脱困难。2003 年 3 月 19 日，法国开始推行反脆弱性、反不稳定性（précarité）和反排斥的国家政策，并成立了一系列反排斥机构和协会，以确保可以不断适应最贫困者的需求，及时解决相关问题。在这个过程中，国家、社会保护机构、协会、企业、社会公众、慈善组织等都参与其中，开展了全社会的公共反排斥和反不稳定性活动，改善贫困人群的住宿和医疗条件。[2] 之后，排斥与民族、种族和宗教问题进一步交织。法国的非裔青少年犯罪行为，呈现社会问题的种族化特征，黑人和阿拉伯人会因歧视而处于不利的状态，因此 2005 年秋季发生了街头抗议事件。这涉及道德经济问题，如犯罪、贫困、避难等公共问题，这些没有资源、处于困境中的非裔青少年所经受的冲突与矛盾，折射出不同价值观的影响力和道德主体性困境。那么，是否会在此基础上形成一种基于排斥的贫困模态，这与社会控制有什么关系？这是不是福柯所说的国家理性，[3] 或者多重理性中的一些转化形式？

总之，用 20 世纪 90 年代公共领域出现的"排斥""不安全感""社会分裂""创伤""精神创伤"等术语来表述贫困、失业、犯罪、吸毒、移民等问题，表现了人们的同情心、社会责任、关心他人的社会情绪。可见，公共政策的发展和语义结构演变与道德经济的发展趋势一致，一些人认为解决相关问题的主要方式是社会正义和惩罚举措，对城市暴力零容忍，也是为了实现良好的社会秩序，但也有研究认为这种方式过于激进。

（二）贫困与不平等

1. 经济学实证贫困与不平等的因果关系

在相关研究中，主要还是从经济学角度分析贫困与不平等的关系。

---

① 白澎、叶正欣、王硕编著《法国社会保障制度》，上海人民出版社，2012，第 276 页。

② Sylvianne Léger, Geneviève Bouchard, "Entretien simultané avec deux responsables de l'action publique de lutte contre la pauvreté et l'exclusion," *Santé*, *Société et Solidarité*, No. 1, 2003, pp. 85 – 93.

③ Didier Fassin, "Une anthropologie politique et morale de la question sociale," *Communications*, No. 98, 2016, pp. 147 – 158.

让·布尔海因（Jean Bourgain）研究了帕累托定律中贫困与不平等的关系。[①]在国际反贫困举措中，法国是通过将贫困与不平等相结合的方法推进的，因为收入和资产分配的不平等与贫困之间可能存在因果关系。[②] 保罗·科利尔（Paul Collier）等从发展经济学视角研究反贫困与解决不平等问题，此前研究认为在市场经济中，通过公共政策等国家有效干预可以改变穷人的生活状况。布兰丁·德斯特穆（Blandine Destremau）通过洛伦兹曲线、基尼系数、泰尔系数分析贫困与不平等问题，在对绝对贫困与相对贫困、货币贫困的区分及其局限性的基础上，探讨增长与分配的问题，并在比较不同贫困测量指数过程中，进一步反思谁在衡量和监测贫困，为什么要测量贫困，以及目前反贫困举措的有限性等问题，[③] 侧重对穷人及其子女的生活轨迹分析，如儿童贫困、贫穷与暴力、排斥与社会纽带建构等问题。马克·列维（Marc Lévy）指出通过反贫困斗争来延续国家结构调整和自由化政策，是不同国家合作发展的方式之一。[④] 可见，相关问题的实证研究逐渐转向社会政策、国家治理与国际化合作等领域，因为这是人类社会面临的共性难题。

2. 贫困、排斥和不平等的相互建构

除了上述贫困与不平等的关系外，贫困、排斥、不平等三者之间的关系研究也是重要议题，塞格·鲍甘认为贫困是不平等的表现，并通过研究贫穷的男性和女性在社会阶梯底层的生活经历，将贫困群体之间的依存关系分为不同的"基本形式"——综合贫困、边际贫困和失格贫困，进而将贫困与反贫困的自我意识视为社会意识的一种组成要素，[⑤] 如托克维尔、马克思和齐美尔对贫困的社会关系的反思，这是任何政治行动的先决条件，即解决贫困问题也是解决不平等的社会经济秩序建构问题。因此，鲍甘在《社会资格缺失：关于新贫困的论述》中从社会排斥的视角提出"社

---

① Jean Bourgain, Nicolas Vaneecloo, "Inégalité, paupérisme et loi de Pareto," *Revue économique*, Vol. 32, No. 5, 1981, pp. 950 – 964.

② Thierry Paulanis, "La lutte contre la pauvreté dans les villes en développement," *Les Annales de la Recherche Urbaine*, No. 93, 2003, pp. 67 – 70.

③ Blandine Destremau, Pierre Salama, *Mesures et démesures de la pauvreté*, Paris: Presses Universitaires de France, 2002.

④ Marc Lévy, *Comment réduire pauvreté et inégalité: Pour une méthodologie des politiques*, Paris: Karthala, 2003.

⑤ Serge Paugam, *Les formes élémentaires de la pauvreté*, Paris: Presses Universitaires de France, 2013.

会资格缺失"（disqualification sociale）导致的贫困，认为贫困人群因收入低、物质匮乏和无法参与社会生活而逐渐被社会边缘化，[①] 进而被固化在底层，进一步加剧了不平等的秩序建构，所以贫困、排斥和不平等三个范畴是相互关联、互相建构的。

第二节 法国反贫困研究

贫困与反贫困的研究是相伴相生的，但侧重点不一样，贫困研究多侧重对贫困的界定、测量与产生的原因以及贫困的运作机制等进行分析，而反贫困的研究更侧重反贫困政策、社会保障制度或反贫困举措的落实情况、反贫困的问题与成效等研究。在法国语境中，反贫困（lutte contre la pauvreté）[②] 话语体系多侧重减贫（réduction de la pauvreté, allègement de la pauvreté）、摆脱贫困（Sortie de la pauvreté）、消除贫困（éradiquer la pauvreté）[③] 等，并设立了减贫委员会（Comité de la réduction de la paureté）。

一 反贫困的思想基础

对反贫困的思想基础进行追溯，多是关于为什么要进行反贫困的思考。塞格·鲍甘指出关于贫困和穷人的研究多出自情感主义的内疚情绪或怜悯，社会学家往往用一些半描述性、半抗争性的话语体系来表达，混杂着悲伤的情绪和愤怒的谴责，所以尝试采用"救助、救济"（assistés）概念取代贫困范畴进行分析。[④] 可见，一般反贫困与社会援助、社会救助和社会救济相关联，又深深植根于团结主义、社会团结和国家团结的思想中。亚当·斯密、李嘉图、瓦尔拉等从经济、政治和道德的角度对贫困进行分析，考虑到穷人对市场运作的影响，为他们提供援助与法律政策保

[①] 彭璐琪：《法国贫困问题及政府对策研究》，硕士学位论文，对外经济贸易大学，2011，绪论，第2页。

[②] Patrice Lovesse, *RENACA, un maillon de micro-finance pour la lutte contre la paureté*, Paris：Éditions universitaire européennes, 2015.

[③] Nikolay Gertchev, "Micro-finance et sortie de la pauvreté," in "La Pauvreté," Conférence organisé par l'Institut économique Molinqri, Institut Coppet, 2015, pp. 55 – 71.

[④] Serge Paugam, *La disqualification sociale: Essai sur la nouvelle pauvreté*, Paris：Presses Universitaires de France, 2013, p. 256.

障，如社会财富分配制度，但相关理论之间也存在一些悖论。① 这也是国家、政府和社会都在努力推行反贫困政策与举措的原因。

（一）法国社会救助的发展逻辑与模式

1. 社会救助的三种模式

法国思想文化中的救助或援助（assistance）思想是反贫困行动的主要根基，救助是指所有成员对其中最弱势群体的团结义务。② 根据第三共和国立法者雷昂·布尔乔亚（Léon Bourgeois）所倡导的团结主义学说，通过奉行救助与社会援助原则，赋予社会对最弱势群体的严格义务，即社会所有成员必须通过紧密团结的纽带帮助穷人等弱势群体以保持社会团结，逐渐形成福利国家制度，政府等公共权力机关履行相关职能，承担起社会救助的相关义务。罗伯特·拉弗（Robet Lafore）认为自 1880 年以来，在实践中已经逐渐形成三种社会救助与援助模式：一是"监护模式"（modèle tutélaire），作为民法典里家庭义务的替代品而构建；二是二战后出现的"恢复模式"（modèle réparateur），旨在保障无法承担集体生活责任的人；三是 20 世纪 80 年代形成的"整合模式"（modèle intégrateur），试图通过为有困难的人提供融入社会和培训所需的技能，使其重新获得工作资格，并建立适合每个人的支持服务体系和财务支持体系。③ 可以看出，社会救助与援助的主要对象是有困难的人，也多是陷入贫困境地的人，与法国社会保障的发展路径大体一致。

2. 社会救助是国家义务的发展逻辑

在法国，主张社会救助是使国家干预合法化的手段，也是社会关系建构的关键。早在 18 世纪下半叶杜尔戈（Turgot）、内克尔（Necker）等就已经提出在经济和社会困难时期需要进行社会干预，在大革命时期，发展成为一种对旧制度管理结构体系的质疑，1790 年成立的乞讨委员会（Le Comité de mendicité）经多次调研提出各种救济措施，提出人人享有生存权

---

① Mireille Elbaum, "La régulation économique de l'assistance, in "L'assistance dans le cadre de la solidarité nationale," Didier Gélot, Actes du séminaire juin-octobre 2012, p. 80.

② Didier Gélot, "L'assistance dans le cadre de la solidarité nationale," Actes du séminaire juin-octobre 2012, p. 8.

③ M. Borgetto, R. Lafore, "Droit de l'aide et de l'action sociale," Ed Montchrestien, in Observatoire national de la pauvreté et de l'exclusion sociale (ONPES), Crise économique, marché du travail et pauvreté (rapport 2011 - 2012), 29 mars 2012, p. 71, https://onpes. gouv. fr/IMG/pdf/Rapport_ONPES_2011 - 2012_chap_1_. pdf.

的基本原则①：每个人从出生开始就有权得到社会保护和帮助。② 法国 1791 年宪法首先规定了社会对最贫困者的义务：创立公共救助总机构抚养弃婴，救助穷人和残疾人，为有劳动力的穷人提供工作机会等。③ 事实上，该机构没有正式成立，各市镇政府接手了之前教会负责的慈善机构，没收了一些教会财产。④ 之后的 1789 年《人权宣言》和 1793 年宪法都明确了法国公民拥有公共救助的权利。⑤ 因此，救助与援助是社会义务，国家和政府应该用社会干预主义来保障弱势群体获得救助的权利。19 世纪末 20 世纪初主要救助对象是贫困人口、老年人、无法医治的病患、残疾人、儿童和生育的产妇等，⑥ 之后扩展到被排斥人口、无家可归的流浪者和在职贫困者等新贫困者。海伦·佩里维尔认为社会援助是为了改善贫困状况，而不是消除贫困。救助理念曾受到新自由主义思潮的谴责，也经历过社会主义的解构，其主要目的是保护穷人免受相关风险的伤害，维护社会稳定。

3. 社会救助的哲学思考

除了政治学的研究，也从哲学角度分析社会援助。布迪厄在《论国家》中指出治理不稳定群体的纪律和同情心等原因，社会秩序的建构需要引发内外层的社会黏附（adhésion sociale）关系。穷人一般被视为社会中的脆弱者和不稳定者，所以社会救助和社会援助的逻辑是支持穷人，作为一种社会防御或社会保护，通过满足穷人的基本需求来化解社会矛盾。因此，纪尧姆·勒·布朗（Guillaume Le Blanc）将最低限度的社会救助和援助哲学总结为三个观点。一是不代替被排斥者说话，帮助被排斥者自己找出排斥原因和接受排斥的现实，自己重新为排斥发声，即社会干预的任务是无条件倾听被排斥者的话语，了解被排斥者所遭受的苦难和谴责。二是不预先考虑贫困者日常生活需要哪些物品，而是先考虑主要资产和社会财

---

① Yannick Marec, "Les aléas de la logique d'assistance en France, de la Révolution à l'entre-deux guerres", in "L'assistance dans le cadre de la solidarité nationale", Didier Gélot, Actes du séminaire juin-octobre 2012, p. 38.

② Michel Borgetto, "La problématique des droits sociaux dans l'histoire", in "L'assistance dans le cadre de la solidarité nationale," Didier Gélot, Actes du séminaire juin-octobre 2012, p. 47.

③ http://www. assemblee-nationale. fr/histoire/constitutions/constitution-de – 1791. asp.

④ 陈玉瑶：《国民团结：法国的理念与实践》，社会科学文献出版社，2019，第 55 页。

⑤ 〔法〕弗朗西斯·凯斯勒：《法国社会保障制度》，于秀丽、李之群译，中国劳动社会保障出版社，2016，第 21 页。

⑥ 〔法〕弗朗西斯·凯斯勒：《法国社会保障制度》，于秀丽、李之群译，中国劳动社会保障出版社，2016，第 21~22 页。

产如何使贫困者过好日常生活，通过规划社会优先事项来保障日常生活所需。三是如何支持和照顾脆弱的弱势群体，如何通过赋权使他们具有行动的能力，将被排斥者纳入保护体系。[①] 进而提出一些深层次问题：如何使社会和个人在援助中遵守互惠承诺；如何从社会整体凝聚力和个人归属感、污名化等角度考虑救助和援助的效果，从结果导向考虑社会救助和援助的实际成效问题。这是一个非常重要的观点，因为社会援助一旦明确为政府和社会的责任，家庭和个人就觉得无须分担相关责任，等待政府救济就好，这样不但加剧了受助者的依赖性，也会使政府财政赤字压力加大。

4. 社会救助与社会契约

关于社会救助与援助和社会契约、社会秩序建构之间的关系研究，杜福尔尼·德·维利耶（Dufourny de Villiers）、麦格奈特（Maignet）等认为援助是社会契约（pacte social）的起源，[②] 也有人认为援助是社会团结的必要条件。亚尼克·马雷克（Yannick Marec）认为自革命时期以来政治行动者尝试通过社会契约推出多种干预模式，有些侧重社会援助，有些侧重社会保险，并将"风险分担"的社会保险逻辑融入社会救助与援助中。20世纪80年代"福利国家"开始出现危机，皮埃尔·罗桑瓦隆（Pierre Rosanvallon）、弗朗索瓦·埃瓦尔德（François Ewald）等强调社会保险作为社会干预的方式在社会保障中发挥重要作用。

5. 社会救助的风险

社会救助和援助内部的不平等关系建构也会产生社会风险问题。弗雷德里克·沃尔姆斯（Frédéric Worms）研究了社会救助和社会援助内部关系的建构，社会救助和援助是为了应对社会关系的风险，但援助者与被救助者之间的关系是不对称的，甚至会产生新的断裂，因为有时候会将受助者视为完全被动的、工具化的，不能独自行动的，救助者逐渐取代了受助者的行动力，对受助者持一种蔑视态度，通过救助者的奉献精神使受助者处于被操纵和控制的状态，[③] 这种被动和操纵形成了社会救助关系的双重

---

① Guillaume Le Blanc, "Existe-t-il une philosophie de l'assistance?", in "L'assistance dans le cadre de la solidarité nationale," Didier Gélot, Actes du séminaire juin-octobre 2012, pp. 13 – 15.

② Michel Borgetto, "La problématique des droits sociaux dans l'histoire", in "L'assistance dans le cadre de la solidarité nationale," Didier Gélot, Actes du séminaire juin-octobre 2012, p. 47.

③ Frédéric Worms, "À quelle condition l'assistance peut-elle être une relation?", in "L'assistance dans le cadre de la solidarité nationale," Didier Gélot, Actes du séminaire juin-octobre 2012, p. 18.

风险。但也存在一种社会冷漠的心态，无视贫困者和被排斥者的痛苦，不愿意参与这种社会援助关系的构建，这是一种利己主义的社会自私（égoïsme social）的表现。

总之，社会救助中涉及道德、人际、爱与友谊的关系建构，但也会被监督控制和污名化，要建构社会关怀网络来满足个人和社会援助的双重需求。爱德华·威蓝（Édouard Vaillant）等反对这种污名化的援助和被污名化，主张不能在社会救助中将不平等制度化，因为不当的社会救助和援助会削弱社会活力和阻碍社会进步。所以，救助的前提是承认穷人和被排斥者是自由、平等的人，[1] 是为了实现社会团结满足弱势群体的基本物质需求和发展需求。

（二）社会救助、慈善公益与国家福利

1. 社会救助与慈善公益相融

从社会救助概念的历史建构来看，社会救助体现了国家保障基本权利和社会正义行为。纪尧姆·勒·布朗认为救助与援助是一种使干预合法化的方式，在涂尔干思想的基础上，他将慈善逻辑重新置于社会干预逻辑的核心和社会国家的核心地位，指出救助是社会化的慈善，不只是超然的宗教慈善。[2] 弗朗西斯·凯斯勒（Francis Kessler）也认为慈善是社会救助的雏形，是公共社会救济的有效补充。[3] 在这个过程中，也区分了合法"穷人"（les pauvres "légitimes"）和非法"穷人"（les pauvres "illégitimes"），最后逐渐从一次性或多次援助转变成福利国家制度。

1795～1799 年，法国的救助权（droit à l'assistance）暂时失效，只进行选择性救助（aide facultative），但社会始终对穷人负有人道主义责任。法国国家慈善事务管理办公室（bureaux de bienfaisance nationale）起源于1796 年建立的救济医院[4]，早期由教会负责，后期出现了一些市政部门设立的慈善机构，致力于社会救助事业，之后逐渐发展为现代的社会行动中

---

[1] Frédéric Worms, "À quelle condition l'assistance peut-elle être une relation?", in "L'assistance dans le cadre de la solidarité nationale," Didier Gélot, Actes du séminaire juin-octobre 2012, p. 24.

[2] Guillaume Le Blanc, "Existe-t-il une philosophie de l'assistance?", in "L'assistance dans le cadre de la solidarité nationale," Didier Gélot, Actes du séminaire juin-octobre 2012, p. 13.

[3] 〔法〕弗朗西斯·凯斯勒：《法国社会保障制度》，于秀丽、李之群译，中国劳动社会保障出版社，2016，第 21 页。

[4] 也被译为济贫所或济贫院。

心（CCAS）的前身。19 世纪社会救助再度发展起来，例如，1811 年对于弃婴的救济和 1838 年对精神病患者的救助保障，1864 年法国授予工人罢工权，1884 年一些专业组织可以正式化、合法化存在，如工会。① 总之，19~20 世纪法国世俗化改革过程中，此前由教会主导承担的救济责任，逐渐由国家和社会承担，从"慈善"转变为"团结"，而团结是社会救助权的主要理念。② 这些举措帮助穷人在社会留有一席之地，并通过慈善组织采取一些援助措施，此期也逐渐从国家慈善过渡到公共慈善。例如，法国19 世纪中叶 36000 个市镇、公社中约有一半设立了帮助穷人的慈善办公室（bureaux de bienfaisance），不过当时济贫医院主要位于市区，城市内部不同济贫院的运作情况差异也比较大，取决于教区收到的捐赠和遗赠数量。③其实，当时法国社会还是农村地区占多数，存在农村与城市之间互助的结构性悖论。

2. 制度化发展趋势

1849 年，法国创立了巴黎公共援助组织（Assistance publique de Paris，AP-PH），负责协调医院和慈善办公室的行动，并单独设立协调行动部门。1851 年医院援助法律特别规定了紧急救济，1898 年鼓励互助协会的发展，社会救助行动逐渐制度化，但也因此带来了财政赤字问题，在解决相关问题时，出现了有利于社会保护融资的财富再分配。④ 法兰西第三共和国公约的起草使"慈善义务"（devoir de charité）转为"获得救助的权利"（droit à l'assistance）⑤，该公约是在社会世俗化反对教会权力的背景下通过的，致力于消除工业化劳动的危害和改善公共卫生环境，是对新生工

---

① Yannick Marec, "Les aléas de la logique d'assistance en France, de la Révolution à l'entre-deux guerres", in "L'assistance dans le cadre de la solidarité nationale," Didier Gélot, Actes du séminaire juin-octobre 2012, p. 39.

② 陈玉瑶：《国民团结：法国的理念与实践》，社会科学文献出版社，2019，第 12、130 页。

③ Yannick Marec, "Les aléas de la logique d'assistance en France, de la Révolution à l'entre-deux guerres", in "L'assistance dans le cadre de la solidarité nationale," Didier Gélot, Actes du séminaire juin-octobre 2012, p. 39.

④ Yannick Marec, "Les aléas de la logique d'assistance en France, de la Révolution à l'entre-deux guerres", in "L'assistance dans le cadre de la solidarité nationale," Didier Gélot, Actes du séminaire juin-octobre 2012, p. 39.

⑤ Jean Juéry, L'Assistance aux vieillards, infirmes et incurables et la Loi du 14 juillet 1905, Paris：Librarie de la Société du Recueil J. -B. Siret et du Journal du Palais, 1906, pp. 9 – 19, https://gallica. bnf. fr/ark：/12148/bpt6k 5405226f/f6. item#.

人运动的预警。

到了 19 世纪末，法国的救助权再度生效，如 1893 年向资源匮乏者提供免费医疗援助（AMG），尤其是为穷人和陷入社会困境的人提供治疗。1904 年出台援助儿童的相关法律，1905 年法律规定为被剥夺资源的老年人、体弱者和无法治愈的人提供义务援助，1913 年出台援助分娩妇女的法律，1920 年出台反堕胎法，此后逐步建立起共和救助（assistance républicaine）体系。在这个过程中，法国社会保险逐渐发端，起先争议比较大，但在二战后作为社会保障制度的一部分逐渐发展起来，与社会救助互为补充。第二共和国时期，私人慈善（charité privée）占有重要地位，是解决工业化过程中越来越多的人口贫困化问题的主要方式，通过捐赠和遗赠与慈善办公室一起创建和资助医院。① 然而这种新的救助方式所涵盖的受众和提供的援助金额是有限的，还需要市政机构的援助，因此有必要在法国建立一个福利混合经济体系（mixed ecomomy of welfare），② 从而逐渐形成社会保险、社会机构、政府部门和慈善组织一起弥补公共救助行动力不足的援助体系。

3. 社会救助的边界问题

凯瑟琳·塞利马诺夫斯基（Catherine Sélimanovski）在《贫困的前沿研究》中指出，贫穷并没有随着发达国家的财富积累而消失，理想中的平等主义被现实打败了。目前，社会鸿沟、贫穷、排斥、郊区边缘化等研究关注了社会上一些丧失部分资格、居住条件差的贫困人群，进一步分析了他们的社会地位与空间地理之间的关系。救助关系可以帮助穷人不被排斥，但也会造成援助依赖，如何确保援助的边界性是一个重要问题。③ 所以，救助不是目的，只是一种帮助人们摆脱贫困困境的手段和方式，要激发受助者自立、自强的意识。此处边界主要有两类，一是地理位置与城乡等空间的边界；二是适度援助的边界，以避免福利依赖。

总之，在法国，社会救助有助于在社会成员间建立一种互助关系，通

① Michel Borgetto, "La problématique des droits sociaux dans l'histoire", in "L'assistance dans le cadre de la solidarité nationale," Didier Gélot, Actes du séminaire juin-octobre 2012, p. 47.

② Sheila B. Kamerman, "The New Mixed Economy of Welfare: Public and Private," *Social Work*, Vol. 28, No. 1, 1983, pp. 5 – 10.

③ Catherine Sélimanovski, *La frontière de la pauvreté*, Rennes: Presses universitaires de Rennes, 2008.

过一种制度化的责任构建社会纽带，进而增强社会凝聚力，增进社会团结。

二 法国反贫困相关研究

（一） 反贫困研究中的权力关系——为谁代言？

有观点认为研究界形成了"专家"论贫困的格局，并尝试反思反贫困知识与权力之间是否存在共谋关系。研究人员是构成贫困权力关系的一部分，这涉及谁是贫困研究的合法中间人问题，谁是有发言权和专家地位的人，他们选择研究什么"问题"，对谁说，使用什么方法或概念工具来描述这种社会现实。[1] 研究人员的工作可能导致贫困问题政治化，也可能导致贫困问题的非政治化，[2] 在知识与权力之间存在共谋的政治后果，战后福利国家制度的建立，在多大程度上解决了社会问题、缓解了贫困状况，也取决于研究人员对相关问题的解释。如布特（Booth）和朗特里（Rowntree）尝试以量化的方式界定"贫困线"，之后鲍利（Bowley）用抽样技术研究了几个地方的贫困问题，从而将贫困问题归结为一个社会问题（question sociale）。[3] 爱丽丝·奥康纳（Alice O'Connor）将贫困视为一种社会境遇（condition sociale），之后的学者多主张通过机构化和制度化来解决贫困问题。后期的研究主要证明了失业与贫困之间的关系，尤其是20世纪初贫困研究有一个转折——关注非自愿失业和在职贫困等。类似马克思和恩格斯分析的无产阶级越工作、越劳动就越贫穷，所以要通过革命来解决，在此阶段逐渐将贫困视为政治化的社会问题，不再将其视为自然的社会秩序，认为贫困是一种文化和道德建构，[4] 要用社会干预方法来调整，于是出现了福利国家，发挥出解决贫困问题的社会政治效用。因此，出现了政治贫困、经济贫困、文化贫困等多种提法，雅克·罗德里格斯（Jacques Rodriguez）指出在持续的经济困难状态中，贫困普遍化了，也不再被视为

---

[1] Martin Bulmer, *The Uses of Social Research: Social Investigation in Public Policy-Making*, London: Routledge, 2015.

[2] Jean-Michel Wachsberger, "Jacques Rodriguez. La neutralisation politique de la pauvreté," *Communications*, No. 98, 2016, pp. 109 – 123.

[3] Alain Desrosières, *La politique des grands nombres. Une histoire de la raison statistique*, Paris: La Découverte, 2010; Peter Hennock, "The Measurement of Urban Poverty: Form the Metropolis to the Nation: 1880 – 1920," *Economic History Review*, No. 2, 1993, pp. 208 – 227.

[4] Jean-François Laé, Numa Murard, *Deux générations dans la débine. Enquête dans la pauvreté ouvrière*, Paris: Bayard, 2011.

优先问题，① 所以对穷人的关注主要体现在登记在册，被排斥、边缘化、疾病、脆弱性等抽象的术语很难真正解决贫困的具体问题，反而使相关问题的解决背负了巨大的情感和政治负担。

（二）反贫困研究的偏差

对贫困问题的分析和解释有助于重新界定贫困研究的方法、范式与边界，但也出现了偏差，研究多关注贫困者的经历和体验，如对社会救助机构的反映，以及贫困管理者的技术效率问题，而贫困生产与再生产的社会机制和政治机制问题往往被搁置，这种利害关系的技术化处理，产生了非政治化的杠杆作用，人们越来越关注数字化的结果导向。② 同样地，对贫困的社会学研究多聚焦在如何治理贫困或反贫困的机制研究上，而不是集中在导致贫困的经济原因和社会机制上。③

因此，阿兰·德罗西埃尔（Alain Desrosière）指出新自由主义政府可以通过福利制度进行监管和再分配，通过激励机制引导市场的微观经济活动。在这一逻辑下，适宜的反贫困政策就是"赋权"，旨在提升穷人的生产力，这成为摆脱贫困的必然选择。④ 总之，反贫困政策的重点是改变穷人的行为，因此，社会科学被赋予了制定政策工具的使命，必须消除社会偏见，保持中立态度研究贫困问题的解决办法。

（三）发展和"反发展"的反贫困观

反贫困的主要方式是经济增长、社会福利保障制度的再分配机制和民间慈善公益的自发调节。一般都是用"发展"（développement）的办法解决贫困问题，主要表现在经济增长等方面，海伦娜·诺伯格－霍奇（Helena Norberg-Hodge）反思了这种现代化的发展观所产生或引发的贫困问题。以印度的拉达赫为例，那里受到西方文化价值观和经济的冲击，西方技术破坏了拉达赫人原本的生活环境，西方的生活方式使他们原有的家庭瓦

---

① Jean-François Laé, Numa Murard, *Deux générations dans la débine. Enquête dans la pauvreté ouvrière*, Paris: Bayard, 2011.

② Jean-Michel Wachsberger, Jacques Rodriguez, "La neutralisation politique de la pauvreté," *Communications*, No. 98, 2016, pp. 109 – 123.

③ Nicolas Duvoux, Jacques Rodriguez, "La pauvreté insaisissable: Enquête (s) sur une notion," *Communications*, No. 98, 2016, pp. 7 – 22.

④ Jean-Michel Wachsberger, Jacques Rodriguez, "La neutralisation politique de la pauvreté," *Communications*, No. 98, 2016, pp. 109 – 123.

解，西方的金钱观使当地人变得日益自私。于是作者提出了"反发展"（le contre-développement）观，拉达赫应该尽可能地维护其自治和保护环境。[①] 但随即会陷入另一个困境：到底是发展还是不发展。面对这种悖论，海伦娜·诺伯格－霍奇又将希望寄托在她的原生社会，即西方社会的解决方案上，建议切实可行地、公平地使用整个世界的资源来解决贫困问题。该研究提出的无休止"发展"的负效应和对第三世界国家的"冲击"，引起了人们对发展观的警惕。

（四）反贫困的经济学研究

经济方式是反贫困最主要的手段，伊娃·德拉克洛瓦（Eva Delacroix）等分析了消费社会中的营销与贫困问题，为反贫困提出一些参考建议。基于贫困人口消费经历的经验数据，探讨相关管理机制，如营销人员在处理贫困问题时可能会遇到道德困难，建议建立更有包容性的营销制度，如食物银行的实践探索，[②] 未来需要提高营销领域从业人员、相关研究人员对贫困问题的理解能力，鼓励他们与贫困者进行对话与交流。恩东戈·桑巴·西拉（Ndongo Samba Sylla）研究了南北贸易关系中的正义问题，指出为富人服务而进行的贫困营销（Le marketing de la pauvreté），将加剧不同国家间的贫富分化，因为主要受益方是富裕的国家。[③]

国家贫困与社会排斥观察所的乔治·格洛科维佐夫（Georges Gloukovi-ezoff）研究了小额信贷对反贫困的作用，基于 2005 年的系统数据，一些被排斥的人中有 44000 人使用小额信贷，贷款额度为 3000 欧元，当时处于一个试验阶段，为他们提供个性化支持，通过小额信贷项目、贷款对象、贷款对借款人的影响、对小额信贷的评估满意度等分析影响小额信贷的一些基本要素：社会融合、专业融合、预算状况、家庭凝聚力和自尊心等。[④] 如果

---

① Helena Norberg-Hodge, *Quand le développement crée la pauvreté: L'exemple du Ladakh*, Paris：Fayard, 2002.

② Eva Delacroix, Hélène Gorge, *Marketing et pauvreté: Être pauvre dans la société de consommation*, Paris：Éditions EMS, 2017.

③ Ndongo Samba Sylla, *Le scandale commerce équitable: Le marketing de la pauvreté au service des riches*, Paris：Editions L'Harmattan, 2013.

④ Georges Gloukoviezoff, *Microcredit contre pauvreté, des prets entre solidarité*, Paris：Atelier, 2013, https://www.amazon.fr/Microcr%C3%A9dit-contre-pauvret%C3%A9-solidarit%C3%A9-march%C3%A9/dp/2708242393/ref = sr_1_1? __mk_fr_FR = %C3%85M%C3%85%C5%BD%C3%95%C3%91&dchild = 1&keywords = Microcredit + contre + pauvret%C3%A9%2C + des + prets + entre + solidarit%C3%A9&qid = 1628675352&sr = 8 - 1.

信贷是正面效应，就继续提高贷款发放的数量和质量，进一步提升业务的包容性。将小额信贷作为商业化销售的新产品或社会援助的补充时，要谨慎不能出错，发挥其在国家、金融市场和社会之间融合经济的作用，通过小额信贷来反贫困和反社会排斥。但也有观点质疑目前这种小额信贷是否能真正消除贫困，因为最高 3000 欧元的金额对于这些无法获得银行信贷的人来说，其实很少。法兰西学院埃斯特·迪弗洛教授研究了孟加拉国的小额信贷，指出通过赋予穷人自治手段来向穷人赋权，穷人的主动行动是激发他们脱贫的主要内生动力。但是小额信贷无法替代政府所提供的基本公共卫生服务、教育保障、基础设施建设和打击腐败等。[①] 可见，只有小额信贷与国家基本公共服务共同推动，才能有效帮助穷人脱贫。

丹尼斯·哥伦比（Denis Colombi）研究了穷人的钱流动到哪里的问题，这些钱变成了什么？又使哪些人致富？通过分析穷人的消费情况，研究穷人对钱财的管理不善、使用不善和分配不善等问题。例如，一个穷人拥有一台非常先进、高配置的顶级笔记本电脑，是奢侈，还是多余，或是为了满足个人的"小乐趣"需求？[②] 穷人的钱虽然少，但是依然有钱，他们的钱用在哪些方面，对于分析贫困的持续性等贫困循环问题有重要意义，可以在此基础上找到有效的反贫困方案。

（五）反贫困的资源分配问题

20 世纪 80 年代贫困重新回到法国的核心范畴地位，并影响了国家的干预举措，涉及不平等、不稳定和社会排斥等社会保障商业化的深层次问题。贫困的目标界定和规范性指导的基础是"新自由主义社会国家"的干预举措，贫困问题的严重性导致了政府在财政分配的过程中会以福利目标为重，进而激活相关的社会支出。这种日益关注贫困的趋势，转移了人们对全球贫困机制的注意力，通过获得公众支持的反贫困政策来塑造行动者的活动，却使人们对如何更好地向越来越多的贫困者分配越来越稀缺的资源产生了疑问。[③] 这涉及国家、社会资源的统筹分配问题，是将资源多用于生产力建设、文化素养提升方面，还是多用于社会保障和反贫困领域，

---

① Esther Duflo, *La Politique de l'autonomie. Lutter contre la pauvreté（II）*, Paris：Seuil, 2010.

② Denis Colombi, *Où va l'argent des pauvres: Fantasmes politiques, réalités sociologiques*, Paris：Editions Payot & Rivages, 2020.

③ Didier Fassin, *La Raison humanitaire. Une histoire morale du temps présent*, Paris：Seuil/Gallimard, 2010, pp. 65 – 109.

即与贫困有关的工作往往与对消除贫困政策的质疑有关，涉及机制的有效性问题和集体财富的生产与再分配问题。

第三节 谁是穷人？

无论是研究贫困问题还是反贫困问题，研究的主体对象都是穷人，应致力于分析为什么会产生穷人；穷人的现状与困境是什么；如何帮助穷人摆脱贫困；贫困率如何变化；怎样通过分配制度调节基尼系数以减小贫富差距。因此，谁是贫困者是一个重要问题。

一 穷人形象的建构

（一）不同身份的穷人

近年来因裁员导致的贫困危机愈演愈烈，快速跌入贫困线的人群身份越来越复杂。让－米歇尔·夏邦内尔（Jean-Michel Charbonnel）曾提出一系列问题：谁是穷人，究竟有多少穷人，为什么我们不能在财富积累中消除贫困。这涉及贫困史和社会对穷人的建构。[1] 保罗·格雷尔（Paul Grell）尝试从穷人的不同身份对贫困的多维层面进行界定。关于贫困形象的建构，一般来说，穷人通常没有能力讲述自己的故事，穷人形象的建构就是社会对穷人的印象，主要分为以下几类。一是从宗教信仰方面看，穷人是"耶稣基督"关注的人群，穷人的祈祷会为他的恩人带来特别的祝福，因此对于富人来说，对穷人做慈善是获得救赎的途径。[2] 因此，这种施舍关系含有社会分化的逻辑，教会通过救济贫困和慈善精神的包容性将社会中的穷人和富人两大社会类别紧密联系在一起，之后在君主制和资产阶级秩序中，这种关于贫富的观点进一步世俗化。二是从阶级分层的视角看，穷人多被归结为劳动阶级、工人阶级和危险阶级。[3] 三是如上文分析的贫困者是被"排斥"的人，是处于不平等关系建构中底层的人，是被"剥夺

---

[1] Jean-Michel Charbonnel, *La pauvreté en France-Permanences et nouveaux visages*, Paris: La Documentation française, 2013.

[2] Jean-Pierre Gutton, *La société et les pauvres en Europe (XVIe-XVIIIe siècles)*, Paris: Presses universitaires de France, 1970, p. 216.

[3] Jean-Pierre Gutton, *La société et les pauvres en Europe (XVIe-XVIIIe siècles)*, Paris: Presses universitaires de France, 1970, p. 216.

者",18 世纪的穷人主要是工人(熟练工人)、劳工(半合格或不熟练的工人)、仆人、街头小贩、乞讨者和流浪汉,[1] 有时候乞讨所得甚至比做不稳定或报酬低的工作得到的更多。从不同制度层面对贫困概念进行分类研究,分析贫困概念与社会逻辑之间的关系,这是一种从社会关系和社会身份的角度界定穷人的方式,虽然表述有差异,但共性都是经济方面匮乏的人。

（二）不同话语体系中制度化的穷人

也有研究从不同贫困观中差异化的贫困主体类型展开。一是穷人是制度化的结果,穷人是社会系统中履行实际职能的生命实体,每个人都有自己的姓名和国籍等信息,将历史上不同时段的穷人身份抽象出来就形成了一种贫困固化的历史现实,[2] 即穷人是由一个个鲜活的生命实体组成的"泛称"。二是在制度化过程中出现了新的贫困网络进而改变了贫困的内涵。在 18 世纪以前,"贫困"一词基本没有经济意义,其含义主要来自基督教传统[3]：穷人是受苦的人,是"饥饿的"或处于"需要"状态的人,对于富人得到救赎和净化有重要作用。米歇尔·纳西（Michel Nassie）研究了 15 ~ 18 世纪布列塔尼地区的贵族与贫困问题,用家谱分析揭示了当地特权阶层中贫民阶级的悖论：贵族分裂导致年轻人的贫困,即小贵族的贫困化问题,[4] 涉及婚姻和生育、价格和税收等问题。随着城市的发展和封建制度的瓦解,"贫困"的概念再次发生变化。在社会转型过程中,穷人等不幸的群体成倍增加,大量农民进入城市成为乞讨者和流浪汉。所以穷人是指以工作为生的人,主要是指劳动者。如果停止工作,就要遭受痛苦,不能依靠原始的农村团结传统来维持生存。在这个过程中,阶层内部和阶层之间逐渐出现贫困化（paupérisation）,出现了"可耻的穷人"（pauvre honteux）等污名化现象,并一度为乞讨和流浪定罪,流浪者被定

---

[1] Kaplov Jeffry, *Les noms des rois: les pauvres de paris à la veille de la révolution*, Paris: Maspero, 1974, pp. 63 - 64.

[2] Paul Grell, Anne Wery, "Le concept de pauvreté: les diverses facettes institutionnelles de la pauvreté ou les différentes naturalisations de ce concept," *Courrier hebdomadaire du CRISP*, Vol. 771, No. 25, 1977, pp. 1 - 25.

[3] Paul Grell, Anne Wery, "Le concept de pauvreté: les diverses facettes institutionnelles de la pauvreté ou les différentes naturalisations de ce concept," *Courrier hebdomadaire du CRISP*, Vol. 771, No. 25, 1977, pp. 1 - 25.

[4] Michel Nassie, *Noblesse et pauvreté: La petite noblesse en Bretagne XVe-XVIIIe siècle*, Rennes: Presses universitaires de Rennes, 2012.

义为没有工作、没有住房、没有社会担保人、缺乏社会纽带的人，有一定的危险性。一些慈善协会也仅是帮助在社区居住的贫困居民，当时慈善对于解决多样化贫困问题的救助功能还未有效发挥出来。[①] 之后，日益将穷人视为"社会危险"，并与封建制度的瓦解息息相关。在资本主义制度下，穷人被视为劳动力，通过制度进入劳动过程以避免劳动力短缺情况的出现，这样穷人就没什么选择的自由，而且工资很低，需要慈善组织的救助。其实，除了穷人的社会身份外，还有一些其他的群体特征，如贫困的儿童、患有慢性病或体弱的老年人、身体健全的失业者或低薪者、一些懒散堕落的人，也是容易犯罪的人。

（三）贫困边缘的"穷人"

米歇尔·格里贡（Michel Grigon）等提出"贫困的边缘"（franges de la pauvreté）这一概念来指代那些徘徊在贫困线上下的脆弱人群或贫困圈（cercles de la pauvreté）人群，并进一步分析指出，最低融合收入是贫困的减震器，也是导致贫困的因素。ADEPS研究组模拟了一条虚构的贫困线，如果家庭的总收入除以家庭成员的数量低于最低融合收入阈值，则被视为贫困家庭，并根据收入（货币）、主观贫困和社会经济状况等将家庭分为贫困家庭、边缘家庭和富裕家庭，并对贫困家庭和边缘家庭进行分组，研究发现最低融合收入在静态下的社会安全网功能发挥良好，但是在动态下随着人口连续性变化就不那么明确，[②] 因为边缘人群中一些申请最低融合收入但被拒绝的人的信息没有被动态追踪，他们是否处于贫困状态无法确定。此外，还有一些非法移民等不能申请相关社会保障补助的人的贫困状态更难统计，也就是不在政府或社会组织救助名单里的群体状态无法确知。

总之，不同类型的贫困也是不同贫困主体的一个折射，进一步回应了谁是穷人的问题。那么，法国是怎样来解决这种不同表现形式的贫困问题呢？主要通过社会保障、社会保险、社会救助和教会等慈善公益的力量一起解决，但是主要承接主体是政府部门，因此也导致了政府财政的严重

---

① Léon Cahen, "Les idées charitables à Paris au XVIIe et au XVIIIe siècles d'après les règlements des compagnies paroissiale," *Revue d'histoire moderne et contemporaine*, Tome II, 1900, p. 13.

② Michel Grigon, Antoine Math, "Aux franges du RMI, Présentation d'une recherche menée par l'ADEPS," *Revue des politiques sociales et familliales*, No. 38, 1984, pp. 7 – 16.

赤字。

二 贫困的主要表现形式

针对不同身份和年龄段的穷人，可以把贫困分为老年人贫困、残疾人贫困、儿童贫困、青年贫困、移民贫困、农民贫困、贫困女性化或女性贫困等不同类型。

（一）老年人贫困

传统贫困人口多是老、弱、病、残等人群。1962 年一份研究报告指出法国老年人群的高贫困率是因养老金太低导致的。于是，20 世纪 70~80 年代法国政府尝试推行养老金改革，扩大养老金计划的覆盖面，提高老年人最低收入保障水平，1983 年将法定退休年龄降到 60 岁，使老年人的贫困率从 1970 年的 32% 下降到 1984 年的 8%。[1] 之后，人口老龄化的危机日益加深，庞大的养老金开支造成政府赤字压力，2007 年法国退休人员已占全国人口的 23.8%，每年靠国家借债支付退休金的退休人员已达 150 万，退休金赤字总额在 2 年内翻了两番，已达 423 亿欧元，预计 2030 年将上升到 700 亿欧元。[2] 每当政府尝试推行养老金改革，都会引发罢工游行等示威活动。这种方式通过再分配来缓解贫困，却反而增加了政府财政压力，加剧社会整体贫困的"福利陷阱"已经初见端倪。

（二）残疾人贫困

在历史进程中，弱势残障人士的社会地位发生了很大的变化。安德烈·盖斯林（André Gueslin）研究了 19 世纪法国残疾人贫困与被排斥的问题。在旧制度时期，乞丐由公共慈善机构管理，法国大革命期间逐渐由国家接管，相关机构也接收听障人士和视障人士，并对他们进行教育。19 世纪残障人士和体弱者的生存状况获得重大改变，他们不再被排斥在公共场合之外。[3] 1898 年法律开始保障工作中的事故赔偿，即工伤有了社会保障，一些后天残疾的人不再直接被视为贫困者，一些残疾人专业学校得到发展，

---

① 〔法〕皮埃尔·龚夏尔第、杨无意：《法国经济发展与社会保障：以 20 世纪 80 年代中期为转折点》，《社会保障评论》2019 年第 1 期。

② 吴国庆：《法国政治史（1958~2012）》，社会科学文献出版社，2014，第 400~401 页。

③ André Gueslin, Henri-Jacques Stiker, *Handicaps, pauvreté et exclusion dans la France du XIXe siècle*, 2003, Paris：Editions de l'Atelier.

但当时的社会观念还是认为残疾人是贫困的。现代社会保障制度建立之后，设立了残疾人津贴等补助，以确保残疾人的基本生活所需。如成年人残疾津贴（AAH）2018 年开始重估，2018 年 11 月 1 日将达到 860 欧元，将为 951000 名受益人每月带来平均 48 欧元的收益，[1] 2022 年新一轮重估使 140000 户残疾人家庭受益，平均每月增加 110～120 欧元，没有工作且配偶是最低工资者的残疾人可以领取每月 904 欧元的残疾人补贴，国家将投入 120 亿欧元用来帮助最弱势的残疾人，每年额外支出 24 亿欧元，作为支持残疾人的必要投资。[2]

（三）儿童贫困

2004 年《法国儿童贫困报告》中将儿童贫困作为衡量国家贫困程度的核心指标。有种相对贫困的衡量方法是通过按年龄划分贫困人口占总人口的比例的贫困率，如法国 9% 的儿童生活在家庭收入低于人均可支配中位数 50% 的家庭中，但在经合组织国家中，法国的儿童贫困率总体较低。[3] 按可支配收入中位数的 60%，不同时段也有不同的比例。2005 年，马丁·赫希（Martin Hirsch）主持的"家庭、脆弱性和贫困委员会"致力于 200 万名贫困儿童的问题研究，关注贫困家庭的收入水平和贫困对儿童造成的影响，以及父母的失业、经济困难会对儿童教育产生怎样的影响；童年期的匮乏感、丢脸的感觉、父母形象的下降等是否会使他们的人生陷入陷阱。通过调研贫困儿童的父母和贫困儿童、社会工作者、志愿者、医生和老师，了解到贫困儿童日常的现实生活，并从学校教育、住房、健康、食品、社会融合等方面全方位提供了一些政策建议。[4] 目前，法国针对儿童贫困的主要资助有：自由选择补助金（Complément de libre choix d'activité, CLCA）、防护模式补助（Complément de mode de garde, CMG）、幼儿保育津贴（Prestation d'accueil du jeune enfant, PAJE）、积极就业团结收入等。

---

[1] "Comité interministériel du handicap：dossier de presse," 20 septembre 2017, https：//www. gouvernement. fr/note-aux-redactions/9505-comite-interministeriel-du-handicap-cih.

[2] "Réforme de l'allocation adultes handicapés pour les couples", 25 janvier, https：//www. gouvernement. fr/actualite/reforme-de-l-allocation-adultes-handicapes-pour-les-couples.

[3] Michael Förster, Dominic Richardson, "Réduction de la pauvreté des enfants：comparaisons internationales," *Politiques sociales et familiales*, No. 104, 2011, pp. 63－75.

[4] Martin Hirsch, Sylvaine Villeneuve, *La pauvreté en héritage*, Paris：Robert Laffont, 2006.

（四）青年贫困

2000 年国家贫困与社会排斥观察所启动了对年轻贫困者的特别调查，因为很多年轻人与父母同居或受到父母资助，正在上学，很难单独了解他们的经济状况。依据国家统计与经济研究所（INSEE）的相关调查数据，1982 年法国 19～29 岁的青年贫困率为 0.6%，即 72000 人，1999 年上升到 1.2%，达到 133000 人。此时期，15～24 岁青年稳定就业的比例下降了一半，[1] 影响青年人就业的主要因素是教育水平，如 1992 年离开教育系统的年轻人有 27% 没有获得文凭［至少是职业高中（CAP）］，即 146000 名年轻人，有超过 1/4 的年轻人没有接受初始培训，[2] 缺乏能够融入劳动力市场的基本技能。这些不合格的年轻人主要来自多子女的大家庭（28% 来自家里有 5 个或更多孩子的家庭），其中 30% 的男孩生活在多子女大家庭中，25% 的女孩生活在多子女大家庭中。他们的父母通常出身卑微，受教育程度也较低，53% 的父亲教育水平低于职业高中，大多是工人。[3] 可以明显看出，因为教育不足导致了贫困代际循环，即家庭贫困的再生产。

失业的年轻人处于经济、社会和心理脆弱期，这种处于边缘地位的青年人数量近年来有所增加，主要原因是家庭破裂、过早被遗弃和移民。所以要为他们提供培训支持，创造获得就业的条件，并确保年轻人能够真正有效接受职业技能培训，以改变这种因社会断裂（rupture sociale）造成的青年人贫困状态。

（五）移民贫困

法国在两次世界大战中损失大量人口，人口数量一度出现负增长，1945 年戴高乐政府出台《外国人入境和居留法》，并成立了国家移民局，后改为国际移民局，计划引入外国劳工。1954 年从原法属殖民地等引进一些移民，1973 年因经济危机开始限制移民进入，冷战后大量中东难民涌入。自 20 世纪 90 年代以来，法国的贫民窟（bidonvilles）里主要居住着欧洲内部的贫困移民。随着欧盟的发展，这种流动性移民在法国和原籍国之

---

① ONPES, "Les Travaux de l'Observatoire 2000," 29 septembre 2009, pp. 327－331, https://onpes. gouv. fr/le-rapport-2000. html.

② ONPES, "Les Travaux de l'Observatoire 2000," 29 septembre 2009, p. 344, https://onpes. gouv. fr/le-rapport-2000. html.

③ ONPES, "Les Travaux de l'Observatoire 2000," 29 septembre 2009, p. 344, https://onpes. gouv. fr/le-rapport-2000. html.

间摆动，① 需要跨国合作解决这种非常危险的移民问题，帮助他们解决住宿、就业和教育问题。2006 年法国出台了新移民法，实行有选择的移民。截至 2017 年底，法国有近 500 个贫民窟约 15000 人，主要居民来自欧盟国家，2018 年 1 月法国政府制定评估贫民窟改造政策，预算 300 万欧元专门用于支持消除贫民窟的战略。② 为了更好地推进相关工作落实，2018 年 6 月 20 日成立了全国消除贫民窟监测委员会（Commission nationale de suivi de la résorption des bidonvilles），以会聚当地社区、协会、教学部委、行政部门代表，实行促进融合计划，在住房、就业、健康和教育方面提供保障，并积极动员社区参与进来，旨在消除非法定居点和非法贫民窟。依据 Action Bidonvilles 实验平台的数据，截至 2018 年 12 月 31 日，共统计了 13728 名居住在贫民窟的欧洲内部移民，并对他们的发展进行动态监测。③ 2019 年全国消除贫民窟监测委员会举行第三次会议继续推进相关工作。如果不这样做，移民二代将难以融入法国社会，很容易引发社会治安问题。

（六）农民贫困

法国农业家庭贫困率比工业家庭要高，为保障农民的生活，曾专门为农业经营者和农业工人建立了低收费高补贴的社会保障制度。④ 与城市贫困相比，农村贫困是那种经常被忽视和隐藏的极端贫困情况，揭示了在这种贫困环境状态中人与人之间可怕、残酷的关系。伴随着经济危机对集体命运的影响，在没有其他反贫困或贫困援助的情况下，最穷的人会躲在家里，等待可能的潜在援助。⑤ 城乡二元结构虽然在城市化进程中有所改进，但农民贫困依然是一个有待解决的问题。法国工人有最低工资制度保障，但是农民辛辛苦苦一个月收入才几百欧元，经常处于入不敷出的贫困状

---

① "Un atelier pour favoriser la coopération franco-roumaine sur le sujet des citoyens européens vulnérables en mobilité," 9 octobre 2019, https：//www. gouvernement. fr/un-atelier-pour-favoriser-la-cooperation-franco-roumaine-sur-le-sujet-des-citoyens-europeens.

② "Installation de la Commission nationale de suivi de la résorption des bidonvilles," 27 juin 2018, https：//www. gouvernement. fr/installation-de-la-commission-nationale-de-suivi-de-la-resorption-des-bidonvilles.

③ "La Commission nationale de résorption des bidonvilles s'est réunie une troisième fois, plus d'un an après l'instruction du 25 janvier 2018," 3 avril 2019, https：//www. gouvernement. fr/la-commission-nationale-de-resorption-des-bidonvilles-s-est-reunie-une-troisieme-fois-plus-d-un-an.

④ 吴国庆：《法国执政党关于财富再分配与社会和谐的实践》，《红旗文稿》2005 年第 9 期。

⑤ Alexandre Pages, *La pauvreté en milieu rural*, Toulouse：Presses universitaires du Mirail, 2012.

态，所以一些农民会通过自杀来摆脱贫困，2018 年就有 605 名农民自杀。[1]总之，不仅要关心农民的物质贫困，还要关注他们的心灵贫困和精神贫困问题。

（七）贫困女性化

男女权力关系的不平等会加剧贫困状态。从法国对贫困和社会最低限度收入的性别统计可以发现，以家庭为基本单位容易掩盖不同性别个体的风险，因为暗含的前提假设是家庭成员平等共享家庭资源。家庭责任的不同，导致女性比男性更容易陷入贫困，单身母亲的贫困率相对较高，但也有一些女性认为离开丈夫之后所得到的社会救助，比此前与丈夫在一起时的家庭生活收入更高，所以要对家庭中女性的地位和资源分配权进行差异化分析，即家庭内部的资源再分配现象，[2]要考虑家庭内部性别权利关系和资源分配模式。

此外，女性贫困也与她们的受教育程度、工作和生养子女的母性职责等有关。现有的保障体系给了女性选择的权利，如果她们不就业，就可以获得社会救助，但这在一定程度上削弱了她们的就业意愿和就业能力，从而成为就业市场中"合法的不工作者"。[3]总之，从性别视角可以反思现行反贫困公共政策中的一些盲点，需要关注夫妻之间的资源再分配和福利依赖问题。

总之，不同时期法国社会救助的穷人主体是有变化的，此前主要对象是老年人和残疾人，随着社会保障体系的建设和养老金改革，老年人贫困率逐渐下降，近年来的穷人主要指有经济困难和社会困难的赤贫者、长期失业者、抚养子女的单身母亲、非法移入的难民、无家可归者等"社会排斥"群体和"新贫困"群体。

---

[1] 徐波：《转型中的法国》，中信出版社，2020，第 47 页。

[2] Anthony B. Atkinson, Sandrine Cazes, Serge Milano, J. Assemat, Bruno Jeandidier, Rudolf Teekens, M. A. Zaïdi, "Mesures de la pauvreté et politiques sociales: une étude comparative de la France, de la RFA et du Royaume-Uni," *Observations et diagnostics économiques: revue de l'OFCE*, No. 33, 1990, pp. 105 – 130.

[3] Hélène Périvier, "La pauvreté au prisme du genre," *Communications*, No. 98, 2016, pp. 159 – 173.

第二章
法国贫困与反贫困的历史演变

为了从长时段了解法国贫困与反贫困的演进脉络，更好地发现 21 世纪法国社会中贫困问题的变迁与新动态，本章以历史上一些特定的贫困时间段和关键性事件节点为主，延续到二战后法国福利保障体系的建设，以此探析不同历史时期法国贫困与反贫困的贫困观、主要特征、重要举措、问题与解决方案。

第一节 贫困认知观的变化

不同历史时段、不同世界观与宗教观和不同学科视域下的贫困观都是有差异的。自然环境因素、战争、不平等的等级秩序建构会不可避免地导致贫困，这在历史上也是大规模存在的，所以会有不同类型的贫困观。

一 宗教贫困观

宗教贫困涉及牧师、修士等主动保持禁欲主义的清贫状态以及基督教贫困观和教会的扶贫济困。

（一）禁欲主义的清贫状态

关于宗教信仰与贫困之间的关系，克莱门特·莱诺布尔（Clément Leno-ble）研究了中世纪方济各修士苦修中保持贫困生活状态的禁欲主义，当社会普遍被追求财富驱动时，如何保持清贫是当时教会面临的一大问题。因为有大量的钱流入修道院，就采用了会计管理方法，放弃了一些有利可图的链接财富的机会，① 加强财务管理和评估的规范性，可以看出新教伦理与资本主义精神之间的联系。洛朗·布瓦斯维特（Laurent Boisvert）也以《圣经》中对贫困的论述为依据，思考了福音派恪守贫穷的真正起源，② 进一步研究宗教与贫困之间的关系。1206 年教会与福音派的关系发生了重要转折，这取决于教会如何看待福音派的贫困，主要涉及神职人员和信徒是否要享用财富，过奢侈的生活，还是过禁欲主义的清贫生活，是否允许穷人传道等问题。在教义的启发下，逐渐意识到这是穷人通过效法贫穷的耶稣基督来传福音信仰，后来罗马教皇同意并采纳了法国蒙彼利埃的这一方法。③ 约翰·陶勒（Jean Tauler）牧师也在传道中传播了效法主耶稣的贫穷生活的福音，④ 写下了《灵性贫困》（又译《精神贫困》，*la pauvreté spirituelle*）一书。

（二）基督教贫困观

关于基督教信仰和贫困问题，一方面可以从帕斯卡"内心的秩序"来寻求一种深厚的精神体验，另一方面可以像莫里斯·祖德尔神父所传的静修，在奉献中了解上帝之爱的基本奥秘，发现贫穷与奇迹之间的关系。⑤ 皮埃尔·库朗日（Pierre Coulange）研究了《圣经》中对贫困的解读，如人对财富的贪婪会伤害脆弱的人群，资助穷人也被视为获得救赎的一种方式，教会跟随主的脚步帮助穷人，传道表明人活着不是单靠食物，而是顺服神的旨意。⑥ 艾曼纽（Emmanuelle）修女以在开罗贫民窟的服务经历，提出一个看似自相矛盾的问题：在欧洲的富裕国家，她始终无法享受生活，而在最贫穷的国家中，在与贫困和排斥做斗争的过程中，通过为这些失声的人发声，向数以百万计不堪重负的人表示尊重和维护他们的尊严，每一分钟都感受到生活带来的简单快乐。为什么这种内心精神的丰富性在

---

① Clément Lenoble, *Exercice de la pauvreté*, Rennes：Presses universitaires de Rennes，2013.

② Laurent Boisvert, *La pauvreté religieuse*, Paris：Les éditions du Cerf，1981.

③ Thouzelleir Ch.，"La pauvreté, arme contre l'albigéisme, en 1206，" *Revue de l'histoire des religions*，No. 15，1957，pp. 79 – 92.

④ Jean Tauler, *Le Livre de la pauvreté spirituelle: Ou l'Imitation de la vie pauvre de notre Seigneur Jésus Christ*，Paris：Éditions Arfuyen，2012.

⑤ Maurice Zundel, *Emerveillement et pauvreté*，Paris：Éditions Saint-Augustin，2011.

⑥ Pierre Coulange, *Ce que dit la Bible sur la pauvreté*，Nouvelle cite，2017.

物质贫困中被激发?① 这是对贫困的另一个角度的思考。修道士卡尔特 (Chartreux) 从物质、人类、心理和精神贫困方面分析贫困的本质问题，指出我们在上帝面前认识到自己是穷人，才能获得神赐的财富。因为贫困的污名化，有人认为贫困是一种惩罚，其实《圣经》中有对穷人祈祷的肯定和对财富的批评，以及教导我们如何跟随被认为是"穷人"的耶稣基督而生活，② 存在一种沉思的贫困 (pauvreté contemplative)。因此，只要认识到自己的渺小与贫穷，对生活中的苦难、审判、孤独、罪恶抱有一种感恩、顺服、赞美、喜乐与平安的心态，就不存在贫困，之所以困于贫穷，是因为我们自己把自己蒙蔽了，这是一种基于信仰产生的精神富裕的贫困观。信徒圣·弗朗西·达西斯 (Saint François d'Assise) 通过做贫困志愿者传扬天主教的贫困观，反对现代贫困观，③ 也是一种多维理解贫困的方式，揭示了宗教贫困观与世俗贫困观的差异。

（三）教会的扶贫济困

《圣经》中有很多帮助穷人的教诲，如"我民中有贫穷人与你同住，你若借钱给他，不可如放债向他取利"，④ "不可摘尽葡萄园的果子，也不可拾取葡萄园所掉的果子；要留给穷人和寄居的。我是耶和华你们的神"，⑤ "我要使其中的粮食丰满，使其中的穷人饱足"，⑥ 耶稣基督也劝导富人救济穷人，耶稣说："你若愿意做完全人，可去变卖你所有的，分给穷人，就必有财宝在天上；你还要来跟从我。"⑦ 所以救济穷人被视为富人得到救赎的一个途径，教会一直是扶贫济困的主要力量。历史上教区、教会的工作人员为病患或失业的贫困家庭提供帮助，主要慈善活动是忏悔和传教，就如一些描述：一手拿《圣经》，一手拿面包券。尤其是天主教的修女在安息日会帮助一些贫困家庭，为贫困儿童提供食物和帮助他们识字。史蒂夫·科贝特 (Steve Corbett) 等基于《圣经》的原则，研究了教会如何在

---

① Soeur Emmanuelle, Philippe Asso, *Richesse de la pauvreté*, Paris：Éditions J'ai lu, 2002.

② Moine Chartreux, *Les richesses de la pauvreté*, Paris：Presses de la Renaissance, 2017.

③ R. P. Exupère de Prats de Mollo, *La pauvreté-Étude d'économie sociale*, Editions Saint-Sébastien, 2016.

④ 《圣经·出埃及记》（22：25），南京爱德印刷有限公司，2007，第74页。

⑤ 《圣经·利未记》（19：10），南京爱德印刷有限公司，2007，第114页。

⑥ 《圣经·诗篇》（132：15），南京爱德印刷有限公司，2007，第602页。

⑦ 《圣经·马太福音》（19：21），南京爱德印刷有限公司，2007，第24页。

不伤害穷人的情况下减轻贫困，才能有效地反映基督的恩典，将福音传到这个破碎世界，[①] 这也可以视为尊严慈善的一种表现形式。

总之，宗教贫困有禁欲主义的主动贫困方式，也有灵性贫困和物质贫困中的心灵富有的多重体验，还有教会的扶贫济困行善。主要根基都是爱上帝的信仰和上帝爱世人的福音，这在人类发展历史中发挥了很重要的作用。

二 瘟疫中恐惧的贫困观

（一）从同情到镇压

14世纪对贫困的认识发生了明显的转折，罗伯特·卡斯特尔指出：1348～1349年的黑死病大瘟疫使穷人的数量激增，这是贫困史中的重要节点。[②] 穷人与流氓以及不稳定、动荡和具有威胁性的群体混合在一起，迫切需要被控制，[③] 人们对于穷人的同情也逐渐转变为恐惧和镇压的态度，相关"穷人的警察"（police de pauvres）在16世纪封建社会向资本主义社会过渡过程中日趋严厉，[④] 对穷人的管制也越来越严。

（二）从教会主导扶贫到政府扶贫转型

1601年英国《济贫法》的出台开启了政府主导扶贫的历程，这是政府首次通过强制征收济贫税来解决政府消除贫困的资金来源问题，也是政府采取规范行为解决贫困问题的开始。[⑤] 国家为消除贫困的社会根源进行了一些尝试，但在执行过程中出现了一些问题，主要还是依托教会来完成。后来，欧洲各国政府也都尝试参与贫困问题的解决。1607年亨利四世建立了圣路易医院，收治感染瘟疫的民众，但也发起了镇压乞讨和流浪者的运

---

① Steve Corbett, Brian Fikkert, *Quand aider fait du tort, Réduire la pauvreté sans se nuire…et nuire aux pauvres*, Éditions Impact, 2017.

② Robert Castel, *Les Métamorphoses de la question sociale. Une chronique du salariat* (format kindle), Paris：Fayard, 2014.

③ Bronislaw Geremek, *Truands et Misérables dans l'Europe moderne（1350 – 1600）*, Paris：Folio Histoire, 2014.

④ Bromislaw Geremek, *La Potence ou la pitié: L'Europe et les pauvres du Moyen Âge à nos jours*, Paris：Gallimard, 1987.

⑤ 钱运春：《西欧生产方式变迁与社会保护机制重建》，上海社会科学院出版社，2011，第60页。

动。① 17 世纪初期宗教战争之后，巴黎 10 万人口中约有 3 万是乞丐，大量边缘社会人口给治安带来巨大的压力，贫困成为当时最为棘手的社会问题。② 政府逐渐意识到对待穷人的态度事关国家政权的稳定。

三 宿命论、工作观与国家职责的贫困观

当时一些观点认为贫富分化是一种自然秩序的构建，所以穷人是由宿命产生的。17 世纪逐渐发现贫困是由经济问题产生的，虽然大量的穷人在工作，但是并没有脱贫。18 世纪末期出现一种观点，不再将贫困视为一种宿命或者诅咒，认为工作和教育可以帮助穷人改变贫困的状态，亚当·斯密认为工作是一种富有成效的生产性活动，不再是穷人的负担，而是创造财富的源泉。③ 孔多塞、伏尔泰等的进步观逐渐发展起来，人们认为工业革命可以缓解贫困。卡尔·波兰尼认为贫困不会因工作的商业化进程而消除，反而会加剧。之后，对贫困的认识从经济层面逐渐转到政治层面，所以 19 世纪人们认为贫穷是由政治不作为或法律失范造成的，尤其关注政策法律在提供公共救济的同时，是否助长了贫困的滋生。④ 当人们发现在不平等的社会状态中，对失业工人、老人和儿童的救助是普遍的需求时，国家干预贫困问题逐渐变得更具合法性，即贫困问题产生和反贫困是一种制度问题。

---

① 庞冠群：《在惩戒与救助之间——十七世纪法国城市的济贫举措》，光明网，2020 年 12 月 7 日，https://m. gmw. cn/toutiao/2020－12/07/content_34435333. htm? tt_group_id＝690327 3663907234317&in_ogs＝1& traffic_source＝CS1114&utm_source＝HW&source＝search_ tab&utm_medium＝wap_search&prevent_activate＝1&original_source＝1&in_tfs＝HW&channel＝ &enter_keyword＝%E6%B3%95%E5%9B%BD%E8%B4%AB%E5%9B%B0。

② 庞冠群：《在惩戒与救助之间——十七世纪法国城市的济贫举措》，光明网，2020 年 12 月 7 日，https://m. gmw. cn/toutiao/2020－12/07/content_34435333. htm? tt_group_id＝ 6903273663907234317&in_ogs＝1& traffic_source＝CS1114&utm_source＝HW&source＝ search_tab&utm_medium＝wap_search&prevent_activate＝1&original_source＝1&in_tfs＝ HW&channel＝&enter_keyword＝%E6%B3%95%E5%9B%BD%E8%B4%AB%E5%9B% B0。

③ Gareth Stedman Jones, "La fin de la pauvreté? Un débat historique," Maisons-Alfort, Ère, 2007, in Nicolas Duvoux, Jacques Rodriguez, "La pauvreté insaisissable: Enquête (s) sur une notion," *Communications*, No. 98, 2016, pp. 7－22.

④ Nicolas Duvoux, Jacques Rodriguez, "La pauvreté insaisissable: Enquête (s) sur une notion," *Communications*, No. 98, 2016, pp. 7－22.

四 制度主义的贫困观

有学者认为这种以制度为核心研究贫困问题的方式，会进一步强化相关部门对于人口分层的合理化，反而掩盖了多重贫困的复杂性，即理论研究的偏差导致了对实际反贫困工作反思的缺失。20 世纪逐渐意识到从消除贫困到重返贫困是公共行动的必然路径，于是福利国家制度逐渐兴起。[1]法国社会保障的目标是通过保护工人及其家庭实现全民覆盖的兜底保障，但在实际运作中存在各种困难，主要推动者之一的皮埃尔·拉罗克（Pierre Laroque）正在考虑取消这种全面援助。通过社会保障的一系列项目，尤其是养老金等解决了老年人的贫困问题，所以 20 世纪 70 年代末贫困率急剧下降。20 世纪末出现了"重返贫困"问题，这是与以往发展动态的三重断裂，因为在福利国家制度下，贫困问题虽然不会彻底根除，但也可以控制在社会边缘空间，不会成为主流社会问题。

可以看出不同历史时段主导贫困观的演变主线，是一个从宗教到世俗化的过程，从对穷人的救济到瘟疫中的恐惧与镇压，进而从经济层面通过工作帮助穷人脱贫，但是发现穷人越工作越穷的根源是制度的不平等，从而建构社会保障体系来建立兜底机制，解决贫困问题渐渐归于政府，主要通过再分配的政策调节。

第二节　历史上主要贫困期的贫困与反贫困

虽然贫困现象一直存在，但在一些特定的历史时间段表现得比较明显，主要是农业时代生产力低下状态的普遍性物质匮乏阶段，工业化生产方式冲击原有的农业社会保护机制，家庭破产、庄园衰落、工厂女工和童工的使用等产生大量无产阶级的时段，以及产生福利陷阱、福利病等问题的福利国家时期。

一 农业社会时代

乔治·杜比认为法国文明史开始于 10 世纪，当时社会处于整体贫困状

---

[1]　Nicolas Duvoux, Jacques Rodriguez, "La pauvreté insaisissable：Enquête（s）sur une notion," *Communications*, No. 98, 2016, pp. 7 – 22.

态，在封闭落后的小村落里，农业生产相对落后，粗陋原始的农耕技术仅能维持低下的生存水平，有大量贫困的农奴，只有那些享受特权的人才可能脱离贫困，① 当时一些天主教会的慈善组织也团结了大量的贫穷信徒，赈济穷人。② 历经了 11~12 世纪农耕技术的发展和城市化进程，出现了行会，导致底层与商业贵族的对立，小作坊主破产变得贫困，1245 年杜埃市出现了最早的罢工。③ 12~13 世纪伴随着十字军东征和饥荒，贫困人群的生活越发困难。紧接着 1337~1453 年英法百年战争中的焦土政策对法国的社会和经济产生了破坏性的影响。因此，乔治·杜比将从 14 世纪贫苦者开始发出呼声之后的一个时期界定为"贫困时期"：1420~1430 年出现大饥馑、鼠疫（1361 年、1373 年、1380 年）、农民暴乱和恐慌，④ 王权也陷入危机。在这样的内忧外患中，贫困化成为一个常态问题。

16~17 世纪随着新航路的开辟和殖民地的拓展，法国经济逐渐恢复。16 世纪是经济扩张阶段，通货膨胀导致现金地租贬值，1620~1650 年经济下滑，之后出现停滞和衰退，封建领主要求农民交实物地租，由此产生了一种悲惨的现象：农民到城市乞讨由他们生产的面包。1630~1632 年、1636~1638 年、1648~1649 年、1660~1668 年、1693~1695 年等黑色年份是贫穷、饥寒交迫的大灾难时期，⑤ 农民认为苛捐杂税是致贫的主要原因，反抗"征税者"、"赤脚党"叛乱、巴黎市民暴动、投石党运动等各类暴乱和运动此起彼伏，其中 1645 年蒙彼利埃民众暴动抗议运动的领头者就是妇女，⑥ 之后法国大革命的发起者也是妇女，可见妇女在社会运动中的号召力。为了解决此时期的贫困问题，教会迅速扩张，新建了很多基金会、

---

① 〔法〕乔治·杜比、〔法〕罗贝尔·芒德鲁：《法国文明史Ⅰ：从中世纪到 16 世纪》，傅先俊译，东方出版中心，2019，第 18 页。
② 〔法〕乔治·杜比、〔法〕罗贝尔·芒德鲁：《法国文明史Ⅰ：从中世纪到 16 世纪》，傅先俊译，东方出版中心，2019，第 20 页。
③ 〔法〕乔治·杜比、〔法〕罗贝尔·芒德鲁：《法国文明史Ⅰ：从中世纪到 16 世纪》，傅先俊译，东方出版中心，2019，第 154 页。
④ 〔法〕乔治·杜比、〔法〕罗贝尔·芒德鲁：《法国文明史Ⅰ：从中世纪到 16 世纪》，傅先俊译，东方出版中心，2019，第 201~223 页。
⑤ 〔法〕乔治·杜比、〔法〕罗贝尔·芒德鲁：《法国文明史Ⅰ：从中世纪到 16 世纪》，傅先俊译，东方出版中心，2019，第 273 页。
⑥ 〔法〕乔治·杜比、〔法〕罗贝尔·芒德鲁：《法国文明史Ⅰ：从中世纪到 16 世纪》，傅先俊译，东方出版中心，2019，第 393 页。

修道院和教堂，并且有大量信徒主动捐赠。1627 年创建的"护圣会"的行动纲领包括收容鼠疫患者、生活极度贫困者、结石病患者等，1632 年圣拉萨尔修会致力于救助穷人，1633 年成立的慈善信女会、1638 年成立的弃儿收容所①以及耶稣会等都在努力帮助穷人。

二　旧制度与法国大革命时期

18 世纪是旧制度危机爆发的时期，1709～1710 年法国严寒的气候导致农业歉收，征税困难又战事不断，1709 年的赤字总额超过 1000 吨白银，该时期是旧制度时期法国所经历的最严峻的时期之一。法国财务状况严重恶化，为了摆脱困境，法国 1710 年开征收入税，并决定将其 1/3 用于赈济穷人。② 1775～1790 年自然灾害导致农民歉收，小农经济和农庄主都陷入困境。经济危机通过税收机制发酵。法国大革命前夕，法国农村乞丐遍地，已成为严重的社会问题。③ 可见，税收等再分配制度是激发和加剧贫困问题的主要影响因素。因为赋税的重担主要落在贫苦的农民肩上，除了缴纳所得税、人头税、土地税、地租等苛捐杂税，还要向教会缴纳十一税，法国大革命爆发之前，2300 万农民中有 150 万人已经沦为乞丐。④ 在忍受物质匮乏和心理痛苦的过程中，社会各类群体和阶级的革命性意识逐渐觉醒，1788 年法国因农业歉收而导致饥荒，⑤ 财政危机进一步激化了相关矛盾，从而引起 1789 年的法国大革命。法国大革命期间，乞讨委员会（Comité de mendicité）的一些救助主要是私人慈善（charité privée）或怜悯（la pitié），国家主要发挥惩戒功能，⑥ 18 世纪末法国很多穷人以走私为生，失业妇女沦为卖淫女，当时约有 40％的人生活在贫困中，其中只有不到

---

① 〔法〕乔治·杜比、〔法〕罗贝尔·芒德鲁：《法国文明史 I：从中世纪到 16 世纪》，傅先俊译，东方出版中心，2019，第 400～407 页。
② 黄艳红：《法国旧制度末期的税收、特权和政治》，社会科学文献出版社，2016，第 109～110 页。
③ 黄艳红：《法国旧制度末期的税收、特权和政治》，社会科学文献出版社，2016，第 73 页。
④ 钱运春：《西欧生产方式变迁与社会保护机制重建》，上海社会科学院出版社，2011，第 5～6 页。
⑤ 黄艳红：《法国旧制度末期的税收、特权和政治》，社会科学文献出版社，2016，第 284 页。
⑥ Bronislaw Geremek, *La Potence ou la Pitié. L'Europe des pauvres du Moyen Âge à nos jours*, Paris：Gallimard, 1987, in Axelle Brodiez-Dolino, "Figures de la pauvreté sous la IIIe République," *Communications*, No. 98, 2016, pp. 95～108.

5%的人可以获得慈善机构的救济。① 正如之前的分析，法国在大革命时期确定了社会救助的权利和原则，就是以国家公权力来弥补这种社会自发慈善济贫的不足。

整个19世纪各类战争和运动激化了社会矛盾。1820～1842年，受自然灾害影响，法国农村贫困地区中小农抵押债务总额增加了50%左右，约有价值450亿法郎的土地被抵押，借贷130亿法郎，当时的高利贷率为15%～20%，② 中小农很快陷入破产境地。城市里工人状况也在恶化，1828年里尔8万人中有2万人都是贫困者，19世纪30年代法国民众人均寿命39岁，纺织工人平均寿命仅30岁，矿工的人均寿命更短。③ 1831～1834年里昂工人运动转化为暴动，1846～1847年农业歉收引发工业和商业危机，失业和城市贫困日益严重，④ 在这种现代化转型过程中，一些贵族也逐渐贫困化，而资产阶级逐渐富裕起来，巴黎贫富两极分化之间的差距为10法郎和1000万法郎之间的差距。中间阶层崛起，使社会结构逐渐从金字塔形变成倒置的陀螺形。⑤ 当时贫困的穷人生活状态非常差，1848年阶级关系变得复杂：存在无产阶级和资产阶级的矛盾，农民、城市小资产阶级、工业资产阶级和金融贵族之间的矛盾。在这种背景下，《工场》提出的座右铭是自由、平等、博学和团结，⑥ 从精神价值层面提出了对理想社会状态的向往，也可以视为一种反贫困的呼吁。之后的普法战争激化了各类矛盾，1871年巴黎公社的建立和1873～1895年的经济危机，使法国开始采取一些应对举措，如1893年推行免费医疗援助，1905年实行对老年人、残疾人和不治之症患者的救助，以及1913年施行有利于大家庭的法令。法国的《悲惨世界》《人间喜剧》等名著都描述了这一时段底层劳动人民凄惨潦倒的贫困生活。

---

① 姚介厚、李鹏程、杨深：《西欧文明（下）》，中国社会科学出版社，2002，第741页。

② Ernest Labrousse, Fernand Braudel, *Histoire économique et sociale de la France, 1789 - 1880, tome III*, Paris: Presses Universitaires de France, 1976, p. 759.

③ 吴国庆：《"巴黎的忧郁"：变革、平衡与新的困境——近三十年来法国经济社会转型历程综述》，《人民论坛·学术前沿》2014年第16期。

④ 〔法〕乔治·杜比、〔法〕罗贝尔·芒德鲁：《法国文明史Ⅱ：从17世纪到20世纪》，傅先俊译，东方出版中心，2019，第630页。

⑤ 许平：《法国农村社会转型研究》，北京大学出版社，2001，第229页。

⑥ 〔法〕乔治·杜比、〔法〕罗贝尔·芒德鲁：《法国文明史Ⅱ：从17世纪到20世纪》，傅先俊译，东方出版中心，2019，第603页。

三 法兰西第三共和国时期

这个时间段与上述时间段有交叉，依据维勒梅（Villermé）等的调研，第三共和国成立之初，很多社会问题（question sociale）一般被认为是公共问题（problème public）[①]，如贫困等。社会学家、政治家、法学家等着手研究国家救助（assistance nationale）的起源，辅之以国家统计年鉴数据、慈善机构、医院的各种援助法和财政预算等资料。阿克塞尔·布罗迪兹-多利诺（Axelle Brodiez-Dolino）研究了1871～1931年法兰西第三共和国的贫困数据，一些数据也不是完整可靠的，如1896年的数据记录里没有巴黎慈善机构的数据，到1920年终于有巴黎的数据了，但少了科西嘉、兰德斯岛和加来的数据。贫困人口基本上是不断重组的，因数据的偏差，无法真正了解法国历史上贫困的真实情况。[②] 历史上贫困数据的采集有些难度，也难以与现在的数据进行比对，因为界定贫困的参考系不同。

1880～1895年大萧条时代（Grande Dépression），随着劳动力从农村向城市的重新流动，因缺乏工作机会，社会"怜悯"之情再度扩散。1872年马赛开设首个私人的夜间庇护所（asile de nuit privé français），收留那些无家可归的人，之后在法国其他地方推行，1880年里昂也开设了庇护所，1878年巴黎开设了类似的机构，1881年救世军（L'Armée du Salut）开始在法国开设一些付费的庇护所。1891年普林·思菲尔特在巴黎创办了一家免费餐厅"面包之家"（Mie de Pain），在冬季免费为穷人提供饮食。

19世纪以来，法国对于残疾人和分娩妇女的健康状况较为关注，均有相关的援助法保障其相关权利。女子修道院增多，1880年新共和国市政厅的一些社会行动，使慈善的义务转换为救助的权利。在预算方面，对于老年人、残疾人和不治之症患者的强制性援助（budget l'assistance obligatoire，AO）明显占优势，其次为免费医疗的投入费用，因病致贫的比例比较高，所以医疗救助投入也比较大。慈善办公室的投入虽然一直呈增长趋势，但是相比于强制性援助和免费医疗援助还是相对趋缓，家庭提供的互助和帮助占比最少，可见扶贫济困主要还是政府和社会的责任，家庭支持比例很

---

① Joseph Gusfield, *La Culture des problèmes publics. L'alcool au volant: la production d'un ordre symbolique* (1981), Paris: Economica, 2009.

② Axelle Brodiez-Dolino, "Figures de la pauvreté sous la IIIe République," *Communications*, No. 98, 2016, pp. 95–108.

小[1]，家庭成员间的扶贫红利没有被释放出来。

除了第一次世界大战前后的数据缺失外，其他时间段的数据显示，从覆盖人口来看，慈善事务管理办公室（Bureaux de bienfaisance，BB）和免费医疗援助（aide médicale gratuite，AMG）的覆盖面很大，但多是一次性的救助，不足以维持稳定的生存状态。从数字来看，1885 年慈善事务管理办公室资助人数占 4.7%，1898 年下降到 3.7%，主要因为援助法律的颁布，在两次世界大战期间再度下降。1898 年获得免费医疗援助的人占 3.5%，1905 年针对老人和不治之症患者的受益人约占 1.5%。[2] 事实上，这种公共援助的目的不在于对整体贫困做出全面应对，而是在特殊情况下提供救济，其中也包括一些家庭间的互助与救助。[3] 所以，历史上有一些家庭援助和家庭互助，但随着法国现代化社会保障体系的建立、养老制度的发展和遗产法相关规定的确立，家庭成员之间的赡养和互助义务不是特别强。也可以看出，资助对象在后期有一个比较明显的转变，更侧重帮助多子女的大家庭和孕产妇。可见，历史上慈善办公室在社会援助与救济方面，还是发挥了中流砥柱的作用，不过功能有所递减，也印证了之前研究中的从政府慈善转向公共慈善，开始与其他各类慈善公益机构一起发挥作用。

总之，19 世纪末开始对乞丐、流浪者进行大力救济，因为执政者开始意识到这些人也许是不稳定政治、经济、社会环境的受害者，他们的遭遇折射出社会问题，共和党准备用公共救助来解决贫困和脆弱性问题，这是一个政策转折点，也是一个符合道德性的举措。

四 20 世纪两次世界大战时期

20 世纪两次世界大战对法国人口造成很大的损失。1914～1918 年第一次世界大战，法国 1/5 国土被占领，战死人数 140 万，占总人口的 1/25，即 1/5 的年轻人牺牲，300 万人残疾，其中 2/5 的人丧失自主能力，需要

---

[1] Axelle Brodiez-Dolino, "Figures de la pauvreté sous la IIIe République," *Communications*, No. 98, 2016, pp. 95 – 108.

[2] Axelle Brodiez-Dolino, "Figures de la pauvreté sous la IIIe République," *Communications*, No. 98, 2016, pp. 95 – 108.

[3] Jean Juéry, *L'Assistance aux vieillards, infirmes et incurables et la Loi du 14 juillet 1905*, Paris: Librarie de la Société du Recueil J. -B. Siret et du Journal du Palais, 1906, pp. 6 – 7.

同胞来供养。[1] 第二次世界大战中法国"离奇的溃败",战争给法国的经济和社会都带来重创。在两次世界大战期间,曾经建立的庇护体系也无力帮助更多无家可归的流浪者。因此,法国实施了移民政策,希望为法国社会带来新鲜的人力资源,但也为后期移民融入问题和社会治安困境埋下了隐患。

可以看出,历史上法国的主要贫困期多是由自然灾害、战争、暴动或运动、黑死病等造成的,生产力低下以及税收和剥削机制也会导致农奴、破落贵族、农民和工人贫困,这些多由高额的税收等再分配政策激发的矛盾冲突所致,主要致贫原因和贫困群体都与现当代社会差异较大。

第三节　反贫困:作为第三次分配的慈善公益减贫

在国家承担反贫困责任之前,教会通过慈善公益的方式在赈济穷人方面发挥了重要作用,也出现了一些世俗性的慈善公益组织,教会、政府都管理过慈善办公室,发挥出慈善公益减贫和社会救助济贫的功效。

一　法国学界对慈善公益的研究

作为传统的天主教国家,法国历史上有浓厚的宗教慈善传统。基督教慈善和犹太教慈善在解决贫困问题方面也发挥了重要作用,出现了天主教救助(Secours catholique)、第四世界、法国红十字会和爱心餐厅等反贫困组织和机构,但是相关慈善公益的研究在法国一直比较边缘化。

(一)慈善公益的内涵

慈善公益的重要功能就是扶贫济困,在法国的主要表达为慈善(charité)和慈善公益(philanthropie,bienfaisance)。1712年费内隆(Fénelon)第一次使用"慈善公益"一词表述启蒙运动时期的人文主义美德:公民首要的责任是为他们同胞的利益做出贡献,提升他们的幸福感,减少他们的疾病等不幸。[2] 这个界定与此前所常用的"上帝之爱"的"慈善"有差异。也有研究将"慈善公益"解释为:一种人们寻找爱与互爱的简单的、自然的

---

① 〔法〕乔治·杜比、〔法〕罗贝尔·芒德鲁:《法国文明史Ⅱ:从17世纪到20世纪》,傅先俊译,东方出版中心,2019,第718页。

② François de Salignac de La Mothe-Fénelon, *Dialogues Des Morts Composez Pour l'education d'un Prince*, Wentworth Press, 2019.

事实，不仅仅与宗教相关。① 以此区分了与宗教"慈善"——"上帝之爱"的不同之处。18 世纪末慈善公益逐渐成为一种道德、哲学、爱国主义的话语体系，有着社会建构的功能，如政治慈善家、基督徒慈善家等对社会的塑造和影响。② 在这个过程中，可以看出一种经验性的概念转变，慈善事业用于指代精英对穷人的财物慷慨或财务恩惠（générosité financière），即"精英的慷慨"（la générosité des élites）③，多指知名人士对穷人的私人救助，常与捐赠（物）（libéralités）连用，主要表现形式是捐赠、遗赠和基金会、医院等救助机构的设立，如罗斯柴尔德医院和 1904 年罗斯柴尔德基金会等。也有研究从广义上将社会事业、照料工作和人道主义救助都视为慈善公益事业（philanthropie）。④ 因为现代慈善不仅涉及富人和穷人的直接关系，也与依赖私人捐赠资金的慈善机构直接相关，变得越来越专业化、组织化、科学化和公益化，如丹尼尔·伊夫拉（Daniel Iffla）在 1909年为巴斯德研究所捐了 3300 万法郎。⑤ 关于慈善公益的功能发挥，弗朗西斯·凯斯勒认为在集体制度化社会保障面对社会风险失灵的时候，⑥ 捐赠对于贫困人口的援助发挥了重要的作用，也就是将其作为福利国家社会保障制度的有机补充形式。

（二）慈善公益研究兴趣的缺失

席琳·莱格莱夫 - 佩拉尼（Céline Leglaive-Perani）认为法国学术界对慈善公益研究的兴趣不大，这种学术研究兴趣的缺失主要因为法国大革命之后，尤其是二战以后已经建立起提供公共救助的福利国家体系（l'État-

---

① *L'Encyclopédie*, *ou Dictionnaire raisonné des sciences*, *des arts et des métiers*, articles "charité" et "philanthropie," in Céline Leglaive-Perani, De la charité à la philanthropie, *Archives Juives*, Vol. 44, No. 1, 2011, pp. 4 – 16.

② Catherine Duppat, "Le temps des philanthropes. La philanthropie parisienne des Lumières à la monarchie de Juillet," *Annales historiques de la Révolution française*, No. 285, 1991, pp. 387 – 393.

③ Céline Leglaive-Perani, "De la charité à la philanthropie," *Archives Juives*, Vol. 44, No. 1, 2011, pp. 4 – 16.

④ Céline Leglaive-Perani, Catherine Duprat, Jacques-Guy Petit, *Philanthropies et politiques sociales en Europe* (*XVIIIe-XXe siècles*), Actes du colloque organisé par l'Areppos, Paris: Éditions Economica, 1994, p. V.

⑤ Dominique Jarrassé, *Osiris*, *mécène juif et nationaliste français. Daniel Iffla* (*1825 – 1907*), Le Kremlin-Bicêtre: Éditions Esthétiques du Divers, 2009.

⑥ 〔法〕弗朗西斯·凯斯勒：《法国社会保障制度》，于秀丽、李之群译，中国劳动社会保障出版社，2016，第 10 页。

providence)。1929 年的经济危机标志着慈善事业的衰落,尤其是犹太慈善事业的衰落,逐渐将私人慈善置于后台。对慈善的研究往往呈现两极分化现象,一方面非常推崇,另一方面则以谴责为主,将其简化为权力的策略(stratégie de pouvoir),因为统治阶级会用慈善这种方式来处理民众的不满情绪,从而隐性地"阻止"社会改革,以确保可持续性地维持既定的社会统治秩序,因此,慈善也被视为一种社会控制形式(forme de contrôle social)。[1] 也有研究认为慈善是一种将穷人和富人联系起来建立新的社会连接的方式,即由捐赠和受赠组成的等级社会关系,是 19 世纪自由派精英为了应对日益恶化的贫困问题而推行的资助制度,以期重塑社会凝聚力,但也使财富差异的合法化成为可能。[2] 类似的,马塞尔·莫斯(Marcel Mauss)从多种动机的视角出发,将慈善理解为捐赠与受赠或捐赠与反捐赠的实践活动,因为有些慈善家的捐赠伴随着别有用心的动机,以交换的形式获得某种回报,如提升社会地位和得到公众认可。[3] 也有研究将慈善公益视为维护社会稳定、延缓社会变革、合理分配财富的手段。

(三)慈善公益的价值

除了上述特别推崇与批判慈善公益外,也有一些观点处于中间状态的研究。如托克维尔对公共慈善观从批判到有限肯定,再到积极肯定,这也是他对福利国家制度认识的过程。[4] 涂尔干在《社会分工论》中指出:"要谨慎地区分正义与慈善,仅仅尊重他人的权利,而不考虑任何超越这种纯粹负面美德的行为,这个概念与事实不符。""人们要相互承认,保障彼此的权利,首先要彼此相爱,坚持彼此共同属于同一个社会,慈善公益里包含着正义。"[5] 这种关于正义与慈善关系的观点,使我们意识到规范和保障

---

① Céline Leglaive-Perani, "De la charité à la philanthropie," *Archives Juives*, Vol. 44, No. 1, 2011, pp. 4 – 16.

② Catherine Duprat, "Usages et pratiques de la philanthropie. Pauvreté, action sociale et lien social à Paris, au cours du premier XIXe siècle," Paris, Association pour l'étude de l'histoire de la sécurité sociale, Vol. 2, 1996 – 1997.

③ Marcel Mauss, *Essai sur le don, formes et raisons de l'échange dans les sociétés archaïques*, Paris: Presses Universitaires de France, 2007.

④ 胡勇:《托克维尔的公共慈善观与近代自由主义的转型》,《政治思想史》2012 年第 3 期。

⑤ M. Borgetto, R. Lafore, "Droit de l'aide et de l'action sociale, Ed Montchrestien," in Observatoire national de la pauvreté et de l'exclusion sociale (ONPES), "Crise économique, marché du travail et pauvreté (rapport 2011 – 2012)," 29 mars 2012, p. 71, https://onpes. gouv. fr/IMG/pdf/Rapport_ ONPES_2011 – 2012_ chap_1_. pdf.

他人抽象权利的具体基础是慈善，既包括一些人对他人的爱，也包括人对社会的爱，这种社会秩序建立在爱的基础上，是社会团结主义（sociale solidariste）思想的延续。[①] 涂尔干这种从慈善公益"爱"的本质出发，将其与正义、社会团结等观念相融合，触及了慈善公益的情感价值基础。

（四）慈善信托

法国的慈善信托（charitable trust）起步较晚，受"一物一权"的理念影响勉强才接受"双重所有权"观念，对于物权概念越深厚的国家，慈善信托制度越难以生根。20 世纪 60 年代法国学界开始研究慈善信托，主要介绍英国慈善信托，B. A. 沃特利（B. A. Wortly）从税收优惠（避税）来分析英美慈善信托的动机，[②] 乔纳德安·巴盖特（Jonathan Paquette）从慈善公益转型的文化视角研究英国慈善信托。[③] 也有基于现实问题而进行的研究，如塔哈尔·卡尔福恩（Tahar Khalfoune）指出 1917 年成立的哈乌斯（haous）本质是一种慈善信托，这个机构起源于巴黎的穆斯林机构，为了纪念在第一次世界大战中牺牲的南非穆斯林而建立，并追溯了慈善信托的主要目的是扶贫济困。[④] 法国直到 2007 年才出台《信托法》，但据弗兰索瓦·巴赫耶（François Barrière）的研究，此前因为法律体系的差异，慈善信托很难以法律制度的形式在法国生根发芽，但是实践运作中借鉴英美慈善信托保护世界文化和自然遗产的做法，法国的基金会承担了这一职能，《基金会与信托之于文化与自然遗产的保护》（*Fondation et Trust dans la protection du patrimoine*）[⑤] 一书中对慈善信托制度在法国的适用历程有详细分析，其中扶贫济困工作也多由基金会等一些慈善组织负责。英美法系和大

---

① Michel Borgetto, Robert Lafore, *Droit de l'aide et de l'action sociale*, Montchrestien, 1998, in Observatoire national de la pauvreté et de l'exclusion sociale (ONPES), "Crise économique, marché du travail et pauvreté (rapport 2011 – 2012)," 29 mars 2012, p. 71, https://onpes.gouv.fr/IMG/pdf/Rapport_ONPES_2011 – 2012_chap_1_.pdf.

② B. A. Wortley, "Le 'Trust' et ses applications modernes en droit anglais," *Revue internationale de droit comparé*, Vol. 14, No. 4, 1962, pp. 699 – 710.

③ Jonathan Paquette, "Le tournant social de la philanthropie culturelle anglaise: institutions culturelles et gouvernance des problèmes sociaux," *Lien social et Politiques*, No. 65, 2011, pp. 139 – 154.

④ Tahar Khalfoune, "Le Habous, le domaine public et le trust," *Revue inthernationale de droit comparé*, Vol. 57, No. 2, 2005, pp. 441 – 470.

⑤ Marie Cornu, JérÔme Fromageau, *Fondation et Trust dans la protection du patrimoine*, Paris: L'Harmattan, 2000, pp. 89 – 102.

陆法系的差异导致慈善信托在法国难以生根，主要的扶贫济困功能是通过基金会、爱心餐厅和教会的扶贫济困活动发挥出来的，这种起源于英国的慈善信托在法国没有很好地成长起来。

二 法国慈善公益事业的发展

法国慈善公益事业主要有三个特点。一是系统性，法国各类慈善组织和机构在发展过程中积极互助，形成一种慈善公益网络化发展态势，也得到了政府部门的支持和认可。二是开放性，勇于接纳不同国籍的慈善家和不同宗教信仰的慈善组织在法国发展，从宗教慈善向世俗慈善过渡，同时也从社区慈善或对某个民族的救助，如针对犹太穷人，逐渐转向对所有法国穷人的救助。三是科研性，法国的慈善公益组织在救助穷人的过程中会积极推动社会调研的科学研究工作，如"新贫困""排斥和社会排斥"等概念的提出与推广，天主教救助等组织发挥了重要作用，它们积累了一些接受救助的穷人的信息并进行分析，追踪法国贫困发展动态。

（一）建立慈善协会的结构化援助网络

关于法国慈善公益的发展史，主要有凯瑟琳·杜帕特（Catherine Duppat）的研究。她的博士学位论文研究了历史上巴黎的慈善家、慈善组织、不同的慈善组织机构之间的关系、主要慈善行为、慈善模式、激励举措和社会角色传递。18 世纪 80 年代巴黎出现了第一批自由的慈善机构，它们不被教会监护，兼具社会救助和社会调查功能，并采用新的慈善援助方式。例如，慈善基金会（Fondation de la Société Philanthropique）在巴黎系统开展了一系列慈善活动，1787 年巴黎慈善会（Société philanthropique de Paris）明确了该机构的使命是通过无私的行动为同胞的福利和幸福服务，献身于祖国，这是一种社会美德和公德，也是人性的善和爱，致力于慈善事业的发展。[1] 慈善不仅仅是一种情感，也是有效行动的必要条件，是一种关心他人利益、社会效用和社会进步的行为。1789 年慈善会和母亲慈善会（Société de la Charité maternelle）向 200 多名巴黎的穷人提供援助，他们的管理者中有爱国者和未来的革命立法者，主张开展人道主义援助。1789

---

[1] Catherine Duppat, "Le temps des philanthropes. La philanthropie parisienne des Lumières à la monarchie de Juillet," *Annales historiques de la Révolution française*, No. 285, 1991, pp. 387 - 393.

年形成的博爱委员会（comités fraternels）由巴黎的慈善家组成，很多是慈善政治家，后逐渐推动了法国慈善委员会（comité de bienfaisance）的发展，一些有慈善性质的俱乐部、协会等相继成立，致力于推动公共教育和公共救济的发展。国家慈善的起源表明民间慈善在司法改革、新援助、儿童保护、传播启蒙运动方面发挥了重要作用。之后法国的慈善机构逐渐保持政治中立，18 世纪末期的一些慈善机构进行了一系列的社会调查，从道德和文化层面勾勒出法国的犯罪、卖淫、私生子问题以及赌徒和穷人的生活状态。[1] 有些调查者尝试为贫困科学做贡献，致力于调研贫困援助、贫困的社会事实状态，并进一步研究贫困的理论。无论怎样发展，慈善事业的核心是社会行为和社会关注的主要议题，如 20 世纪 30 年代提交给政府的三大主要社会辩论主题监狱改革、失踪儿童问题和贫困问题，都是由慈善团体发起的，在它们的鼓动和支持下，1816～1841 年在学校改革、贩卖人口、刑法审查、赌博、银行储蓄法和童工问题等方面制定了一系列法律法规。之后，社会运动者依然传承了此前慈善事业所支持的社会保护措施，推动社会福利发展、学校改革、刑法改革和选举权改革等。安德烈·巴尔茨（André Balz）指出做好事其实是很难的，要确保能帮助真正贫困不幸的人，而不至于陷入那些"假"穷人和利用慈善的剥削者（exploiteurs de la charité）的陷阱。[2] 可见，此时期慈善公益的发展已经开始有一些"筛选性"和风险规避意识。

在法国的犹太人推动了民族慈善公益事业的发展，尤其是 1800～1940年，如 1843 年创立的以色列犹太互助协会，以色列人将一半的资金留给贫困的犹太人，获得自由的黑人（1866），在战争、自然灾害、流行病中的受害者。1886 年莱昂·卡恩（Léon Kahn）发表了巴黎以色列慈善委员会的研究成果，概述了法兰西第一帝国时期巴黎的长老会对社区的管理。为了改革已有的慈善机构——互助会（Hebroth），1809 年设立鼓励和救助协会（Société d'encouragement et de secours），对社区已有的慈善机构进行重组，为犹太教徒中的贫困者，尤其是贫困儿童提供救助。1825 年改称为以

---

[1] Catherine Duppat, "Le temps des philanthropes. La philanthropie parisienne des Lumières à la monarchie de Juillet," *Annales historiques de la Révolution française*, No. 285, 1991, pp. 387 – 393.

[2] André Balz, "L'exploitation de la charité," *Journal hebdomadaire des instituteurs*, Vol. 77, No. 46, 1909, p. 341.

色列救助与鼓励协会委员会（Comité de la Société israélite de secours et d'encouragements），1855 年更名为巴黎以色列慈善委员会（le Comité de bien-faisance israélite de Paris，CBIP）①，1887 年成为一个知名的公共机构，可以看出从救助（secours）到慈善（bienfaisance）的转型。也有些地方精英将慈善救济作为建立自我认同的一个重要部分，以能够为当地居民提供帮助为荣耀。② 在这个过程中，法国慈善事业获得了整合发展，这是犹太人融入法国历史、建构法国身份认同的过程，并形成了一种社会融合战略。

一战期间，巴黎以色列慈善委员会在解救犹太难民，参与红十字会救助方面发挥了重要作用，也得到了法国市政厅慈善事务管理办公室（les bureaux de bienfaisance des mairies）和失业服务中心的支持和资助。例如，1897 年协助圣 - 克劳德（Saint-Claude）救助办公室开展了一系列工作：19948 人参与物品分发，315 名康复期的患者、167 名分娩的妇女、2840 名需要药品的患者、618 名需要被遣返的不幸者获得帮助，并且定期救助 472 户贫困户、157 户家庭、56 名弃儿，为 2628 个家庭和 2400 名学生分发无酵饼。③ 此外，还对孤儿院修护、学校改造以及贫困家庭进行资助等，甚至为贫困家庭的女孩提供嫁妆等，提高了巴黎犹太社区的团结度。1941 年巴黎以色列慈善委员会被维希政府勒令解散，将其房屋和资产分发给以色列联合会（l'Union généra le des israélites de France），解放巴黎后该委员会被允许重组，1945 年之后开始以巴黎以色列联合行动委员会（Comité d'action sociale israélite de Paris，CASIP）开展工作，重新关注传统宗教价值观，并以此为基础培育孵化了一批慈善基金会，逐渐形成一个慈善网络。这究竟是一种社会群体主导的慈善行为还是犹太人的团结行动，还需要进一步研究。

在这个发展历程中，19 世纪下半叶慈善事业的发展呈现理性化趋势（rationalisation），慈善家不仅捐钱，而且开始关注慈善管理的有用性和有效性，如建立慈善机构的理事会和委员会。罗斯柴尔德家族在巴黎建成的以色列医院（hôpital israélite），为患病的犹太人提供避难所，这被一些研

① Emmanuelle Polack，"Retrouvées, classées, enfin accessibles: les Archives du Comité de bienfai-sance israélite de Paris（CBIP），"*Archives Juives*，Vol. 36，No. 2，2003，pp. 131 –138.
② 李姿姿：《法国社会保障制度变迁中的国家作用及其启示》，《欧洲研究》2008 年第 5 期。
③ Emmanuelle Polack，"Retrouvées, classées, enfin accessibles: les Archives du Comité de bienfai-sance israélite de Paris（CBIP），"*Archives Juives*，Vol. 36，No. 2，2003，pp. 131 –138.

究视为犹太慈善运动的起源，此后逐渐扩展为一个国际慈善事业网络，如耶路撒冷和法兰克福都建立了以色列慈善医院。巴黎的相关慈善机构进一步专业化的转折点是 1886 年罗斯柴尔德基金会将以色列医院、养老院和兰布拉迪街上的孤儿院整合汇集在一起。在此基础上，创立了一个汇聚主要捐赠者和潜在捐赠者的联合大会，管理层进一步结构化，19 世纪末已经把犹太社区的学校、药房等也整合到这个框架里。因为捐赠是自由、自愿、乐意的慈善作为，不同于政府部门的义务与监管，这是一种对社会合法性（légitimation sociale）的渴望和追求。事实上，这种慈善事业确实获得了法国政府的认可和支持，如 1857 年市政府为其补贴 1000 法郎。① 可见，法国政府支持慈善公益事业的发展，也打破了国别和民族限制，积极支持犹太慈善事业发展。

总之，19 世纪巴黎慈善家逐渐建立起了独创的、有吸引力的慈善协会援助结构网络。许多犹太移民机构在融入法国的社会生活中，积极推动慈善机构的网络化发展，收集和传播信息，以提升对社会问题的认识；引导富裕阶层承担社会责任，为穷人提供帮助，并主张和支持国家干预社会的行动。

（二）慈善公益的功能转型

天主教和基督教慈善是法国慈善的主要力量。阿诺·巴里奇（Arnaud Baric）是 17 世纪图卢兹的一位传教士，致力于寻找治疗瘟疫的方法，努力建立综合医院为穷人提供庇护所和基督教教育，并呼吁建立慈善管理办公室为乞讨的穷人施舍。② 通过实际行动呼吁有善意的人动员起来为穷人服务，并得到上帝的帮助和祝福。如 1647 年成立的圣 – 约瑟夫·德拉格雷夫慈善医院，会区分"真""假"穷人，为真正的穷人提供住所、基督教教育和工作，使他们能在基督教信仰中生活，学会谋生。③ 之后，巴黎也建立了一个综合医院。

除了天主教和新教的宗教慈善之外，犹太教融入法国社会也主要通过

---

① Nicolas Delalande, "L'entrée en philqnthropie des Rothschild: l'hôpital israélite de Paris (1852 – 1914)," *Archives Juives*, Vol. 44, No. 1, 2011, pp. 54 – 69.

② Marguerite-Marie Shibano, Arnaud Baric, "Missionnaire apostolique: un prêtre toulousain en Guerre contre la pauvreté la peste et les Jésuites (vers 1607 – 1668)," *Revue archéologique, historique et philologique de la France méridionale*, Vol. 100, No. 182, 1988, pp. 153 – 180.

③ Marguerite-Marie Shibano, Arnaud Baric, "Missionnaire apostolique: un prêtre toulousain en Guerre contre la pauvreté la peste et les Jésuites (vers 1607 – 1668)," *Revue archéologique, historique et philologique de la France méridionale*, Vol. 100, No. 182, 1988, pp. 153 – 180.

慈善的方式，帮助了法国建设社会。罗斯柴尔德家族是有代表性的犹太慈善家族，自19世纪以来，这个富有的银行家族以医院、学校、基金会和孤儿院的形式，在法国对世界各地的犹太人开展慈善工作。玛丽－珍妮·杜蒙（Marie-Jeanne Dumont）尝试探索这种"慈善传统"是如何产生的？动机是什么？慈善行为的逻辑是什么？詹姆斯·德·罗斯柴尔德（James de Rothschild）1811年抵达巴黎后成为法国最富有和著名的银行家之一。从法国大革命到拿破仑战败，国家重建的成本增加了对资本的需求，巴黎和法国国外的犹太和非犹太的银行家通过向各国提供贷款积累了大量财富。1823年詹姆斯受委托发放了4.62亿法郎的贷款，这是1815～1848年法国最大的一笔贷款。① 与此同时，詹姆斯也是19世纪40年代反犹太主义袭击的目标。当时慈善事业是宗教少数群体融合的一个因素，特别是对于在慈善领域非常活跃的新教徒来说。② 因此，詹姆斯于19世纪20年代开始支持犹太社区建设，在慈善组织代表阿尔伯特·科恩（Albert Cohn）的建议下，詹姆斯1838年为罗马的犹太人建立了第一所工作学校。1840年大马士革事件使他意识到要为受压迫的犹太人提供必要的帮助。因为犹太人是被排斥的主要群体，所以弱势群体的贫困人数也比较多，呈现明显的阶层分化和对立。据巴黎以色列慈善委员会的数据，1840年巴黎约有20%的犹太穷人，而普通人口中贫困者比例为13.4%。③ 1905年阿道夫·德·罗斯柴尔德（Adolphe de Rothschild）眼科医院开业，至此，罗斯柴尔德家族活动更为多元化，为改善工人的物质生活条件，投入了1000万法郎。④ 阿道夫·德·罗斯柴尔德为社区所做的贡献得到公共工程部部长的称赞，通过慈善家的身份成功融入法国资产阶级，确认了他作为巴黎犹太人保护者的地位。其实该慈善行为出现在特定的背景下，19世纪中叶詹姆斯·德·罗

① Niall Ferguson, *The World's Banker: A History of the House of Rothschild*, London: Weidenfeld & Nicolsen, 1998, pp. 140 – 173.

② Sandra Dab, "La philanthropie laïque, facteur d'intération des juifs sous la IIIe Réublique," in Colette Bec, *Assistance et République. La recherche d'un nouveau contrat social sous la IIIe République*, Paris: Éditions de l'Atelier, 1994; Catherine Duprat, Jean-Noël Luc, Jacques-Guy Petit (dir.), *Philanthropies et politiques sociales en Europe (XVIIIe-XXe siècles)*, Paris: Economica, 1994, pp. 105 – 112.

③ Klaus Weber, "La philqnthropie des Rothschild et la communauté juif de Paris au XIXe siècle," *Archives Juives*, Vol. 44, No. 1, 2011, pp. 17 – 36.

④ Marie-Jeanne Dumont, *La Fondation Rothschild et les premières habitations à bon marché de Paris, 1900 – 1925*, Paris: Ministère de l'Urbanisme et du Logement, 1984.

斯柴尔德男爵成为法国资产阶级，有着共同团结的宗教目标。在社区，慈善事业也是一种社会实践，对于犹太社区来说，罗斯柴尔德家族的慈善行动代表了以怜悯和施舍帮助有共同宗教信仰的穷人的传统。慈善事业，无论是针对以色列人还是有其他信仰的穷人，都是一种在贫富分化之间建立的新的社会联系方式。① 这种由 19 世纪自由派精英为应对日益恶化的贫困问题而推行的捐赠资助制度，已经在捐赠与反捐赠的博弈中变成了社会等级关系。富有的资产阶级正试图通过慈善凝聚新的社会力量，但这种个人主动性尝试使财富差异合法化也成为可能。② 可见，当时已经将慈善作为反贫困的主要方式之一。

在这个过程中，詹姆斯和妻子贝蒂（Betty）在 1852~1914 年虽然很少直接参与以色列医院和基金会的管理，但构建了一个国际慈善事业网络。詹姆斯的儿子阿尔方斯·德·罗斯柴尔德（Alphonse de Rothschild）一直担任医院董事会主席，并在 1860 年制定了严格的财务控制和内部纪律目标。③ 慈善家亲自参与慈善事业的管理，以期确保其有效性和有用性，之后，有成员建议开设付费病房，就像公共救助医院一样，但是阿尔方斯认为该医院的使命应如他父亲所期许的那样接受贫困患者，为患病和贫穷的以色列人提供医疗和庇护，坚持对穷人免费。1850 年每年住院患者为650 人，到 1909~1911 年每年住院 1500 人，会诊人数也从第一次世界大战前的 6200 人增加到 35000 人，其中 18% 是非犹太人。④ 在这个过程中，也成功培训了著名的、专业的医务人员，并使其服务多样化。以色列医院的资金来源，除了罗斯柴尔德家族的捐赠外，还有卡蒙多家族、埃弗鲁西家族等社会精英家族的捐赠，慈善行为在犹太精英中蔓延，一起拓展了慈善事业的支持网络。

从资金来源分析入手，可以发现，虽然有很多犹太富人捐赠，但巴黎

---

① Nicolas Delalande, "L'entrée en philanthropie des Rothschild: L'hôpital israélite de Paris (1852 – 1914)," *Archives Juives*, Vol. 44, No. 1, 2011, pp. 54 – 69.

② Catherine Duprat, "Usages et pratiques de la philanthropie. Pauvreté, action sociale et lien social à Paris, au cours du premier XIXe siècle," Paris, Association pour l'étude de l'histoire de la sécurité sociale, Vol. 2, 1996 – 1997.

③ Nicolas Delalande, "L'entrée en philanthropie des Rothschild: L'hôpital israélite de Paris (1852 – 1914)," *Archives Juives*, Vol. 44, No. 1, 2011, pp. 54 – 69.

④ Klaus Weber, "La philanthropie des Rothschild et la communauté juif de Paris au XIXe siècle," *Archives Juives*, Vol. 44, No. 1, 2011, pp. 17 – 36.

以色列慈善委员会的财务常处于赤字状态，需要在筹款方面进行创新，1844 年发行了 15000 张"以色列彩票"（Loterie israé-lite），以罗斯柴尔德家族第一夫人为代表的名人的妻子们以捐赠者和彩票发行组织者的身份参与其中，相关档案里记载了这些参与慈善活动的女士名单，[①] 这也是女性慈善公益的一种表现形式。1857 年以色列医院收入中 55% 来自捐赠和遗赠等，犹太社区赞助人每年组织的活动中彩票收入占 19%，还有 23% 的养老金和投资，以及市政厅支持的 1000 法郎补贴。[②] 之后，为了进一步吸引捐赠，开始发行小册子宣传慈善，并且鼓励冠名资助医院或捐赠养老院的床位，进一步激励捐赠者慷慨解囊，在社会上营造慈善文化氛围。可以看出，"慈善公益"和"精英"、"民族"和"种族"、"社区"和"女性"之间的复杂关系。

1874 年成立的租房慈善基金会（OEuvre des Loyers）为城市贫困家庭提供租金。自此，1860 年全球以色列联盟的创建表明了以色列慈善意识的转变，通过关注以色列人的教育、卫生、住房等生活环境，应对反犹事件，这是首个跨国规模的组织，[③] 以此形成一种基于认知和人际忠诚度的社会凝聚力关系。1877 年和 1882 年在管理制度方面做出一系列改革，开始限制创始人的权利，并纠正捐赠者滥用赞助权利的一些做法，[④]从而使慈善管理更严格化和制度化。在这个过程中医院的专业化发展与慈善捐赠逻辑也有出入，巴黎以色列医院的管理层和医务人员希望提供专科服务，如用慈善资金资助传染病科，但是慈善捐赠逻辑优先将资金导向养老院方面，因为养老院的床位都是捐赠的，需要慈善资金的进一步支持。

总之，这种慈善捐赠与犹太社区的团结有密切关系，是一种法兰西共和国特色的普遍主义理想型。从主要资助犹太人开始，到 1860 年不分宗教和国别为穷人提供慈善服务，一方面是犹太人为了回报法国，感谢巴黎人民的接纳，如阿尔方斯·德·罗斯柴尔德捐赠 1000 万法郎用于建设廉租房

---

① Maxime du Camp, "La Charité privée à Paris," document électronique, numéri sation BNF de l'édition de Paris, 1885; Maxime du Camp, *Paris bienfaisant*, Paris: Hachette, 1888; "Le comité de bienfaisance israélite de Paris," *La Revue des Deux mondes*, 1887, tiré à part de 1888.

② Nicolas Delalande, "L'entrée en philanthropie des Rothschild: L'hôpital israélite de Paris (1852 - 1914)," *Archives Juives*, Vol. 44, No. 1, 2011, pp. 54 - 69.

③ Nora Şeni, *Les Inventeurs de la philanthropie juive*, Paris: Éditions de la Martinière, 2005, p. 101.

④ ACIP, JJ4, séance du 19 décembre 1882, https://www. tandfonline. com/.

的公益事业；另一方面发展慈善也是化解反犹太主义危机的好方式，改变犹太人贪婪和高利贷者的形象，以消除嫉妒和仇恨。[①] 此时期的慈善事业有许多妇女参与，那些没有多少政治权利的妇女热衷于慈善事业，尤其是一些寡妇，更是将主要精力用于照料穷人，如法国全国妇女委员会（CNFF）的两位创始人。可见，慈善公益还具有增进民族团结、弱化反犹主义、帮助妇女融入社会生活的功能。

（三）慈善公益的意识形态之争

19 世纪社会主义运动的兴起和国家的干预，从政治层面对一些慈善模式（le modèle philanthropique）进行了批评。这也推动了罗斯柴尔德家族慈善方式的转变，从积极推动慈善公益到推进社会政策的发展。19 世纪 40 年代阶级关系紧张和政权僵化导致慈善形象恶化，慈善受到工人、专业援助服务人士的质疑，逐渐成为激进主义者或社会主义者批评的对象。[②] 欧洲一些基金会旨在促进必要的政治制度变革，以使（欧洲国家）免受共产主义诱惑，特别是通过"意识形态"反对知识传统和促进现实主义。[③] 克劳斯·韦伯（Klaus Weber）也关注了罗斯柴尔德家族的慈善工作，致力于研究巴黎犹太人如何处理社会不平等问题，分析这种在世俗化进程中国家对宗教团体的立场。1905 年政教分离，学校教育问题处于这次博弈的核心。罗斯柴尔德家族曾捐助了一些犹太学校，为儿童教育提供帮助。法国为了确保天主教国教的地位，对其他宗教学校实行有限捐赠，[④] 鼓励犹太人把孩子送到市政学校受教育，这都可以看出信仰之争和意识形态之间的博弈与融合。

总之，慈善公益体现出的利他主义是一种维护社会秩序的责任体现，政府干预体现了慈善和社会保护的必要性，法国政府不但支持慈善公益发

---

① Maxime du Camp, "La Charité privée à Paris," document électronique, numéri sation BNF de l'édition de Paris, 1885; Maxime du Camp, *Paris bienfaisant*, Paris: Hachette, 1888; "Le comité de bienfaisance israélite de Paris," *La Revue des Deux mondes*, 1887, tiré à part de 1888.

② Catherine Duppat, "Le temps des philanthropes. La philanthropie parisienne des Lumières à la monarchie de Juillet," *Annales historiques de la Révolution française*, No. 285, 1991, pp. 387 – 393.

③ Michael Polak, Paul F. Lazarsfeld, "fondateur d'une multinationale scientifique," *Actes de la recherche en sciences sociales*, No. 25, 1979, pp. 56 – 57.

④ Jeffrey Haus, *Challenges of Equality: Judaism, State, and Education in Nineteenth-Century France*, Detroit: Wayne State University Press, 2009, p. 115.

展，还为慈善公益提供财政补贴，开放性地接纳犹太慈善事业在巴黎的发展，这一慈善事业也从为犹太穷人提供帮助，逐渐转为向更广泛的法国穷人提供帮助，逐渐从使犹太人受益的慈善行动转变为使整个社会受益的慈善行动，呈现超越民族、种族、社区和国家的发展趋势。

第三章
从贫困到"新贫困"与反贫困

在 19 世纪 80 年代以来的反贫困斗争过程中，公共政策发挥越来越重要的作用，在国家反贫困政策正式出台之前，教会等慈善救济是反贫困的主要方式，之后市政部门逐渐接管了教会、慈善管理机构的反贫困工作，政府部门的社会卫生法和保险法进一步完善了国家的反贫困体系，以帮助最贫困的人。20 世纪 30 年代的危机凸显了这种社会模式的脆弱性，在"辉煌三十年"里，尽管建立了相对完善的社会保障体系，但仍存在大量贫困的老年人、移民、工人和残疾人。为此，应该深入研究以下问题：如何帮助这些处于社会困境中的人；如何解释当代法国中"好穷人""坏穷人"之间存在持续性裂痕的问题，以及谁可以为穷人提供帮助。[1] 在这个过程中，如何使整个社会参与进来，形成一种社会间的互惠机制和网络支撑体系至关重要，政府主导，会导致财政压力过大。相关问题在二战后社会保障制度的建立过程中没有被很好地解决，所以导致社会保障开支越来越多，虽然缩小了贫富差距，降低了基尼系数，但穷人的状况并没有从根本上被很好地改善。

第一节　"辉煌三十年"前后的贫困与反贫困

二战后 1945～1973 年的 30 年间被称为法国的"辉煌三十年"，此时期

---

[1]　Axelle Dolino-Brodiez, *Combattre la pauvreté. La Lutte contre la précarité de 1880 à nos jours*, CNRS（Centre national de la recherche scientifique）, 2013.

因经济的快速发展，构建了完善的社会福利保障体系，贫困问题逐渐被边缘化，不是社会关注的主流问题。尽管贫困统计数据表明福利国家依然存在贫困，且政府并没有很好地兑现诺言，但在讨论贫困问题时，并未将其视为不安全问题，而是将其视为不平等问题，[①] 从而隐藏了一些潜在的社会矛盾。

一 社会保障体系的建立

（一） 社会保障制度的历史沿革

法国社会保障制度（La Sécurité social）起源于 19 世纪，继承了历史上行业与职业互助共济的传统和二战中法国抵抗运动的精神，以行业性互助为基础的全国性互助、社会团结和共同体理念为基础。相关研究将法国社会保障制度的发展沿革分为三个阶段，一是从 19 世纪初到 80 年代末，国家职能主要发挥在促进公共卫生方面，在社会事务上的支出不到国内生产总值的 0.5%，已经萌芽的社会保障主要用于军人、海员和矿工等。[②] 二是从 19 世纪 80 年代末到 1945 年，法国社会保障体系在互助主义和社会保险的基础上逐渐确立。1894 年法国颁布了首份社会保障制度文件《矿工退休制度》，1905 年颁布了《失业保险法》。[③] 20 世纪 30 年代法国先后颁布了《社会保障法》和《家庭法》，初步建立了社会保障制度，工商业部门的低工资劳动者享有生育、疾病和残疾等保险，将社会保障的权利范围明晰化。1944 年全国抵抗委员会颁布的《抵抗运动宪章》[④] 确立了社会保障制度的原则，[⑤] 旨在保障全体公民在任何情况下都能获得社会保障，但无法自动从工作中通过必要途径来保障基本生活，[⑥] 也没有建立全面的社会保险制度和就业安全制度等。[⑦] 三是 1945 年《社会保障法》[⑧] 颁布至今，

---

① Serge Paugam, "Von der Armut zur Ausgrenzung: Wie Frankreich eine neue soziale Frage lernt," *Zeitschrift für Sozialreform*, No. 44, 1998, p. 339.

② 白澎、叶正欣、王硕编著《法国社会保障制度》，上海人民出版社，2012，第 40 页。

③ 吴国庆：《法国的社会治理与城乡一体化转型》，《国家治理》2014 年第 3 期。

④ 也翻译为《全国抵抗委员会纲领》。

⑤ 吴国庆：《"巴黎的忧郁"：变革、平衡与新的困境——近三十年来法国经济社会转型历程综述》，《人民论坛·学术前沿》2014 年第 16 期。

⑥ 〔法〕弗朗西斯·凯斯勒：《法国社会保障制度》，于秀丽、李之群译，中国劳动社会保障出版社，2016，第 30 页。

⑦ 丁建定、郭林：《战后法国混合型社会保障制度特征的形成及其影响——兼论法国社会保障改革缓进及罢工频发的原因》，《法国研究》2011 年第 4 期。

⑧ 也翻译为《社会安全法》或《社会安全保障法典》。

被誉为"法国社保之父"的皮埃尔·拉罗克（Pierre Laroque）基于充分就业、全体人员的健康福利和更公正的收入分配原则起草了法国社会保障法令，1945 年 7 月提交给国民议会，10 月通过社会保障法令。二战后通过立法将一些分散的组织整合起来，建立了现代社会保障制度的基础，一些工会组织也起了重要的推动作用。① 国家作为"保护人"承担各种社会风险，② 为每位领工资者提供了法律保障依据，③ 建立起现代社会保障制度。20 世纪 60 年代社会保障在个体经营者中推广，70 年代整合了地区、行业和部门的社会保障制度，1978 年在全国范围内普及，努力使人人都有社会保障权，努力使每个法国人都能享受医疗、生育保险、退休保险和家庭补助等。④ 可见，法国社会保障发展趋于一种普遍化的态势。

（二）法国社会保障体系的组成与运作原则

关于法国社会保障事业的管理，主要有三种说法。一是在国家领导下，由国家和不同的工会共同管理。二是法国社会保护体系在很大程度上是一种社会合作伙伴自治的体系，国家在其中发挥的作用有限。⑤ 三是法国政府不直接参与社会保障管理，主要通过签署合同的方式委托社会保险机构管理，社会保障基金主要来源也不是税收，而是社会"分摊金"，大部分主要由雇主和雇员通过"现收现付"的方式共同缴纳，入不敷出的时候需要政府税收补贴。⑥ 法国社会保障体系可初步分为三大部分：一是基础性社会保障（la protection sociale de base），以社会保险为主要体制；二是失业保险（l'assurance chômage），主要由强制性和非强制性的补充性社会保障组成；三是政府部门的社会参与（les interbentions socials des adimin-istrations publiques），由税收提供的公共财政资金支持。⑦ 主要贯彻四大原则：全民性或普遍性、团结互助、一致性和民主管理。⑧ 这种完善的福利

① 林嘉、黎建飞、吴文芳：《"中国一法国社会保障法高级论坛"综述》，《人权》2005 年第 4 期。
② 白澎、叶正欣、王硕编著《法国社会保障制度》，上海人民出版社，2012，第 41 页。
③ 吴国庆：《"巴黎的忧郁"：变革、平衡与新的困境——近三十年来法国经济社会转型历程综述》，《人民论坛·学术前沿》2014 年第 16 期。
④ 吴国庆：《法国的社会治理与城乡一体化转型》，《国家治理》2014 年第 3 期。
⑤ 李姿姿：《法国社会保障制度变迁中的国家作用及其启示》，《欧洲研究》2008 年第 5 期。
⑥ 邓念国、向德彩：《法国社会保障政策变革的障碍因素：一个制度分析的视角》，《天津行政学院学报》2012 年第 1 期。
⑦ 白澎、叶正欣、王硕编著《法国社会保障制度》，上海人民出版社，2012，第 68 页。
⑧ 白澎、叶正欣、王硕编著《法国社会保障制度》，上海人民出版社，2012，第 40 页。

保障系统，可以很好地满足困难群体和贫困群体的基本需求。但随着时间的推移，这套社会保障体系给国家财政带来越来越大的压力。

二 再分配的膨胀：经济增长与社会保障的失衡

（一）社会保障开支增长

随着经济的发展，一直到第一次石油危机之前，社会保障发展基本与经济增长同步。1949 年社会保障开支占法国国内生产总值的 12%，1969 年上升到 18%，[①] 2009 年上升到 29.4%，每年社会保障经费约为 5260 亿欧元。[②] 政府决策者认为社会保障是对生产力增长成果的再分配，以确保公平共享，也是平衡经济发展的一种方式，是政府为避免经济危机推行凯恩斯主义的干预方式，[③] 体现了国家对弱势群体和贫困人群基本生活保障的重视，让贫困人群一起共享经济发展成果。

（二）经济增长与社会保障严重失调

法国社会保障与经济发展速度日益不协调。1959~1963 年法国国内生产总值平均增长率为 6.3%，同期社会支出平均增长率为 9.8%；1963~1967 年国内生产总值平均增长率为 5.5%，而社会支出平均增长率为 7.9%；1967~1973 年国内生产总值平均增长率为 5.7%，社会支出平均增长率为 6.2%；1973~1981 年国内生产总值平均增长率为 2.6%，社会支出平均增长率为 6.6%；1987~1992 年，国内生产总值平均增长率为 2.6%，社会支出平均增长率为 3.2%。1990~1995 年法国人均国民生产总值平均增长率从 1.62% 下降到 1.19%，而社会保障支出比例从 26.7% 上升到 32.9%。[④] 可见，当经济发展开始减速的时候，社会保障的开支却在飞速增长，1984 年社会保障支出总额开始超过财政预算，[⑤] 经济增速和社会保障开支的

---

① C. 米尔、郑秉文：《法国社会保障的经验教训与出路——与中国学者的交流》，《国外社会科学》2001 年第 2 期。

② 白澎、叶正欣、王硕编著《法国社会保障制度》，上海人民出版社，2012，第 43 页。

③ 皮埃尔·龚夏尔第、杨无意：《法国经济发展与社会保障：以 20 世纪 80 年代中期为转折点》，《社会保障评论》2019 年第 1 期。

④ 〔法〕米尔丝：《社会保障经济学》，郑秉文译，北京法律出版社，2003，第 65 页。

⑤ 〔法〕让－弗朗索瓦·艾克：《战后法国经济简史》，杨成玉译，中国社会科学出版社，2020，第 72 页。

增速相差很大，疲软的经济发展已经无法支撑庞大的福利保障支出，为法国后期反贫困政策的推出与改革，以及各类罢工和社会风潮运动埋下了伏笔。

三 社会冲突与社会风险

（一）劳资冲突加剧

法国社会保障制度主要资金来源于雇主与雇员的"分摊金"，社会保障开支的增加，就意味着相关缴费的增长，否则需要政府补足相关缺口。这种 1945 年确立的以在职缴费为基础的社会保障分摊金体制，因 1973 年石油危机和经济危机的影响，随着劳动力市场转型和劳资关系非稳定化而遭遇瓶颈。[①] 社会冲突比较明显的呈现方式是因劳资矛盾或对相关政策抵制发起的大规模罢工等游行示威。在经济发展结构转型中，会优先发展航天、电子、通信等领域，关闭或转产煤矿、钢铁等过时、污染比较大的部门，这些下岗的传统工业工人开始罢工，如 1961 年德卡斯维尔矿场关闭引发的矿工大罢工，1963 年底全国矿工大罢工，1964 年法兰西电力公司职工大罢工，1967 年法国工会的全国总罢工，1968 年的"五月风暴"引发了法国重大的政治危机、文明危机和社会动荡，学校停课，工厂停工，交通瘫痪，经济受到极大影响。[②] 1973 年石油危机导致法国失业率猛增，通货膨胀，物价飞涨。1976 年劳资冲突达 4000 多次，之后因为工人参加工会的比例下降而有所缓和，1982 年因劳资冲突损失的工作日比上一年增加 56%，共计 225 万个工作日。[③] 1984 年 4 月法国总工会、工人力量总工会等发动洛林 5 万名钢铁工人"向巴黎进军"，[④] 反对大量裁员等规定。1985 年劳资冲突降到 2000 多次，[⑤] 一些劳方、雇主与政府三方谈判达成协议的矛盾化解协商机制也在一定程度上减少了罢工等激烈的冲突形式。

（二）新社会问题产生

在"辉煌三十年"，随着经济的飞速发展，穷人和被排斥者的数量虽

---

① 白澎、叶正欣、王硕编著《法国社会保障制度》，上海人民出版社，2012，第 276 页。
② 吴国庆：《法国政治史（1958~2012）》，社会科学文献出版社，2014，第 62~63、91 页。
③ 吴国庆：《法国政治史（1958~2012）》，社会科学文献出版社，2014，第 187 页。
④ 吴国庆：《法国政治史（1958~2012）》，社会科学文献出版社，2014，第 188 页。
⑤ 吴国庆：《法国执政党关于财富再分配与社会和谐的实践》，《红旗文稿》2005 年第 9 期。

然有所减少，但据相关研究，他们中一些人的处境反而更恶化了。① 西安维尔·莱热指出法国的长期减贫运动导致贫困家庭的比例逐渐稳定，但是如何获得就业成为主要的社会问题，尤其是经济危机导致失业率飙升，此前新经济结构转型过程中大批蓝领工人下岗失业，他们的孩子容易陷入贫困的代际循环困境。其中，女性工作逐渐成为一个备受关注的问题，因法国去工业化的发展趋势，第三产业等服务业逐渐发展起来，随着女性主义思潮的发展和女性受教育程度的提高，女性就业率逐渐提升。依据相关数据，1962～1982 年，法国 15 岁以上的女性就业率从 36% 上升到 43%，到 2003 年女性就业人数占 49%，法国是女性就业水平最高的工业化国家之一。② 因此，社会上也出现一种声音，认为女性就业挤压了男性就业空间，导致男性失业率相对较高，毕竟从劳动力成本来看，女性比男性的劳动力成本更低，所以失业本质还是经济问题。此外，此时期人口和家庭也出现很多问题：人口老龄化、非法移民、非婚生孩子数量增多、劳动市场的女性化、离婚和同性恋增多等。③ 这些问题也是后期"新贫困"问题产生和加剧社会矛盾的社会根源。

第二节 "新贫困"

20 世纪 80 年代贫困问题重新回到公共讨论的中心位置，成为一个重要的政治议题，政府将贫困问题再次提上日程，并且在议会上进行讨论。1981 年政府工作报告中率先提出"新贫困"，④ 以区别于传统贫困。⑤ 因为天主教救助、第四世界和法国大城市市长协会（AMGVF）大力呼吁，法国

---

① Sylvianne Léger, Geneviève Bouchard, "Entretien simultané avec deux responsables de l'action publique de lutte contre la pauvreté et l'exclusion," *Santé, Société et Solidarité*, No. 1, 2003, pp. 85 – 93.

② 〔法〕让-弗朗索瓦·艾克：《战后法国经济简史》，杨成玉译，中国社会科学出版社，2020，第 184 页。

③ 吴国庆：《法国政治史（1958～2012）》，社会科学文献出版社，2014，第 130 页。

④ Gabriel Oheix, *Contre la précarité et la pauvreté. 60 Propositions*, Paris：ministère de la solidarité Nationale, 1981.

⑤ Sarah Haßdenteufel, "Prekarität neu entdeckt. Debatten um die Neue Armut in Frankreich, 1981 – 1984," *Archiv für Sozialgeschichte*, No. 54, 2014, pp. 287 – 304.

政府于 1984 年开始在政治层面讨论如何解决"新贫困"问题,① 政治决策者开始寻找"预防"贫困和"减贫"的政策方案,并推行了一系列反贫困计划。

一 什么是新贫困?

(一) 法国新社会

不同研究对"新社会"的界定不一样,有研究认为法国大革命之后的社会就是"新社会",亨利·门德拉斯(Henri Mendras)在《第二次法国革命(1965—1984)》② 中将 20 世纪 80 年代称为法国"新社会",因为此时期法国出现了新的文明形态。之后出现了一系列相关研究,如奥利维尔·加兰(Olivier Galland)等致力于法国社会变迁的研究,并主编了《法国新社会》、《可能的平等:法国新社会》③ 和《21 世纪法国社会史》④,主要聚焦于法国社会结构与社会关系、阶级结构、城市与乡村治理、社会保障与社会福利、环境保护、国民生活等方面的明显变化。

沙邦·戴尔马总理制定了四条方针促进"新社会"诞生:一是让公民接受更好的培训和了解更多的信息;二是改变国家的作用;三是提高工业的竞争力;四是社会结构年轻化。⑤ 到了 20 世纪 80 年代,法国在现代化进程中注重发展经济,以改革生产体制、实现工业现代化为目标,加大科技创新投入力度,逐渐向"新经济"过渡。⑥ 法国社会发生了很大的变化:从以农业小生产者为主的社会转变为以领工资者为主的中产阶级社会,出现了一些新阶层、新群体和新集团,复杂的阶级间关系从对抗逐渐转向为"社会伙伴关系",民主政治有了进一步发展,社会保障制度进一步完善,更重视生态平衡的环境治理,也更重视信息社会的建设。在此基础上,吴国庆将法国"新社会"系统概括为:"新社会"的物质基础和发展动力是"新经济",政治基础是发达的民主政治,社会基础是高度社会化的人口和

---

① Sarah Haßdenteufel, "Covering Social Risks: Poverty Debate and Anti-Poverty Policy in France in the 1980s," *Historical Social Research*, Vol. 41, No. 1, 2016, pp. 201 – 222.

② Henri Mendras, *La seconde révolution française, 1965 – 1984*, Paris: Gallimard, 1988.

③ Eric Maurin, *L'égalité des possibles: la nouvelle société française*, Paris: Seuil, 2002.

④ Ralph Schor, *Histoire de la société française au XXᵉ siècle*, Paris: Belin, 2005.

⑤ 吴国庆:《法国政治史(1958~2012)》,社会科学文献出版社,2014,第 113 页。

⑥ 吴国庆:《法国"新社会"剖析》,社会科学文献出版社,2011,第 15 页。

家庭。总之,"新社会"的地域和空间是高度一体化的城乡,"新社会"的定型器是新型社会结构和社会关系,"新社会"的稳定器、调节器和安全网是健全和完备的社会保障制度,"新社会"的时尚和追求是高质量的国民生活,"新社会"中的国民拥有较高素质、基本价值观和性格,"新社会"的未来走向是可持续发展、欧洲化和社会化,[1] 也就是自20世纪80年代以来至今的法国社会新发展变化和发展趋势。但是1973年石油危机和经济危机伴生的财政危机,导致贫富差距扩大,社会不平等加剧和阶层固化,国民收入和生活质量有所下降,法国经济发展速度和社会发展速度均放缓,逐渐陷入困境,[2] 出现"新贫困"现象:经济危机导致高失业率、在职贫困和低薪工作等问题。[3] 可见,法国"新贫困"是随着法国新社会的转型同步出现的,约在20世纪80~90年代。

与此同时,国际大环境的变化也进一步加剧了这种趋势,欧洲社会的结构性变化导致普遍的新贫困:技术变革和劳动力市场转移、家庭结构的脆弱性、社会分层的趋势、移民迁徙现象的演变、价值体系的变化等,越来越多的人处于社会经济的不稳定状态,随时面临社会关系断裂,影响社会凝聚力。[4] 于是欧洲在1975~1980年和1984~1988年先后实行两次消除贫困方案,在社区推行"反贫困和反排斥"举措。因为贫困的界定往往与缺乏资源相联系,基本以收入为基础,而排斥的概念内涵比贫困更广,不只意味着收入不足,还指无法在劳动力市场、住房、教育、卫生和公共服务方面获得应有的权利,使人没有归属感。[5] 所以,相关反贫困举措是与反社会排斥一起推进的,这也是二战后西方福利国家经济增长到一定程度与社会保障不协调出现的共性问题。不同于第三世界国家的贫困还伴随着疾病、饥荒和苦难,发达国家的反贫困政策往往从反社会排斥的角度推进,也包括一些隐性贫困。安东尼·B. 阿特金森(Anthony B. Atkinson)

---

① 吴国庆:《法国"新社会"剖析》,社会科学文献出版社,2011,目录,第1~2页。

② 吴国庆:《"巴黎的忧郁":变革、平衡与新的困境——近三十年来法国经济社会转型历程综述》,《人民论坛·学术前沿》2014年第16期。

③ Xavier Durang, "Les nouveaux visages de la pauvreté laborieuse, Une approche des travailleurs pauvres en région PACA à partir de la source CAF," *Revue des politiques sociales et familiales*, No. 88, 2007, pp. 109 – 119.

④ Françoise Euvrard, Alain Prélis, "La lutte contre la pauvreté dans la construction européenne," *Revue des politiques sociales et familiales*, No. 38, 1994, pp. 113 – 124.

⑤ Françoise Euvrard, Alain Prélis, "La lutte contre la pauvreté dans la construction européenne," *Revue des politiques sociales et familiales*, No. 38, 1994, pp. 113 – 124.

等从贫困数据统计来源的选择、贫困指标及其特征的选择、分析单位、测量表和贫困线的确定等方面比较研究了法国、德国和英国反贫困政策及其反贫困的实际效用,因为社会政策不只可以提供援助,还可以进行预防。基于家庭预算的调查数据,依然发现国际比较难度很大,因为没有一个标准化的衡量方法。研究发现共同的贫困主体是失业青年、儿童和以妇女为主的单亲家庭。① 可见,此时期欧盟主要国家都出现了类似的"新贫困"问题。

为了更好发挥出市场在减贫中的作用,以市场为导向的改革就要确保穷人能进入市场,使市场也能为穷人服务,为他们提供教育、培训和医疗卫生服务,提升穷人在政治、社会和经济生活中的行动能力,使他们免受经济风险。1990 年很多国家开始了相关改革,有些国家因此经济迅速发展,极大地降低了贫困率。② 有些政府将反贫困视为一种社会投资,因为机会、物质安全和社会包容也可以提高穷人的购买力,③ 进一步推动经济和社会的良性发展,即健全的经济政策有助于积累社会资本和增强社会凝聚力。然而也有国家却因此陷入危机和停滞状态。为穷人提供公共服务和贫困治理问题面临很大挑战,资源不足是主要障碍,尤其是公共资金不足。④ 所以发达国家应该对贫穷的国家进行援助,这些方法已经被证明对改善最贫穷人群的生活和健康状况有效。

总之,在国际发展大趋势下,法国 20 世纪 80 年代的"新社会"也许就是之后法国人提出的"要市场经济,不要市场社会"中"市场社会"的雏形,讲究"效率"的市场化机制对强调"公平公正"的社会建设有一定的冲击力。近年来出现的新趋势是越来越多的儿童、年轻人和单亲家庭陷入贫困,失业贫困和在职贫困问题也不容小觑,而老年人和残疾人贫困问题普遍得到解决。所以,应重新关注经济飞速发展过程中贫富差距扩大造

---

① Anthony B. Atkinson, Sandrine Cazes, Serge Milano, J. Assemat, Bruno Jeandidier, Rudolf Teekens, M. A. Zaïdi, "Mesures de la pauvreté et politiques sociales: une étude comparative de la France, de la RFA et du Royaume-Uni," *Observations et diagnostics économiques: revue de l'OFCE*, No. 33, 1990, pp. 105 – 130.

② Paul Collier, David Dollar, Nicholas Stern, "Cinquante ans de développement économique: bilan et expériences," *Revue d'économie du développement*, Vol. 9, No. 1 – 2, 2001, pp. 23 – 64.

③ Paul Collier, David Dollar, Nicholas Stern, "Cinquante ans de développement économique: bilan et expériences," *Revue d'économie du développement*, Vol. 9, No. 1 – 2, 2001, pp. 23 – 64.

④ Paul Collier, David Dollar, Nicholas Stern, "Cinquante ans de développement économique: bilan et expériences," *Revue d'économie du développement*, Vol. 9, No. 1 – 2, 2001, pp. 23 – 64.

成的贫困问题。

（二）法国新贫困的界定

20 世纪 70 年代法国的贫困率有所降低，之前贫困问题一度是边缘化的，直到 20 世纪 80 年代初，当贫困蔓延到中产阶级时，相关辩论才涉及社会安全问题，贫困在法国社会再次变为重要问题。但是直到 1984 年，政府还没有将贫困视为法国社会一个严重而持久的问题，仍然认为贫困是可以通过短期救济解决的问题。因为政府仅将贫困视为一种暂时现象，所以不愿意完善社会保障体系，有一种掩盖社会风险的倾向。[1] 劳动力市场变化和不稳定的工资制度（临时合同、兼职）导致的失业引发了贫困的结构性变化和家庭结构的变化，劳动贫困或在职贫困迅速增加，必须通过完善和巩固援助计划缓解贫困。随着新贫困的出现，人们也日益意识到福利国家未能有效消除贫困。因此，关于新贫困的辩论也可以理解为对福利国家的期望与实际贫困风险之间差异的不同理解，也表明对福利国家的信心开始丧失，需要将保护中产阶级不陷入贫困陷阱作为当代社会的主要目标之一。

鲍甘将这种始自 20 世纪 70 年代后期的国家社会危机称为"新贫困"。他认为其主要源于工作危机，越来越多的人开始到社会援助办公室求助，不仅是那些边缘的、贫穷的和被排斥的人，[2] 还有失业者，尤其是在职贫困者。因为工资低、临时工作或不稳定的工作，他们虽然努力工作却依然处于贫困线以下，也很难领取失业救济金。法国学术界对于这种因失业导致的社会问题，用社会断裂、社会融入、社会整合、社会团结与社会凝聚力等社会学的概念进行研究，尝试通过社会进步来消除贫困。相关对"新贫困"的描述中有两组关键词或重要术语。一是天主教救助组织将"脆弱性或不稳定性"作为"新贫困"的代名词。二是动词"翻倒或失衡"（basculer），用滑入、跌入、坠入、陷入等词描述新群体是如何变得贫穷的——他们的处境突然从稳定变为不稳定，也经常用这些词来描述贫困，即新贫困

[1] Sarah Haßdenteufel, "Covering Social Risks: Poverty Debate and Anti-Poverty Policy in France in the 1980s," *Historical Social Research*, Vol. 41, No. 1, 2016, pp. 201 – 222.

[2] Nicolas Duvoux, "Nouveaux pauvres, nouvelles politiques," *Politiques sociales et familiales*, No. 104, 2011, pp. 7 – 17.

者突然跌入危机。① 总之，他们用"新贫困"描述突然陷入贫困的"普通"家庭。政府在 1981 年发布的贫困报告中，也使用"脆弱性"来定义新贫困。

关于新贫困的特点研究，莎拉·哈登特夫尔（Sarah Haßdenteufel）认为"新贫困"有两大特征：一是物质层面更强调住宿、营养和衣物等需求。二是贫困普遍化与年轻化趋势。天主教救助指出以往很难陷入贫困境遇的人们现在也面临很高的致贫风险，尤其是年轻人也受到了贫困的影响。通过相关数据分析，他们发现向天主教救助组织求助的单身的、中年的法国本土男性越来越多，即新贫困群体主要是"平庸或普通的法国人"。② 这造成了传统意义上"被社会抛弃"的高贫困风险，也会产生犯罪等社会不安定因素，现在已经开始威胁到普通的法国人。各种对"新贫困"界定的共性是原本没有高致贫风险的新群体开始出现物质匮乏，原来不被视为具有贫困风险的群体——"普通人"跌入贫困陷阱的脆弱性与不稳定性的事实就是一种"新贫困"。

总之，法国的"新贫困"主要表现为以下几方面。一是贫困人口中年轻人、带孩子的单身女性的比例日益加大，从传统的贫困风险群体，如妇女、老人或移民，可能会逐渐扩展到每个人，尤其中产阶级会跌入贫困"陷阱"。二是"新贫困"主要是由经济危机造成的，很多人因失业陷入贫穷状态，长期失业导致的贫困率提升是法国 20 世纪 80 年代的新问题。三是两极分化现象加剧了贫困的脆弱性。此时期开启了重建"社会"的历程，法国推出了最低融合收入，虽然建立了社会保险和社会援助保障机制，尤其是对失业者的保障，致力于社会建设，但同时也削弱了社会国家（État social），③ 这是一把双刃剑，因为相关社会保障开支带来的赤字问题严重影响了经济发展和社会稳定。

（三）新贫困的主要表现形式

1. 贫困率的变化

按照法国国家统计与经济研究所人均可支配收入中位数 50% 和 60% 的

---

① Sarah Haßdenteufel, "Covering Social Risks: Poverty Debate and Anti-Poverty Policy in France in the 1980s," *Historical Social Research*, Vol. 41, No. 1, 2016, pp. 201 – 222.

② Casa Casalis Yves, Daniel Druesne, "Pauvres aujourd'hui," *Messages du Secours Catholique*, No. 360, 1984, pp. 9 – 13.

③ Nicolas Duvoux, Jacques Rodriguez, "La pauvreté insaisissable: Enquête（s）sur une notion," *Communications*, No. 98, 2016, pp. 7 – 22.

计算标准得出不同的贫困率，可以看出法国贫困率的整体趋势是下降的（见表 3 - 1）。新贫困出现的阶段，法国贫困率波动不大，只是贫困人口的结构和贫困主体发生了变化。

表 3 - 1　1970 ~ 1999 年法国贫困率变化

单位：%

	1970 年	1975 年	1979 年	1984 年	1990 年	1996 年	1997 年	1998 年	1999 年
收入中位线 50% 贫困率	12	10.2	8.3	7.7	6.6	8.1	7.8	7.5	7.2
收入中位线 60% 贫困率	17.9	16.6	14.2	13.5	13.8	14.5	14.2	13.8	13.5

资料来源：法国国家统计与经济研究所，https：//www. insee. fr/fr/accueil。

政府采取一系列反贫困措施，贫困率下降也较明显。法国国家统计与经济研究所依据持续进行的生活条件调查（PCV）的预算状况、逾期付款、消费限制和住房条件四项指标测算日常生活中遇到的困难，并据此计算贫困率。艾曼纽·克伦纳（Emmanuelle Crenner）等研究了 1997 ~ 2001 年的调研数据，根据不同的困难程度，生活条件方面的贫困率从 13.1% 下降到 11.6%[1]，即整体贫困率下降了。

那么，为什么新贫困时期整体贫困率呈下降趋势？什么类型的人口贫困率最高，他们拥有什么样的资源？谁是主要的贫困者？克里斯蒂安·洛伊西（Christian Loisy）等展开相关调查研究，1997 年 3 月的就业调查中对 22000 户纳税申报表进行分析，贫困线设定为每月每消费单位为 3500 法郎，后修订为 4200 法郎。因此，普通家庭的贫困率为 7.3% ~ 7.9%。依据贫困家庭申报可支配平均收入为每年每消费单位 33500 法郎，贫困家庭修正平均值为 40200 法郎，[2] 非贫困家庭为 99500 法郎，其他家庭为 123000 法郎。生活在贫困线以下的家庭为 167.3 万户（根据收入可适度为 182.1 万户），

① Emmanuelle Crenner, Sylvie Dumartin, "Pauvreté et indicateurs de conditions de vie en France-Résultats de l'enquête permanente sur les conditions de vie menée par l'Institut national de la statistique et des études économiques (INSEE) -Évolution 1997 – 2001," *Santé, Société et Solidarité*, No. 1, 2003, pp. 115 – 126.

② 此处使用两个不同的收入标准：申报的可支配收入和修正的可支配收入。依据年龄、家庭组成、职业、住户的城市类别来选择相应的收入定义，贫困对不同类型人口的影响各有差异。

按个人而非家庭衡量，贫困人口 4480000 人（调整收入后为 5509000 人），生活在贫困家庭中 14 岁以下的儿童有 941000 ~ 1447000 人。[1] 其中受贫困影响比较大的有以下几类群体。

一是受贫困影响最大的单亲家庭和失业的大家庭成员，家庭孩子数量越多贫困率越高。不同年龄段的家庭成员也会使家庭贫困率有明显不同，家庭成员未满 25 岁的家庭的贫困率为 19.7%，而家庭成员为 60 ~ 84 岁的家庭的贫困率为 4% ~ 6%，家庭成员超过 85 岁的家庭的贫困率为 6.5%。[2] 可见，此前法国的养老金计划发挥了减贫作用。贫困家庭 39% 的收入来源于社会福利，其中 9% 的家庭福利、14% 的租房福利和 16% 的社会最低福利。[3]

二是青年群体。处于贫困、不稳定和被排斥状态的年轻人越来越多，1970 ~ 1996 年，年轻家庭的贫困率从 4.5% 上升到 10.8%，而同期所有家庭的贫困率从 16% 下降到 7%，且相关统计数据忽视了父母对年轻人的帮助，[4] 可见青年人的贫困状况在加剧，一些无家可归年轻人的状况可能更糟。与此同时，青年失业率上升，1992 年 7 月至 1993 年 7 月，25 岁以下青年失业率上升了 5 个百分点，25 ~ 49 岁青壮年失业率上升了 19.5 个百分点，全国 321 万失业人口中，25 岁以下的青年有 72 万，[5] 这成为困扰法国的主要社会问题。

三是住宿贫困群体和在职贫困群体。依据 1996 年住房调查，25% 的贫困家庭中业主是贫困者，10% 的人拥有免费住宿（如最低融合收入的受益人）。[6] 因为工作条件等的改善，预算和延期付款方面的困难减少，但是住房问题和消费限制还存在一定困难。1996 ~ 1999 年法国在职贫困率保持在 10.5% 左右，主要浮动范围为 9.5% ~ 10.5%，退休人员贫困率在 8.5% ~

---

[1] ONPES, "Les Travaux de l'Observatoire 2000," 29 septembre 2009, p. 59, https://onpes. gouv. fr/le-rapport-2000. html.

[2] ONPES, "Les Travaux de l'Observatoire 2000," 29 septembre 2009, p. 14, https://onpes. gouv. fr/le-rapport-2000. html.

[3] ONPES, "Les Travaux de l'Observatoire 2000," 29 septembre 2009, p. 14, https://onpes. gouv. fr/le-rapport-2000. html.

[4] ONPES, "Les Travaux de l'Observatoire 2000," 29 septembre 2009, p. 15, https://onpes. gouv. fr/le-rapport-2000. html.

[5] 吴国庆:《法国政治史（1958 ~ 2012）》，社会科学文献出版社，2014，第 238 页。

[6] ONPES, "Les Travaux de l'Observatoire 2000," 29 septembre 2009, p. 31, https://onpes. gouv. fr/le-rapport-2000. html.

10.5%，[①] 1999 年劳动力市场逐渐复苏。

总之，法国贫困率的下降是因为传统的主要贫困者——老年人贫困率下降了，法国在公共管理方法中侧重"预防"的政策制定，20 世纪 60 年代法国推行社会行动和现代化联盟的新模式，保障老年人参与社会生活、残疾人的住宿和困难家庭的儿童安置等，通过帮助特定困难群体防止社会失调。[②] 所以，即使青年人、在职贫困等新贫困群体的贫困率在上升，但对法国整体贫困率的影响不大，尤其是法国社会保障制度和反贫困政策的推行，有助于整体贫困率的下降。

2. 住宿贫困——无家可归者

20 世纪 80～90 年代法国出现了一些新的贫困形式。随着兼职工作和定期合同等新就业形式的出现，贫困的不仅是工人阶级和老年人，越来越多的年轻人、单亲家庭成员和失业者成了贫困主体，此时期失业者为户主的家庭中贫困人口比例从 32% 上升到 39%。依据 1984 年和 1995 年的家庭调查数据，失业和贫困者从 250000 人上升到 520000 人，翻了一番多，[③] 因人口变化的世代更新和经济、社会变化加剧了贫困问题。自 1990 年初法国失业率一直保持在接近 10% 的水平。城市化进程削弱了城乡之间的传统差异，消费结构也在变化：食品、交通、电信费用和住房支出是家庭预算中的主要领域（见表 3-2）。

表 3-2　法国消费结构变化（1960 年、1980 年、1997 年）

单位：%

主要支出占比	1960 年	1980 年	1997 年
食品、饮料、烟草	33.3	21.4	17.9
衣服、鞋子	11	7.3	5.2
住宿、供暖、照明	10.4	17.5	22.5
家具、家用设备、维修	11.1	9.5	7.3

① ONPES, "Les Travaux de l'Observatoire 2000," 29 septembre 2009, p. 78, https://onpes. gouv. fr/le-rapport-2000. html.

② B. Francq, "La prévention comme dispositif politique Problématique pour un questionnement sur les projets et pratiques préventives," *Mouvements alternatifs et crise de l'État*, Vol. 50, No. 10, 1983, pp. 133－148.

③ ONPES, "Les Travaux de l'Observatoire 2000," 29 septembre 2009, p. 65, https://onpes. gouv. fr/le-rapport-2000. html.

法国贫困问题与反贫困政策*研究*

主要支出占比	1960 年	1980 年	1997 年
交通、电信（交流）	11.6	16.6	16.3
休闲、娱乐、文化	5.9	7.3	7.4
医疗健康服务	5	7.8	10.3
其他物品和服务	11.7	12.6	13.1

资料来源：Madior Fall, Daniel Verger, Pauvreté relative et conditions de vie en France, *Economie et Statistique*, Vol. 383, No. 385, 2005, p. 96。

可见，人们的生活水平越来越高，食品等在家庭总支出中所占比例越来越小，从1960年的33.3%下降到1997年的17.9%；住宿等的开支却越来越多，从1960年占家庭总支出的10.4%上升到1997年的22.5%。也就是说，贫困类型从食物贫困向住房贫困转型。1995年在国家人口研究所（INED）支持下对巴黎"无家可归者"展开了一次调查。1998年天主教协会也在民间发起了相关调查，调查指出将近25%的人没有稳定住所，1998年有9%的人或家庭处于不稳定住宿状态，10%的人住在住宿中心，4%的人住在大篷车、旅馆或棚屋，6%的人无家可归，这些数据的可靠性是相对的，实际上所对应的是178000个人没有稳定的住宿，其中71400人无家可归或住在大篷车、旅馆中，[①] 生活处于极度不稳定状态。据法国国家统计与经济研究所的相关数据，2010年底，约有133000名无家可归者，其中33000人处于非常艰难的状态，如睡在街上或在紧急接待所附近，有100000人在社会机构中处于长期收容状态，[②] 这些无家可归者的人员构成也在发生重要变化，年轻人和带孩子的妇女逐渐增多。

3. 青年贫困与失业危机

新贫困的一个很重要的特征就是青年人贫困，而青年贫困的主要原因是没有工作而导致没有稳定的收入来源。据相关数据，1973～1983年，法国青年失业率从4%提升到19.7%，尤其是1980～1983年，法国20岁以下青年失业率从25.9%上升到30.7%，20～24岁青年失业率从13%上升

---

① ONPES, "Les Travaux de l'Observatoire 2000," 29 septembre 2009, pp. 139 – 140, https://onpes. gouv. fr/le-rapport-2000. html.

② Observatoire national de la pauvreté et de l'exclusion sociale (ONPES), *Crise économique, marché du travail et pauvreté* (rapport 2011 – 2012), 29 mars 2012, p. 35, https://onpes. gouv. fr/IMG/pdf/Rapport_ ONPES_2011 – 2012_ chap_1_. pdf.

到 18.8%。① 之所以出现这样的状况，其中很重要一个原因就是法国的高福利政策导致企业雇员的成本很高，每月至少付 1200 欧元最低工资和 800～900 欧元的社会保险费，以及一些带薪休假的假期工资，所以法国企业一般不敢轻易雇用年轻人。于是政府就开始鼓励青年创业，1986 年提出"青年挑战计划"，建立支持青年创新创业机制，每年拨款 500 万欧元资助青年创业的相关项目。后期政府决定直接为青年提供就业岗位。1997 年希拉克总统任职期间提出 3 年内为 18～26 岁的青年失业者和没有领取过失业救济金的 30 岁以下失业者提供 35 万个就业机会，80% 的工资由政府承担，20% 的工资由用人单位承担，此时期的主导政策思路是努力改善就业环境，通过提供公共就业服务为青年人提供就业机会。

总之，自 20 世纪 80 年代中期以来，法国贫困率在人口结构上的变化远大于统计学上的变化。以前贫困者主要因为多子女的大家庭或生活在农村地区，如今穷人主要来自单亲家庭和多子女家庭，大部分是年轻人，他们倾向于居住在城市，但不适应劳动力市场。

二 新贫困何以产生？——再分配调节的失调

新贫困中最明显的问题是失业，主要根源还是经济发展速度趋缓，从 20 世纪 60 年代的国内生产总值增长率约 6% 下降到 20 世纪 90 年代的约 2%。随着"新经济"中产业结构调整，钢铁、煤矿等传统行业衰落，也伴随着"消失的萤火虫"的环保运动，法国将一些有污染的工厂和企业逐渐关停和向外转移，导致经济向非实体化发展，大量蓝领工人失业，进一步影响到家庭教育，子女辍学率也相应提升，没有好的教育文凭和职业资格证书，又无法找到好工作，便出现了大量困于家庭贫困的贫困青少年。一些社会调查表明，20 世纪 90 年代中期以来，社会流动性越来越弱，阶层固化现象日益严重。很多年轻人觉得向上流动的机会越来越少，对未来前途持悲观态度，对国家的社会认同也越来越低，② 并因教育的分层，加剧了世代之间的身份认同错位和政治传播的断裂。总之，法国就业不足与经济去工业化和第三产业集约化有很大关系，随着工作的流逝，对普遍认

---

① 丁建定：《从"首次雇用合同法案"的流产看法国青年就业政策改革的艰难》，《社会保障研究》2009 年第 2 期。

② Stéphane Beaud, Paul Pasquali, *Ascenseur ou descenseur social? Apports et limites des enquêtes de mobilité sociale, Les transformations de la société française*, Cahiers français, 2014, p. 383.

同的集体认同因素消失了,① 政府为了解决相关问题,不得不加大社会保障力度,但进一步加剧了财政赤字压力,从而陷入一个贫困再生产的循环怪圈。

（一）再分配的困境：贫富分化加剧

20 世纪 90 年代法国贫富差距进一步拉大,两极分化明显。法国最富的 10% 的人口拥有国民收入的 27%,最贫困的 10% 的人口仅拥有国民收入的 2.3%,即 10% 最富有的法国人占全国财富的 53%,10% 最贫穷的法国人只占国民财富的 0.1%。② 通过财富再分配的调整政策,两者之间的差距日益缩小,收入最高 10% 和收入最低 10% 的差距在 1999 年为 3.5 倍。③ 这样的贫富两极分化格局,随着新贫困中的中产阶级跌入贫困陷阱,会越来越向金字塔形发展,一个健康的社会结构是橄榄形的,所以需要发挥出再分配制度的"刚性"调节作用。

（二）社会分配制度失衡

关于社会分配的重要性研究,20 世纪 80 年代法国对贫困状况及社会政策对贫困人口的影响轨迹进行官方统计（家庭组成、年龄、就业情况、文凭）,以期分析反贫困制度化对贫困人口的影响。也有研究认为贫困问题是社会秩序产生过程中不同群体处于不同地位导致的。④ 结果发现存在一个明显的悖论,即使实施了缓解贫困的社会政策,社会阶层经济状况恶化的现象也并未有效改变。因此,需要反思穷人的收入问题,重心应该放在生产阶段的再分配部分,而不仅仅放在钱和社会地位方面的分配部分。再分配的主要收入来源于税收和分摊金,为了支持社会福利,1975 年法国强制性税费已达到国民财富的 44.5%,1996 年为 45%,1997 年为 45.3%,严重影响了经济增长。⑤ 高税制和分摊金为政府和企业带来了沉重的负担,因为企业家在投资的过程中需要敏锐把握客户的需求,而对资本投资的削

① William Julius Wilson, *When Work Disappears: The World of the New Urban Poor*, New York: Knopf, 1996, in Frédéric Viguier, "Les paradoxes de l'institutionnalisation de la lutte contre la pauvreté en France," *L'Année sociologique*, No. 63, 2013, pp. 51 – 75.

② 吴国庆:《法国执政党关于财富再分配与社会和谐的实践》,《红旗文稿》2005 年第 9 期。

③ 吴国庆:《法国社会治理模式及其面临的新挑战》,《社会治理》2015 年第 1 期。

④ Henri Sterdyniak, "Prestations et minima sociaux: la question des indexations," *Regards croisés sur l'économie*, Vol. 4, No. 2, 2008, pp. 128 – 137.

⑤ 张丽、姜芃:《法国近百年来的社会运动与社会保障制度》,《贵州社会科学》2016 年第 8 期。

弱也就抑制了他们的投资创造性，使一些资本成为滚不大的雪球。

总之，繁重的第二次分配为企业等主体套上了沉重的枷锁，分配制度的失衡导致企业不能很好地发挥出推动经济发展的动力作用，国家政府对经济的"干预"政策导致第一次分配中市场机制的功能也不能充分发挥，所以企业的破产、裁员导致了失业率和在职贫困率的提升。此外，天主教救助认为新贫困产生的原因有残障、失业、疾病、家庭破裂、与政府的关系不好等，① 或社会行政管理不善等导致人们陷入贫困，在原本致贫群体自身问题的基础上，开始更多地思考制度或政策是如何导致新贫困的产生与持续存在，为了解决相关新贫困问题，政府采取了一系列措施。

三 如何反"新贫困"？

（一）法国政府的反贫困政策与举措

法国反贫困政策体系与社会保障体系、社会援助和救助体系及经济融合体系是交织在一起的，反贫困与反社会排斥也是结合在一起的。1974 年勒内·勒努瓦（René Lenoir）出版了《排斥》（Les Exclus），他曾在 1971 ～ 1974 年任法兰西基金会（Fondation de France）的管理者，1974 ～ 1978 年曾任职于卫生部，负责社会行动。他主张简化社会救助和行动监管，建立覆盖全体人口的健康和残障风险体系，为被排斥者提供最低收入（smic）3/4 的资源救助，并为一些集体公共服务提供现金援助。② 为了解决相关反贫困公共政策动力不足的问题，朱利安·达蒙（Julien Damon）建议将重心聚焦在工作、家庭和移民等方面，并精简相关分配流程（工具），提升政策的有效性。③ 可见，聚焦在最需要扶贫的群体和最需要直接解决的贫困问题上，还是同步推进反贫困和反社会排斥是两种不同思路。

为了应对 20 世纪 80 年代出现的大规模"新贫困"现象，社会服务部部长乔治吉纳·杜夫瓦（Georgina Dufoix）于 1984 年提交了"反贫困与反脆弱性计划"，1985 年预算法中 5 亿法郎用于住宿和住房、冬季的即时援

---

① Casa Casalis Yves, Daniel Druesne, "Pauvres aujourd'hui," *Messages du Secours Catholique*, No. 360, 1984, pp. 9 – 13.

② Frédéric Viguier, "Les paradoxes de l'institutionnalisation de la lutte contre la pauvreté en France," *L'Année sociologique*, No. 63, 2013, pp. 51 – 75.

③ Julien Damon, *Mesures de la pauvreté, mesures contre la pauvreté*, Fondation pour l'innovation politique, 2017.

助等。1988 年密特朗在总统大选之前的《致全体法国人的信》中指出：
"对于那些一无所有的人来说，一种有保障的生存方式，是他们重新融入
社会的条件。"[1] 法国各种福利保障不只是对穷人进行援助，还为贫困的家
庭提供收入，尤其是保障儿童的教育费用，但对新贫困中的长期失业者的
帮助有限，相关制度也不足以使受益人的收入提高到最低贫困线。[2] 为此，
米歇尔·罗卡尔被任命为总理时提议设立"最低融合收入"[3]，也被视为反
贫困法。主张对拥有 400 万法郎以上的财产者征收"团结税"，通过再分
配社会财富来救济贫困群体，帮助他们融入社会生活。[4] 1988 年 12 月 1 日
最低融合收入法案生效，至年底已经有 407000 名受益人，其中一些人曾被
排斥在社会保护之外，该政策的主要创新在于：在普遍津贴的基础上，为
最弱势群体开放社会参与的权利，[5] 提供"社会保障网下之网"的普及型
津贴，并要求领取津贴者三个月内签订社会融入合同，不遵守合同融入义
务将暂停领取津贴的资格。[6] 有研究认为最低收入重现了法国社会救助的
特点，[7] 但其普遍性与之前法国社会救助的逻辑又相违背。

　　"新贫困"的主要致贫原因是失业问题，受 1993 年立法选举的影响，
皮埃尔·贝雷戈沃（Pierre Bérégovoy）提出与失业做斗争和反腐败，承诺
1992 年底为 90 万名长期失业者提供工作、培训或普遍感兴趣的职业，但
到了 1992 年第二季度，法国经济进入衰退状态，1993 年有 300 万名失业
者。[8] 为了进一步反贫困和反社会排斥，他主张在 1993 年 3 月成立全国消

---

[1] "Création du revenu minimum d'insertion (RMI) par Michel Rocard," 9 Désembre 2013, https：//
www. gouvernement. fr/partage/1104-creation-du-revenu-minimum-d-insertion-rmi-extrait-du-dis-
cours-de-politique-generale-de-michel.

[2] Anthony B. Atkinson, Sandrine Cazes, Serge Milano, J. Assemat, Bruno Jeandidier, Rudolf Teek-
ens, M. A. Zaïdi, "Mesures de la pauvreté et politiques sociales：une étude comparative de la
France, de la RFA et du Royaume-Uni," *Observations et diagnostics économiques：revue de l'OFCE*,
No. 33, 1990, pp. 105 – 130.

[3] 也被译为最低融入社会救济金和最低收入保障金。

[4] 吴国庆：《法国政治史（1958~2012）》，社会科学文献出版社，2014，第 215 页。

[5] "Création du revenu minimum d'insertion (RMI) par Michel Rocard," Désembre 9, 2013, ht-
tps：//www. gouvernement. fr/partage/1104-creation-du-revenu-minimum-d-insertion-rmi-extrait-du-
discours-de-politique-generale-de-michel.

[6] 〔法〕弗朗西斯·凯斯勒：《法国社会保障制度》，于秀丽、李之群译，中国劳动社会保
障出版社，2016，第 125 页。

[7] Claudel Guyennot, *L'insertion. Discours, politiques et pratiques. Paris and Montréal*, Paris：L'Har-
mattan, 1998, pp. 15 – 18.

[8] Pierre Bérégovoy, https：//www. gouvernement. fr/pierre-beregovoy.

除贫困和社会排斥政策委员会（Conseil national des politiques de lutte contre la pauvreté et l'exclusion sociale）。1998 年 7 月 29 日的反排斥法鼓励穷人，尤其是最贫困的人表达出他们的需求和参与公共生活，为他们提供住房，鼓励协会的反贫困工作，鼓励被排斥的公众诉诸司法，并为不稳定的脆弱公众提供法律援助。

总之，法国福利保障的领取者不一定是贫困者，仅在过去 40 年里的最低融合收入才侧重减贫措施。针对那些登记在册的特定困难群体——残疾人、老年人、单身母亲、长期失业者的不同津贴，最低融合收入逐渐为那些无法从先前措施中受益的人提供兜底保障，[1] 因为最低收入补助金是为了使家庭收入达到一定限度。

（二）慈善公益组织的反贫困

此时期，社团、协会、志愿服务机构等各类慈善公益组织也积极寻找反贫困方案，还有一些爱心企业等加盟，形成了一个跨领域、跨界的反贫困网络。比较有代表性的是第四世界提出一个综合知识认知和社会政策的五年计划，旨在促进世界上最贫困的人参加，深入研究穷人的需求，以免费医疗为主保护穷人的健康权，促进穷人参加职业培训，主张增加工资。

1973 年法国科尔马（Colmar）成立了一个名为"希望"（Espoir）的协会，主要致力于解决贫困和排斥问题。在社会经济结构变化中，生产、竞争、娱乐至上，强者获胜，社会分层越来越明显，需要"希望"像一束光照进来，团结起来阻止强者对弱者的蔑视，为无家可归者提供住宿和心理支持，该协会提供了 40 个住宿的床位，辅之以护理服务，冬季会额外加 24 张床位。[2] 20 世纪 70 年代主要的失业者是没有受过培训、社会地位不稳定的人，尤其是移民，所以"希望"协会为他们开设讲习班，并提供就业机会：如与林业局合作，保护自然栖息地（森林、河流）；开设机械维修间进行旧物维修；创办纺织厂；招募建筑工人；等等。因为"希望"协会工作人员发现，对于这些贫困者来说，仅仅领取津贴是不够的，他们的

---

① B. Fragonaed，"Rapport sur les minima sociaux，" Commissariat Général au Plan, Rapport provisoire, janvier 1992, https://www. gouvernement. fr/.

② Bernard Rodenstein，"Luttre avec Espoir contre la pauvreté et l'exclusion，" *Les cahiers du christianisme social*, No. 17, 1988, pp. 4 - 9.

痛苦不只来自物质匮乏，也来自被排斥在社会边缘的无归属感状态，^① 而工作可以帮助他们融入社会生活，与其他人和工作场所产生连接，拥有伙伴关系，也能为社会做出贡献。该协会也为获释的囚犯提供工作，那些曾经酗酒、吸毒的人在忏悔之后开始重新生活，再次找回生命的意义。这逐渐形成了一种文化层面的自我意识觉醒，这些受过帮助的人彼此慢慢交流，一起互助成长。"希望"协会从中受到启发，为接受社会融合的 16 ~ 25 岁的年轻人开设家庭文化启蒙课，让他们有机会见识最友好的交流和表达方式，学会倾听和调解，避免糟糕的人际关系。^② 总之，"希望"协会通过 45 名员工和 100 名志愿者完成上述各项工作，为社会中的穷人和被排斥的人带来希望、分享爱和传递希望。

1987 年法国南特对穷人进行粮食援助，主要由爱心餐厅（les Restos du Coeur）、大众救济（le Secours populaire）和粮食银行（la Banque alimentaire）三家机构开展，社区社会行动中心积极参与其中，但也有一种精英的网络控制（l'emprise réticulaire élites）特征，因为精英是参与慈善的主体，也是主导者。雷蒂尔（Rétière）等认为这种粮食援助会建构出一个"受援的贫困人口"，在"救济供应"过程中也会有一些"变形"，根据救助权进行分配等，^③ 担心在相关援助物资分配过程中会形成新的不平等秩序或者加深不平等秩序，也就是慈善公益等的第三次资源分配可能建构起贫困救济的不平等秩序。

相关反贫困网络进一步扩大，1995 年 41 个协会组成联合"警报"（Alerte）反对反贫困的全国私人卫生与社会工作的组织联盟（Union nationale interfédérale des oeuvres et organismes privés sanitaires et sociaux），该联盟成立于 1947 年，游说于公共权力机构和媒体之间，"警报"所连接的各类组织慈善协会、大众救济、天主教救助、第四世界等都是知名的非营利组织，避免采取政治党派的立场，而是以"穷人"和被排斥者的名义，批评政府的无所作为和分配给社会行动的公共资金很少等问题，并以"国

---

① Bernard Rodenstein, "Luttre avec Espoir contre la pauvreté et l'exclusion," *Les cahiers du christianisme social*, No. 17, 1988, pp. 4 – 9.

② Bernard Rodenstein, "Luttre avec Espoir contre la pauvreté et l'exclusion," *Les cahiers du christianisme social*, No. 17, 1988, pp. 4 – 9.

③ Sylvain Bordiec, "Une solidarité en miettes. Socio-histoire de l'aide alimentaire des années 1930 à nos jours," *Annales de Bretagne et des pays de l'Ouest*, Vol. 126, No. 3, 2019, pp. 212 – 215.

家团结"的名义呼吁政府的社会保障支出应来自税收,而不是社会"分摊金"的缴费。① 这种社团联合公开向国家和公众呼吁化解贫困的政策诉求,也是近年来新产生的现象,此前大部分协会都实行政治中立。自 20 世纪 80 年代以来,穷人的人道主义、慈善救济、为穷人倡导的发展趋势与政府公共权力机关的缝隙越来越大,组织公共行动的政府部门也日益重视协会的作用,赋予社团在协助社会政策执行方面的合法性。在解决社会问题时,公共资金的不足加剧了各类公共机构之间的结构性矛盾,而社团、协会等机构的参与,在一定程度上可以解决政府资金不足的问题。

(三) 反贫困的分歧

除了上述对社会救助与精英控制的警惕,非政府组织和政府部门之间的不协调之外,一些社会工作者和援助穷人的律师也反对传统慈善,这些人往往拒绝借助媒体力量的新慈善方式,认为这些反贫困的方式会把公众注意力吸引到轰动的、紧迫的事情上,反而忽视了对长期反贫困的支持,一些媒体慈善加剧了受赠贫困者的屈辱感。也有一些反贫困协会致力于调研贫困者的需求,发现最低融合收入的救济金数额有限,难以满足真正贫困者的现实需求。但这些协会也承认,自最低融合收入政策实施以来,贫困率确实下降了,虽然福利不足,但比之前的分配更具慈善性。② 也有研究认为反贫困重点应该从国家、社会、政治、经济组织转移到个人及其选择上,将援助转变为分配的凭证,进一步用国家再分配的调控力量来缓解贫困。

这些分歧的本质是政府、慈善组织等非政府组织、企业和社会公众,应该以哪种合理的方式从事反贫困行动,既不会偏离反贫困的长期支持目标,也不会造成对受益人的伤害,尤其是情感伤害。

第三节　法国社会保障制度的反贫困功效

在法国,真正发挥出长久反贫困功效的是社会保障制度,福利国家制

---

① Sylvain Bordiec, "Une solidarité en miettes. Socio-histoire de l'aide alimentaire des années 1930 à nos jours," *Annales de Bretagne et des pays de l'Ouest*, Vol. 126, No. 3, 2019, pp. 212 – 215.

② Frédéric Viguier, "Les paradoxes de l'institutionnalisation de la lutte contre la pauvreté en France," *L'Année sociologique*, No. 63, 2013, pp. 51 – 75.

度是社会稳定的兜底机制，为那些在工作、健康、家庭、教育、养老中处于困难状态的人提供基本需求保障，但不仅仅是为了反贫困，因为社会保障津贴的领取者不一定都是特别贫困者。布鲁诺·帕利尔（Bruno Palier）认为法国 1945 年建立的福利保障制度不是旨在解决贫困问题，而是为了解决与就业相关的各类问题。① 弗朗西斯·凯斯勒认为社会保障是为了应对某一时刻、某一状态下社会风险而设立的不同保障手段的组合。② 可见，社会保障制度为了解决各类社会问题，防控各类社会风险，但是在实际运作中，却发生了非预期偏转，庞大的社会保障开支加剧了法国整体财政的困境，每次改革相关制度都会引发罢工，激化或加深一些社会矛盾，即"福利危机"和"福利病"。

一 法国社会保护制度

一般认为，社会保障是社会保护制度（La protection social）的一部分，社会保险、社会救助与援助、慈善公益都是社会保护制度的组成部分，主要功能也是保护弱势群体和贫困群体，维护社会的团结和稳定。

（一）法国社会保护制度发展历程

1793 年法国将为贫困者和生活困难者提供救助的原则写入宪法，并按此原则制定了一些法律草案。社会保护制度源起于法国大革命时期，主要参与者是教会、国家、雇主、互助会（mutualité）、工会组织和保险公司。从历史长时段来看，法国最早的互助救济会出现在法国大革命前夕，1791年《夏普利埃法》（Loi le Chapelier）宣布互助团体、行业工会等组织非法，禁止劳动界组建任何形式的团体，确立了国家对社会的控制权，对法国社会运动有很大影响。1884 年该法被废除，颁布的《瓦尔德克·卢梭法》宣布工会合法化，1820 ~ 1830 年工业革命时期互助会逐渐发展起来，提倡"团结互助"，并在第二共和国时期具有组织请愿和救助两大功能，如 1831 年和 1834 年的里昂纺织工人起义。③ 1852 年拿破仑三世建立由贵

---

① Bruno Palier, *Gouvermer la sécurité sociale: les réformes du système français de protection sociale depuis 1945*, Paris: Presses Universitaires de France, 2002, p. 70.

② 〔法〕弗朗西斯·凯斯勒：《法国社会保障制度》，于秀丽、李之群译，中国劳动社会保障出版社，2016，第 3 页。

③ 〔法〕米歇尔·德雷福斯：《1789 年至 1945 年法国的社会保护史》，李晓姣、张丽摘译，《世界历史》2011 年第 5 期。

族管理的"帝国互助会",负责疾病救助和医疗保护,尝试通过社会救助来调和阶级矛盾,使人们不至于因为贫困而产生暴力思想,[①] 并规定成立互助会需要经过国家"批准",互助会不再具有组织请愿的功能。1864 年承认罢工合法化,1867 年颁布允许结社的法令。1871 年巴黎公社时期互助会与工会分道扬镳,工会组织逐渐发展起来,直到 1901 年允许自由成立社团的《结社法》颁布,社会组织才得以快速发展。1895 年成立了法国总工会(CGT)。[②] 1984 年开始实施的社会救助法典保护收入低微的赤贫者,社会保护制度对于维护社会稳定与团结具有重要的作用。

也有研究将法国福利国家发展史分为三个阶段。一是 16 世纪到第二次世界大战前的前福利国家期,此期又分为两个阶段,以第一次世界大战为分界线,第一个阶段国家通过一系列社会立法为劳工和儿童提供社会救助,如 1989 年的工伤补偿制度等。第二个阶段是国家在加强社会救助的同时,开始尝试社会保险,如 1930 年的第一部《社会保障法》,[③] 1946 年家庭津贴扩展到全体居民,工伤赔偿也整合到社会保障体系里,[④] 主要涵盖医疗、养老、失业和家庭补助等领域。二是第二次世界大战到 20 世纪 70 年代中期的传统福利国家期,建立了社会保险和社会救助制度,主要由一般制度、特别制度、非农领薪者制度和农业互助制度组成。三是 20 世纪 70 年代中期经济危机以来的福利国家重建期,经济危机导致失业,为解决失业提出了提前退休的政策,结果增加了社会保障支出,社会保障赤字持续增加,因此开始实施一些改革措施,如 1991 年实行了"综合社会捐"(contribution sociale généralisée, CSG)来补贴社会分摊金,对各类工资征收 1.1% 的专门目的税等。三个阶段体现了国家的制度性干预不断取代社会组织提供的非正式保护,以及两者之间的调试关系。1996 年 2 月通过宪法修正案,议会每年批准社会保障预算(Loi de Financement de la sécurité sociale, LFSS),并对社会保险基金制定年度预算目标。[⑤] 政府部门开始了

---

① 〔法〕米歇尔·德雷福斯:《1789 年至 1945 年法国的社会保护史》,李晓姣、张丽摘译,《世界历史》2011 年第 5 期。

② 〔法〕米歇尔·德雷福斯:《1789 年至 1945 年法国的社会保护史》,李晓姣、张丽摘译,《世界历史》2011 年第 5 期。

③ 李姿姿:《法国社会保障制度变迁中的国家作用及其启示》,《欧洲研究》2008 年第 5 期。

④ 彭璐琪:《法国贫困问题及政府对策研究》,硕士学位论文,对外经济贸易大学,2011,第 16 页。

⑤ 李姿姿:《法国社会保障制度变迁中的国家作用及其启示》,《欧洲研究》2008 年第 5 期。

对社会保障预算的管理，并加强相关监督。社会保障与慈善公益、社会互助、社会援助与救助、社会保险一起构建了法国社会保护的安全网体系。

（二）法国社会保障制度发展历程

20世纪30年代和1945年颁布了相关社会保障方面的法令，法国逐渐确立了社会保障制度与社会保险互补发展的福利体系，随着社会保障范围不断扩大，社会保险种类日益增多，风险因素也在增多。1956年制定了《社会安全法》，1985年修订为《新社会安全法》，主要依托强制保障与平等的权衡，主张社会间的团结互助，使制定法规范和协议法规范并存等。[①] 1958年之前很长一段时间里，在没有失业保险的情况下，一些健全的失业者可以求助于工作援助机构、私营社会机构或市政就业办公室，这些机构逐渐取代了一些慈善机构，[②] 它们在经济危机和大罢工期间会免费提供一些汤和面包。总之，借鉴了德国俾斯麦社会保障模式和英国贝弗里奇模式的经验而形成的"中间模式"——混合型社会保障模式，[③] 以大众需求为导向，将保险与社会救助结合，融合了国家社会保障和行业社会保障、政府和非政府组织制度，以社会成员的团结共济、家庭照料、公平平等的普遍受益和慈善赈济为基本理念。其主要发展历程见表3-3。

表3-3　法国社会保障制度的主要发展历程（1947~2010年）

年份	社会保障体系
1947	签订《跨行业集体协议》，创立干部补充退休机制
	社会保障制度推广到公务员
1948	创立三项非农非雇佣职业养老保险机制（艺术工作者养老保险机制、自由职业者养老保险机制、工商业者养老保险机制）
1952	创立农业从业者义务养老保险体制，由农业社会互助会管理
1958	创立失业保险，为失业者提供补偿

---

① 钱继磊：《大陆法系社会法研究之回顾与反思——以德国、法国等国家以及中国的台湾地区为例》，《温州大学学报》（社会科学版）2017年第6期。

② Cyrille Marconi, "Les Ateliers de charité en Dauphiné. L'assistance par le travail entre secours et enjeux économiques（1771 - 1917），" thèse pour le dorctorat d'histoire du droit, Université de Grenoble, 2012.

③ De Montalembert Marc, *La protection sociale en France*, Paris: La Documentation française, 2013.

续表

年份	社会保障体系
1961	创立农业从业者义务疾病保险体制，自由选择承保人
1966	创立非农非雇佣疾病生育保险自治体制，由法国全国非农非雇佣医疗保险基金管理
	创立农业从业人员工伤、职业病及私生活事故义务补充体制，自由选择承保人
1967	创立三个国家保障基金——国家疾病医疗保险基金、国家养老保险基金和国家家庭补助基金，并设立法国社会保险机构总局
1972	农业受薪者工商保险制度化
1975	义务养老保险普及全国在业人口
1978	牧师等纳入养老保险体系，并逐渐向所有社会职业类别普及
1979	建立新的、统一的失业保险制度
1982、1996	创立监督国家保险基金和地区医疗保险基金协会的监管委员会
1984	创立由雇主和受薪者共同分摊金额的强制性双层保险制度和由国家出资的国家互助制度①
1988	最低融合收入
1999	通过普遍医疗保障法案，医疗补助制度普及化，向全体居民提供医疗费用保险，为最贫困的人提供医疗保障
2000	普遍医疗保险/全民医疗保险（CMU）向所有在法国合法居住的人口提供免费医疗保险，2005年开始为困难人口提供补充医疗保险救助
2003	准备改革退休制度，协调不同保险期限的管理，为年轻时就工作的人创立办理提前退休的机构
2004	准备进行医疗保险制度改革
2005	准备对筹资法等相关法律进行改革
2006	创立自由职业者社会保险制度（Régime social des indépendants，RSI）②
2009	积极就业团结收入取代最低融合收入
2010	改革退休制度

资料来源：法国相关政策网站；彭璐琪《法国贫困问题及政府对策研究》，硕士学位论文，对外经济贸易大学，2011，第16～19页。

在社会保障制度的发展过程中，越来越重视对弱势群体和贫困人群的

---

① 2002年1月1日规定分摊比例为5.4%，其中雇主3.5%、雇员1.9%。

② 退休保险由国家自由职业者养老保险基金（Caisse nationale d'assurance vieillesse des professions libérales，CNAVPL）管理，2005年12月8日建立了国家基金和基础基金，明确了自由职业者社会保险制度基金网的行政和财务的适用范围。

保障，社会救助也主要侧重社会保险之外的脆弱人群，社会救助在所有个人收入、家庭帮助以及各种社会保障制度和补充社会保障制度之间发挥作用，彼此之间有交叉和互补。但是整体也会呈现"碎片化"困境，因为不同的保障由不同的机构负责，不同的机构又有不同的申请程序，导致不同的福利津贴可以叠加领取，甚至存在一些福利欺诈现象。

二 法国社会保障制度的主要特征：分配调节的"刚性"膨胀

法国社会保障主要具有以下特征。一是社会保障水平较高，在欧盟国家里名列前茅。二是法国社会保障遵循公平原则，保障人人平等的权利。三是有完善的法律基础和支持体系，如《社会保障法》《社会保险法》《家庭和社会救济法》等。四是坚持参保对象的全民性和普及性，很多都适用于在法国的外籍人士。五是社会保障制度的多层次性和多样性。六是政府虽不直接参与社会保障管理，但在社会保障制度中发挥重要作用，如任命社会保障行政负责人，并由国家财政部对社会保障资金进行监控，国民议会每年审查社会保障资金的流转收支，并在社会保障资金不足时，政府给予财政支持。七是法国工会、互助会和基金会在社会保障制度中发挥很大作用，是社会保障制度管理的中坚力量。①

在制度设计之初，法国的社会保障资金不是主要来自国家税收，而是来自企业和雇员的"分摊金"，主要由工会等不同的社会组织管理不同的社会保障金，政府主要起监督作用，有一种福利多元主义的发展路径，后期随着社会保障金快速膨胀的庞大开支，就需要政府税收来补足，从而为政府财政增加了巨大的压力，这种第一次分配和第二次分配混合交织在一起的"复合分配调节模式"逐渐有点失控了，福利的"刚性"导致只可继续增加福利而不能减少福利的路径依赖的"负效应"也显现出来，从而引发了开篇所述的"黄马甲"运动，仅仅几欧分的燃油税就导致大规模、持续的游行反对。

（一）法国社会福利保障的完善

法国的社会模式基于补偿政策，有助于减少不平等，是世界上再分配最多的国家之一。法国的最低社会福利保障，多通过团结津贴形式以确保

① 白澎、叶正欣、王硕编著《法国社会保障制度》，上海人民出版社，2012，第52～54页。

家庭获得基本生活资源，如最低限额老年津贴、成年人残疾津贴（AAH）、单亲津贴（API）、特别团结津贴、丧偶保险津贴、补充残疾津贴、融合津贴（AI）、最低融合收入等。[①] 其中，最低限额老年津贴每月 569 欧元，成年人残疾津贴每月 569 欧元，单亲津贴成人每月 512 欧元以及儿童每月 170 欧元，安置津贴每月 300 欧元（安置获释的因犯或寻求难民地位的外国人），寡妇津贴每月 510 欧元，对于一定年龄的工作人员的长期失业补助为每月 946 欧元，最低融合收入是每月 410 欧元，[②] 金额会定期调整，以确保保障金额能与通货膨胀相适应，维持困难人群的基本购买力。法国主要的福利和最低标准津贴见表 3 – 4。

表 3 – 4 法国主要的福利和最低标准津贴

缩写	福利和最低标准津贴
AO	孤儿津贴（Allocation d'orphelin），也适用于离婚或分居妇女的子女
API	单亲津贴（Allocation de Parent Isolé）
AAH	成年人残疾津贴（Allocation pour adultes handicapés）
ASV	养老津贴（Allocation de solidarité vieillesse）
ASPA	老年人社会团结津贴（Allocation de solidarité aux personnes âgées）
AV	鳏寡津贴（Allocation veuvage）
AER	等同于退休金的补助津贴（Allocation équivalent retraite）
ASI	附加的丧失劳动能力津贴（Allocation supplémentaire d'invalidité）
ADA	庇护津贴（Allocation pour les demandeurs d'asile）
CAF	家庭补助基金（Caisses d'Allocations families）
PTS	过渡性团结补助金（Prime transitoire de solidarité）
PPE	就业优惠政策（Prime Pour l'Emploi），鼓励兼职或低薪就业，影响了 900 万户家庭的大规模税收抵免计划
FNS	国家团结基金的补助津贴（Fond de solidarité），如最低养老金或残疾人最低津贴
RSO	团结补助金（Revenue de solidarité Outre-mer）
CMU	全民医疗保险（La couverture maladie universelle）
AI	融合津贴/社会包容津贴（Allocation d'insertion）

① ONPES, "Les Travaux de l'Observatoire 2000," 29 septembre 2009, p. 74, https://onpes.gouv.fr/le-rapport-2000.html.

② "Les dispositifs de lutte contre la pauvreté et l'exclusion au Québec et en France, Santé," *Société et Solidarité*, Vol. 1, 2003, pp. 36 – 41.

续表

缩写	福利和最低标准津贴
ASS	特别团结津贴（Allocation de solidarité spécifique）
ATA	安置津贴（Allocation transitoire d'attente），主要发放给刑满释放人员等
RMI	最低融合收入（Revenue Minimum d'Insertion）
RSA	积极就业团结收入（Revenue de solidarité active）

资料来源：Clément Cadoret, "Repenser les minima sociaux, Vers une couverture socle commune," CNLE, 16 juin 2016, p. 3。

其中，融合津贴和特别团结津贴是为了帮助失业者设立的，主要帮助那些登记为求职者，但没有资格领取失业救济金的特定人群，如长期失业者、有子女的单身妇女等。这一变化反映了 20 世纪 70 年代在经济困难情况下，旨在有针对性地消除"贫困孤岛"的政策被放弃了。[①] 有人提出一个更全面反贫困政策的想法，在考虑企业责任的前提下，保障每个人都拥有最低限度的生存条件。最低融合收入的设计思路不同于其他福利保障的分类逻辑，要求领取者年龄至少 25 岁和有收入，旨在提升一个家庭的最低收入水平。最低融合收入是在上述其他福利保障的基础上，以弥补原有保护体系中的"漏洞"。总之，特别团结津贴和最低融合收入主要针对长期失业者和"新贫困"的穷人等不同人群建立的，最终目的都是鼓励受益人脱离该救助体系，达到最低收入保障水平之上，实现就业和脱贫。

此外，还有一些其他社会救助方式，如医疗保健热线（permanences d'accès aux soins de santé, PASS）可以提供无条件接收和支持，帮助没有医疗保险或仅有部分医疗保险的人进入医疗系统，[②] 为穷人获得医疗保健提供便利。可见，法国兜底的社会保障津贴种类繁多，且处于不同的管理系统，为各类困难群体提供了多样化的选择途径。

（二）社会保障资金来源多样化

皮埃尔·拉罗克（Pierre Laroque）在设计法国社会保障体系的时候就

[①] P. Maclouf, "Perspectives on Poverty," in Michel Villac, "Le RMI, dernier maillon dans la lutte contre la pauvreté," *Ecomomie et statistique*, No. 252, 1992, pp. 21 – 35.

[②] Christine Cloarec-Le Nabour, Julien Damon, Rapport au Premier ministre, "La juste prestation pour des prestations et un accompagnement ajustés," 5 septembre 2018, p. 19, https://www.gouvernement. fr/upload/media/default/0001/01/2018_09_rapport_de_christine_cloarecle_nabour_et_julien_damon_sur_la_juste_prestation. pdf.

已经明确："我们不打算依赖财政预算，而是要求社会保障利益相关者和企业共同努力来实现社会保障。"[①] 所以，法国社会保障的资金主要来源于社会"分摊金"（或称社会保障缴费），主要是雇主和雇员的缴费。其他主要来源为烟酒等专有税种（ITAF）、一般社会缴费（CSG）[②]、社会保障债务补偿缴费（CRDS）、社会保障统包费（2009 年设立）等，不足的部分由政府财政补贴，[③] 有一种福利多元主义的倾向。所以，法国社会保障体系主要由雇主和雇员代表共同管理，就收费和支出标准等重要问题进行决策，1945 年时雇主代表占 25%，雇员代表占 75%，之后实行均衡决策，雇主和雇员代表各占 50%，政府不直接参与社会保障管理，主要通过签署合同的方式委托社会保障机构管理，[④] 政府多发挥监督职能。也就是社会保障资金主要来源于雇主和雇员缴纳的社会"分摊金"、国家和地方的财政补贴、特种税和利息收入等其他经营性收入。但也留下一个疑问：既然社会保障的资金不是主要来自政府财政，为什么会对政府财政赤字造成很大的压力；为什么政府一推行社会福利保障改革，就会激起大规模罢工风潮。这是前期政策制定为后期政策改革埋下的隐患。

（三）经济发展与社会保障发展不协调

反贫困是一个高投入才能确保减贫成效的领域，为此法国社会保障的支出越来越多，也因石油危机后失业率升高，相关的社会需求剧增，逐渐形成经济增长与社会保障支出增长的两极失调，此时期国内生产总值不断下降：1960～1970 年为 5.6%，1970～1975 年为 3.5%，1975～1980 年为 1.5%，1985～1990 年为 3.2%，1990～1993 年为 0.3%。[⑤] 当国内生产总值提升或下降 1% 时，社会保障的分摊金也会增加或减少 130 亿法郎，工资的增长率与之也有直接的关系，工资下降 1%，分摊金将会丧失 130 亿法郎。[⑥] 可

---

① 〔法〕弗朗西斯·凯斯勒：《法国社会保障制度》，于秀丽、李之群译，中国劳动社会保障出版社，2016，第 32 页。

② 1991 年设立，社会保障经费多元化的标志。

③ 〔法〕弗朗西斯·凯斯勒：《法国社会保障制度》，于秀丽、李之群译，中国劳动社会保障出版社，2016，第 143 页。

④ 〔法〕弗朗西斯·凯斯勒：《法国社会保障制度》，于秀丽、李之群译，中国劳动社会保障出版社，2016，第 44 页。

⑤ 李培林：《法国福利体制的危机及对我国的启示》，《社会学研究》1997 年第 2 期。

⑥ 〔法〕C. 米尔、郑秉文：《法国社会保障的经验教训与出路——与中国学者的交流》，《国外社会科学》2001 年第 2 期。

见，经济增长的趋势在减缓，但福利保障的支出趋势在加剧（见表3-5），社会保障支出占 GDP 的比重从 1960 年的 15.9% 上升到 1993 年的 35.4%，社会保障补助金占比从 1960 年的 14% 上升到 1993 年的 28.5%，基本都翻了一番。再分配的"刚性"越来越强。

表 3-5　法国社会保障支出占 GDP 的比重（1960～1993 年）

单位：%

	1960 年	1970 年	1980 年	1985 年	1990 年	1993 年
社会保障支出占比	15.9	20.2	27.3	32.6	31.9	35.4
社会保障补助金占比	14	17.8	23.9	26.5	25.6	28.4
医疗保障金占比	4.8	6.6	8.4	9.2	9.1	9.9
养老保障金占比	5.1	7.4	10.2	12.3	11.6	12.6
家庭保障金占比	3.9	3.3	3.5	3.3	3	3.3
失业保障金占比	0.2	0.4	1.7	1.6	1.7	2.3
其他保障金占比	0	0.1	0.1	0.1	0.2	0.3

资料来源：Les comptes de la protection social, rapport sur les comptes de la nation, juin 1994；李培林《法国福利体制的危机及对我国的启示》，《社会学研究》1997 年第 2 期。

法国社会保障支出除了与经济增长不协调之外，在国民净收入（NNI）中的比重也越来越大，2014 年逐渐接近 1/3（见图 3-1），2015 年及之后就超过了 1/3。

图 3-1　法国社会保障转移占国民净收入百分比（1949～2014 年）

资料来源：法国国家统计与经济研究所（INSEE）；〔法〕皮埃尔·龚夏尔第《法国经济发展与社会保障》，杨无意译，《社会保障评论》2019 年第 1 期。

这种社会保障支出与收入的严重失衡状态，在柱状图里看得更明显

（见图3-2）：货币型社会转移和国民净收入的平均实际增长率的差异很大，仅在1983～1990年相对协调，之后快速拉开差距。1993年法国社会保障总支出为25089亿法郎，除掉行政管理和服务开支费用，直接用于社会保障补助的费用是18108亿法郎。这笔庞大的支出加剧了法国财政的赤字，1995年底法国社会保障收支的赤字已达2300亿法郎，1996年法国各种税收和社会保障分摊金合计占国内生产总值的45%，成为世界上税负最重的国家之一，[①] 可见法国再分配的调节力度非常大。法国社会保障的3/4来源于企业的雇主和工人按工资比例强制性缴纳的社会分摊金，[②] 所以不断增加的社会保障支出给企业带来很大的压力，企业成本过高影响盈利和发展速度，会通过裁员等方式来解决此问题，这样就会产生失业贫困，进一步加剧社会保障的压力。卡特琳娜·米尔建议使用附加值（企业金融产品的总附加值）[③] 与工资的比例（VA/S）来调整分摊率，建立"就业和培训保障"机制以摆脱相关困境。[④]

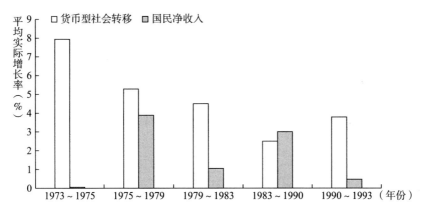

图3-2 货币型社会转移与法国国民净收入的平均实际增长率（1973～1993年）

资料来源：〔法〕皮埃尔·龚夏尔第《法国经济发展与社会保障》，杨无意译，《社会保障评论》2019年第1期。

---

① 《欧洲时报》1996年6月16～18日，转引自李培林《法国福利体制的危机及对我国的启示》，《社会学研究》1997年第2期。

② 〔法〕C. 米尔、郑秉文：《法国社会保障的经验教训与出路——与中国学者的交流》，《国外社会科学》2001年第2期。

③ 附加值与资本的比率（VA/C）是生产附加值与先期投入资本的比例，用来衡量资本效率，不包括企业管理中财务方面的附加值。参见 C. 米尔、郑秉文《法国社会保障的经验教训与出路——与中国学者的交流》，《国外社会科学》2001年第2期。

④ 〔法〕C. 米尔、郑秉文：《法国社会保障的经验教训与出路——与中国学者的交流》，《国外社会科学》2001年第2期。

（四）社会保障的反"新贫困"成效：分配调节的"弹性"

从 20 世纪 30 年代设立的残疾人津贴，到 1988 年实行的最低融合收入，政策的重心都是为了重新分配收入。法国本土至少有 340 万人从最低收入保障中获益，[①] 但是不同地区受益程度不同，如地中海沿岸和法国北部一些农村地区，失业率高的地方所得到的援助资源是比较匮乏的，[②] 相关保障资源分配不平衡，再分配调节的"弹性"不足，最贫困的地区所得到的贫困补助和援助资源不是最多的，而是相对不足的。到 1989 年，仍有 70 万户家庭处于贫困状态，其中约 8% 的人每天的生活费不足 60 法郎。[③] 因此，应关注相关社会保障制度和反贫困的成效问题。

相关新举措是否真正发挥出了反贫困的功效？丹尼尔·德博尔多（Danièle Debordeaux）、让·克劳德·雷（Jean-Claude Ray）进一步研究了哪些穷人被排斥在最低融合收入之外；采用什么方式可以成为最低融合收入的受益人；这些受益人的发展轨迹如何；这种决策是如何制定的，决策制定者与实施者是如何理解贫困的。据 1989 年数据，20% 的受益人是贫困者，且他们在 1986～1989 年一直被救助，[④] 也就是这些人接受救助之后并未直接脱离贫困状态。有些家庭综合领取不同的福利，如超过 80% 的最低融合收入受益人和 3/4 的单亲津贴受益人都领取了家庭补助基金提供的福利，家庭补助基金中 2/3 提供给最贫困的家庭。[⑤] 可见，可以交叉领取不同福利，有些补助侧重穷人，有些补助面向大众。1991 年一些具体福利支出与受益情况见表 3－6。

表 3－6　1990 年底各类福利支出与受益情况

	受益人（千人）	保险人（千人）	财务总量（百万法郎）
最低融合收入	420	810	10300

① 这一数据被低估了，因为没有包括融合津贴和特别团结津贴的领取者数据。

② Françoise Mathieu, "Une carte de France de la pauvreté : les deneficiaires des minima sociaux," *Revue des politiques sociales et familiales*, Vol. 29, No. 30, 1992, pp. 57 – 62.

③ Michel Villac, "Le RMI, dernier maillon dans la lutte contre la pauvreté," *Ecomomie et statistique*, No. 252, 1992, pp. 21 – 35.

④ Danièle Debordeaux, "RMI, pauvreté et exclusion," *Revue des politiques sociales et familliales*, No. 26, 1991, pp. 31 – 35.

⑤ Michel Villac, "Le RMI, dernier maillon dans la lutte contre la pauvreté," *Revue des politiques sociales et familliales*, No. 28, 1992, pp. 39 – 56.

	受益人（千人）	保险人（千人）	财务总量（百万法郎）
单亲津贴	130	364	3900
成年人残疾津贴	527	785	15700
最低养老金*	1266	1266	2100
残疾人最低津贴*	132	132	20400
总计	2475	3357	52400
失业保障			
融合津贴**	135		2700
特别团结津贴/团结互助补助**	320		8800
总计	455		11500

注：*指受益人是个人，不是家庭；**指包括两个阶段的福利：国家团结基金的补助津贴（FNS）（每月最高限额1700法郎）以及补充津贴，这些津贴可以使其达到最低养老水平。

资料来源：CNAF；Michel Villac，"Le RMI, dernier maillon dans la lutte contre la pauvreté," *Ecomomie et statistique*, 1992, No. 252, pp. 21 –35。

这些收入每三个月审查一次，以保证每个消费单位每天60~100法郎的收入，并动态考量裁员机制的影响，法国的社会保障支出已占国内生产总值的近30%。[1] 其中最低融合收入会提供社会支持项目，帮助受益人重新融入社会。其实，最低融合收入也是一种反经济排斥机制，通过帮助那些人重返工作来建构身份认同，因为贫困不仅仅是个经济问题，还与失业后的尊严受损、工作需求与身份需要之间的社会等级建构有关。最低融合收入的主要受益人分为可重新融入（réinsérables）和无可救药（irrécupérables）两类。[2] 总之，贫困和排斥问题涉及融入、工作和尊严问题，不是仅仅提供一份工作就能解决的。

面对核心的失业问题，奥利维尔·马尔尚（Olivier Marchand）等研究就业的复苏是否会使市场工作中最困难的贫困群体生活有所改善；与1987~1990年的经济复苏期相比，可以从中吸取哪些教训。自1997年6月至2000年6月，法国创造了100万个工作岗位，增长了7%，失业人数减少了72000人，短期工作岗位自1998年3月以来翻了一番，长期失业率在下

---

[1] Michel Villac, "Le RMI, dernier maillon dans la lutte contre la pauvreté," *Ecomomie et statistique*, No. 252, 1992, pp. 21 – 35.

[2] Danièle Debordeaux, "RMI, pauvreté et exclusion," *Revue des politiques sociales et familliales*, No. 26, 1991, pp. 31 – 35.

降。① 可见，此时期的一些反贫困政策还是有一定成效的，失业问题得到进一步解决。但是，从更长的时间段来看，并没有真正控制好失业率，1990～1994 年，失业率呈上升趋势，从 8.9% 上升到 12.3%，1995 年短暂下降之后再度攀升至 1997 年的 12.3%，1998 年下降到 11.8%，及至 2000 年下降到约 10%。②

除了用量化指标体系衡量之外，法国国家科研中心（CNRS）的研究员塞格·鲍甘等基于案例分析，研究了家庭补助基金的反贫困、反脆弱性和不稳定性的成效。首先，将圣·布里厄社会行动的受益人分为弱势群体、受援助者和边缘群体三类，其中弱势群体指残疾人，或者失业者、兼职者、实习生、临时工和提前退休的老年人等经济困难人群，主要特征是收入的不确定性和不规则性，只能部分参与社会经济生活。受援助者主要指有长期、稳定合同保障的人，可以得到社会保护或国家团结收入的保障，在抚养子女方面遇到困难的主要是单亲家庭或多子女家庭。边缘群体指没有固定收入，没有固定工作，不能领取失业救济金，没有定期的社会援助，偶尔会得到慈善机构提供的帮助，大多是独居男性，也可能酗酒、吸毒，存在健康问题，没有子女，没有家庭关系，也没有社会地位，大多是获释囚犯。然后，进一步分析这些未被纳入劳动力市场，求助于社会福利服务的人群是如何抵制因地位低下带来的污名化和道德退化问题。研究发现，大多数弱势群体没有在贫困的条件下很好地社会化，他们不愿意去社会工作机构寻求援助，甚至一些年轻人拒绝接受就业培训或资格培训，他们称之为"假实习"。其实，社会援助可以帮助人们获得社会权利，获得稳定的收入和最低限度的生计，在这个过程中，贫困者的个性会发生变化，他们需要扮演与工作要求相适应的社会角色，但也可能导致受助者养成接受援助的习惯，即福利依赖，不积极改变现状，不主动融入社会，从而使社会援助没有真正发展成为社会支持活动，没有发挥出社会融合的优势。边缘群体需要住宿，需要接受戒毒治疗，心理上也需要从失败的职业、失败的家庭和社会劣势中走出来，社区社会行动中心（CCAS）等机构帮助他们重建社交网络，为他们发放食品、医药急救箱等救济品，虽然

---

① ONPES, "Les Travaux de l'Observatoire 2000," 29 septembre 2009, p. 12, https://onpes. gouv. fr/le-rapport-2000. html.

② 丁建定、郭林：《战后法国混合型社会保障制度特征的形成及其影响——兼论法国社会保障改革缓进及罢工频发的原因》，《法国研究》2011 年第 4 期。

可以缓解他们的困难，但是作用仍有限，很难从根本上改变他们被排斥的社会地位。[1] 所以，只有对不同类型受益人的人生轨迹、生活方式、生存需求进行分类研究，才能为改变他们的未来前景提出有针对性的优化方案。

总之，自"新贫困"出现之后，法国政府和社会各界积极应对，在已有的福利保障体系基础上新建了最低融合收入这一新的分配调节政策，同时实施反排斥和反不平等的相关举措。因为反排斥很难用量化的方式测量，所以，主要还是依据基尼系数测量贫困与不平等。相关政策发挥了重要作用，但也存在一些问题，需要针对不同贫困地区、不同贫困群体和不同贫困类型进行有针对性的改进，除了物质援助和就业培训之外，还需要心理重建，使其恢复对生活的信心。

第四节　法国反贫困研究机构

虽然有官方统计的贫困数据，但总有一些关于贫困数据的辩论和质疑，如法国有多少穷人；穷人的收入主要来自哪里，有多少；与去年相比，贫困人口有什么变化，变化的主要原因是什么。20 世纪 80 年代出现了对社会"救助"的谴责与批评，认为救助剥夺了人的权利，污名化了接受救助的人，建议减少社会救助，但当时的社会现实是消除贫困的政策不足，急需加大社会救助与援助力度。[2] 为了更科学、公开、可持续地应对贫困问题，法国成立了一系列的贫困研究和观察机构，其中比较有代表性的如下。

一　法国有代表性的反贫困研究机构

（一）法国国家统计与经济研究所

法国国家统计与经济研究所（INSEE）于 1946 年 4 月 27 日设立，也被称为法国国家统计局，延续了自 1833 年以来的官方经济和社会数据统计的职能，到 2021 年刚好成立 75 周年。通过区域办事处和调查员网络统计

---

① Serge Paugam, "Les populations en situation de precarité economique et sociale, Une recherche réalisée à Saint-Brieuc," *Revue des politiques sociales et familiales*, No. 20, 1990, pp. 9 - 15.

② Michel Legros, Didier Gélot, "L'assistance comme interrogation," les promesses d'un séminaire, in "L'assistance dans le cadre de la solidarité nationale," Actes du séminaire juin-octobre 2012, p. 57.

来计算法国的贫困率，是法国贫困率信息的官方发布平台。比较有代表性的调查如下。一是住户调查，对住户（包括贫困户等）进行住户收入和生活条件调查，联合税务总局一起对普通家庭的纳税申报表进行分析，如对1970年、1975年、1979年、1984年、1990年和1996年的收入进行研究，抽取了25000户家庭样本，加上1997年的就业调查样本，总计5万户家庭。此次对收入的界定是家庭申报的财政收入和扣除非应税福利，以及扣除直接税后的可支配收入，涉及年龄、家庭组成、收入结构和劳动力市场的关系等。二是大约5年一次的家庭预算调查（1979年、1984年、1989年和1995年），每次调查样本约为1000户。主要了解家庭资源、数量、结构、家庭消费、家庭储蓄、资产收入和社会福利等信息，在此基础上对收入分配和不平等问题进行分析。三是生活条件永久调查（EPCV），每年1月、5月、10月对6000户家庭进行三次调查，收集收入信息，如工资、自雇收入、退休金、失业救济金、最低融合收入、储蓄收入、家庭福利和收到的租金，以及与工资和自雇收入等家庭资源对应的分期付款金额，不局限于货币贫困方面，也进一步确定健康、社会保障、住房条件、劳动力市场参与、社会关系等方面的指标衡量。[①] 这些调查丰富了除收入贫困之外的其他维度贫困的测量，玛蒂尔德·克莱门特（Mathilde Clément）研究增加或减少生活条件贫困风险的机制，以期分析其决定因素以及一些特殊情况。以往的收入贫困法主要通过最低收入来全面了解贫困状况，其实这种方法忽略了人在其整个生命周期的其他时段积累的财富或债务，也无法统计亲人、朋友等给予的资金支持和帮助等。如2007年法国本土12.2%的家庭处于生活条件贫困状态，13.1%的家庭处于货币贫困状态，有4.3%的家庭同时处于生活条件贫困和货币贫困状态。[②] 这样不同维度叠加的贫困率的确认，有助于聚焦在最贫困人群的救助上。

（二）国家消除贫困和社会排斥政策委员会

按照1988年的第88-1088号的最低融合收入相关法律规定，1992年成立国家消除贫困和社会排斥政策委员会（Conscil national des politiques de

---

① ONPES, "Les Travaux de l'Observatoire 2000," 29 septembre 2009, pp. 45-46, https://onpes. gouv. fr/le-rapport-2000. html.

② Mathilde Clément, "Mieux comprendre les facteurs de risque de pauvreté en conditions de vie en contrôlant les caractéristiques inobservées fixes," *Economie et Statistique*, Vol. 469-470, 2014, pp. 37-59.

lutte contre la pauvreté et l'exclusion social，CNLE），主要致力于反贫困和反社会排斥，监测和评估最低融合收入委员会的一些决策和工作情况，引导和协调国家和地方层面融合政策的讨论，对贫困、脆弱性、不稳定等社会问题进行研究，参与相关法律法规的起草和咨询，并就相关问题提出意见建议和批评，协助政府做出决策，并发布相关研究报告。[①]

根据 1993 年第 93 - 650 号法令规定，国家消除贫困和社会排斥政策委员会由 24 名成员组成，进一步明确其职能、使命和相关资源。任命部际最低融合收入（DIRMI）代表伯特兰·弗拉戈纳尔（Bertrand Fragonard）为该委员会的秘书长。依据 1999 年第 99 - 216 号法令进一步扩充了委员会的成员人数，从之前的 24 名增加到 38 人，并创建了新的"理事会和委员会"，成立了 10 多个工作组。相关职能也进一步丰富，为政府部门提供反贫困和反社会排斥的对策建议；协调政府部门、协会、慈善组织等各类反贫困、反社会排斥的组织机构的各类行动；为总理提供反贫困与反社会排斥，以及社会融合方面的咨询；主动为政府部门提出一些改善反贫困和反社会排斥的政策建议。2005 年第 2005 - 853 号法令确认了社会行动总局（DGAS）取代部际最低融合收入管理该委员会的总秘书处。此次成员进一步扩充到 54 人。2013 年国务院第 2013 - 1161 号法令将该委员会的成员增加到 65 人，[②] 2014 年在贫困和不稳定人群中征召 8 名候选人，进一步听取穷人和被排斥者的声音。

自成立之后，国家消除贫困和社会排斥政策委员会的主要活动如下。一是 2004 年与社会行动总局举办全国首届预防与反排斥会议，主题是共同行动反对社会排斥、无家可归者、住房权、基本权利——获取、行使和补救等。二是 2006 年举行第二届全国反贫困与反排斥会议，主题是预防和更好地反社会排斥，阐述在欧盟、法国国内等不同层面反排斥的政策内涵。三是 2006 年创建"社会凝聚力之家"，将全国委员会经济活动一体化（CNIAE）和贫困人口住房高级委员会（HCLPD）相关反贫困与反社会排斥的机构整合在一个体系中，并通过社会行动总局设立全职秘书长，进一步整合相关资源，将委员会的运营资金纳入以"团结与整合"为使命的

---

① https://cnle. gouv. fr.

② Conseil national des politiques de lutte contre la pauvreté et l'exclusion sociale（CNLE），https://cnle. gouv. fr.

"健康和社会政策的实施与支持"计划。四是 2011 年向部长提出在反贫困和反社会排斥的公共政策制定、实施和评估过程中提高人们的参与度。[①]总之，该委员会认为反贫困和反社会排斥的公共行动应该是多维度、跨部门和多元主体一起完成的，主要目标是确保所有人获得就业、住房、教育、培训、健康、文化等方面的基本权利。

（三）国家贫困与社会排斥观察所

早在 20 世纪 90 年代，应非政府组织要求提供 20 世纪 90 年代贫困程度和贫困性质的相关证明材料，法国经济和社会理事会（Conseil Économique et Social）以及国家统计信息理事会（Conseil National de l'Information）提议建立一个负责收集贫困和社会问题信息的机构。于是，1998 年 7 月成立了国家贫困与社会排斥观察所（Obsvatore National de la Pauvrete et de l'Exclusion Sarale，ONPES），并于 1999 年 6 月正式启动，该机构向总理报告，主要成员包括政府部门、社会政策和统计机构、学术界科研人员和志愿服务部门的专家。[②] 主要任务是汇集所有贫困和排斥主题的数据与信息，并对贫困、排斥和不稳定等问题进行原创性研究，每两年发布一次报告，自1998～2008 年发表了 5 份报告、100 多篇文章。主要涉及贫困概念界定、贫困测量、主要议题、公共政策的关系等，具体涉及 11 个主题：地理贫困，就业/贫困，贫困的演化（évolution de la pauvreté），贫困观点，住房贫困，健康与贫困，权利获得/访问权限，协会的作用，学校教育和消费，无家可归的流浪者、穷困潦倒的外国人，贫困的青少年。最受关注的三个议题是住房与贫困、教育培训与贫困、消费与贫困，还有一些比较有特色的研究，如为了对法国贫困观念进行民意调查，皮埃尔·雷尔（Pierre Ralle）、科琳娜·梅特（Corinne Mette）等对 4000 多人进行了访谈，深入了解民众对贫困的起源、失业救济和最低融合收入体系的联系、个人责任等方面的想法，并结合受访者年龄、教育水平、性别、收入水平和贫困状况的特征进行分析。了解他们对社会保护、健康和不平等的看法，具体涉

---

① Conseil national des politiques de lutte contre la pauvreté et l'exclusion sociale（CNLE），https://cnle. gouv. fr.

② Robert Walker，"Measuring the impact of active inclusion and other policies to combat poverty and social exclusion 2009（Discussion Paper），" 3 – 4 décembre 2009，https://ec. europa. eu/social/search. jsp? advSearchKey = Measuring + the + impact + of + active + BC% 89&mode = advanced Submit&langId = en. exclusion% EF% BC% 88Discussion + Paper% EF%.

及什么是贫困，贫困的主体及其原因，对失业救济和最低融合收入的看法，以及贫困的发展趋势。调查结果显示，人们认为引发贫困的主要因素是裁员（失业）、缺乏资格技能（教育不足所致）和负债累累。一般年长的和教育程度比较低的人回答相对积极，他们认为贫困有外部原因，但主要还是个人应该对自己的处境负责，而年轻一代和受教育程度较高的人则持相反的观点，更消极一些。从性别视角来看，男性认为贫困是由个人责任造成的，而女性更倾向于认为贫困是由外部原因导致的，收入最低的人有一些持拒绝承担个人责任的态度。75%的人认为最低融合收入应该存在，有 3/4 的人希望提高最低补助的额度，并且可以分配给 25 岁以下的年轻人。① 可见，相关民意调查主张最低融合收入可以更广泛惠及青年人，毕竟新贫困的主要特征之一就是青年贫困。

相关报告也采用"贫困者体验"的研究方法，行政人员、协会人员、专家等研究人员深入贫困人群中，切身体验穷人的生活，并了解穷人的人生经历、家庭生活境遇和政治经历、职位等，询问他们作为受益人的社会服务体验，以及相关协会给予他们的帮助，以期通过分析个人对健康、住房条件、获得权利的质量等"感受"以突出个人背后的"社会"意义，即挖掘"穷人的声音"，② 从而参与贫困知识的生产，进一步研究穷人本身在理解贫困和社会排斥方面的经验和贫困知识的"共同生产"。

（四）巴黎救助机构观察站

巴黎救助机构观察站（L'Observatoire du Samu social de Paris，GIP）成立于 1999 年，开设 115 无家可归者热线救助电话，并与全国接待和社会康复协会联合会（FNARS）开展联合救助，完成紧急接待任务，提供临时住宿。据相关统计，1997 年该观察所接待了 22113 人，其中 11273 人只住过一次，而 1998 年接待人数中约 700 人处于真正的"流浪"状态，住了 50 多次，1999 年这样的流浪者人数上升到 1520 人，其中 212 人住宿超过 200 次。在这个过程中，夫妻、父母带孩子和单亲带孩子的人群数量增加了 60%

---

① ONPES, "Les Travaux de l'Observatoire 2000," 29 septembre 2009, p. 192, https://onpes.gouv. fr/le-rapport-2000. html.

② Jean-Claude Barbier, Fabrice Colomb, "L'ONPES. Connaissance des phénomènes de pauvreté et d'exclusion sociale en France（1998 - 2008）," septembre 17, 2008, http://www. onpes. gouv. fr/ IMG/pdf/rapportfinal0908 - 3. pdf.

以上，① 之所以出现这种现象，可能是由社会排斥、家庭破裂或国际移民等造成的。此外，青年问题也进一步凸显。1999 年有 27456 人拨打了 115 电话，其中男性（成年）79%，女性（成年）16%，儿童 5%（1374 名由父母陪同的儿童和 123 名未成年人）。18 ~ 24 岁的年轻人 3734 名，其中 83% 处于贫困状态，47.5% 的年轻人没有社会保障。在巴黎，所有拨打 115 电话的人中 77.5% 是无家可归者，9.2% 来自医院，有一部分来自协会或警察局，还有一部分不属于任何机构，83% 的人是单身，83% 上街时间不到 1 年，62% 是赤贫，17% 获得了最低融合收入，21% 享有一项社会福利。② 该群体的健康状况不好，1999 年 6 月至 2000 年 5 月进行结核病筛查时发现 37 例病例，是法国结核病平均患病率的 15 倍，他们需要有效护理，同时也加剧了临时住宿过程中传染的风险。可见，一些民间的接待机构对受益人的数据统计分析和相关风险防控做了大量工作。

二　反贫困的调查研究

（一）相关调查研究

除了上述反贫困研究机构所做的调查研究外，还有欧洲面板调查（le panel européen des ménages）、就业调查（L'enquête Emploi）、房屋调查（L'enquête logement）、最低融合收入调查（L'enquête Sortants du RMI）等。2001 年 2 月由法国国家统计与经济研究所、全国家庭津贴基金、法国考察研究评估数据局（DREES）和国家人口研究所联合开展无家可归者的调查（L'enquête "Sans abri"），调查的主要对象为生活在日间中心、庇护所和领取免费食物的群体，预计调查 4000 ~ 5000 个 18 岁以上的无家可归者，主要目的不是统计法国无家可归者的人数，而是了解他们的生活条件、个人及其家庭特征、获得住房的困难，以及获得福利和援助的信息。可见，法国贫困和社会排斥相关研究机构之间有互助和合作，经常一起开展联合调研。

（二）媒体对贫困的报道研究

在诸多贫困研究中，比较有代表性的是贫困与媒体关系研究，阿耶

---

① "Etude épidémiologique à partir des données du logiciel du numéro d'urgence pour les sans abri," Observatoire du Samu social de Paris, No. 115, 1998, p. 89.

② ONPES, "Les Travaux de l'Observatoire 2000," 29 septembre 2009, p. 156, https://onpes. gouv. fr/le-rapport-2000. html.

特·泽卡（Hayet Zeggar）对媒体如何报道贫困和社会排斥问题进行了探索：贫困和社会排斥是如何变成新闻的；是否有一些规范的、共同的表述形式；在特定时期内，关于贫困的数据分析和相关讨论是如何演化的；最弱势的群体和负责帮助他们的组织之间是什么关系；行政功能失调是否会产生或加剧贫困等问题。法国政治生活研究中心（le centre d'étude de la vie politique française，CEVIPOF）和社会变革观察所（OSC）对相关问题进行了深入研究，以《世界报》（Le Monde）、《费加罗报》、《巴黎人报》等的主流媒体文章为基础，分析为何贫困和社会排斥问题会成为时事热点；这与政治利益、冲突的根源、各类辩论、公共决策和社会利益有什么关系。对无家可归者的报道在冬季是一个高峰，1994年12月至1996年1月，住房权（DAL）和无家可归者委员会"占领了"巴黎7区一幢空楼。在整个总统竞选期间，这种集体行动的形式得到媒体的广泛报道，以期起到政策杠杆的作用。这种以媒体导向为主的集体行动策略产生了很大的影响，因为媒体的功效，其影响范围扩大了10倍，在公共空间占据一席之地，使社会运动转变为政治议程，希拉克当时表态会考虑征用巴黎空置建筑物。此后，1995年4月8日《十字架》（La Croix）和"警报"组织一起号召"排斥"问题成为总统辩论的核心议题之一，推动社会排斥问题达成政治共识。[1] 1996~1998年相关主题稍有淡化，1997年底失业者运动再次将贫困和社会问题推到舆论中心。报道中有一些共性问题，主要针对无家可归者（社会边缘人群）、没有住宿或住宿简陋者、失业者或工作不稳定的人、困难街区的居民，也会涉及一些过度负债、精神病患者、残疾人、性少数群体、妇女、年轻人、老年人和因犯等多样化身份的贫困者，报道需注意尊重他们的尊严和隐私，并唤起观众的认同。

在通过了反排斥和全民健康覆盖法律后，1999年媒体关于贫困的新讨论出现了一些变化，以往负面报道较多，现在成功减贫的故事开始增多，即媒体报道中出现了贫困和社会排斥现象的"表征"（représentations）建构。一些处于困境中的人表现出有尊严的勇气，往往是因抚养孩子使他们发生了积极的转变，如主动工作。[2] 经济复苏和失业率的下降也改变了媒

① ONPES, "Les Travaux de l'Observatoire 2000," 29 septembre 2009, pp. 211 – 216, https://onpes. gouv. fr/le-rapport-2000. html.

② ONPES, "Les Travaux de l'Observatoire 2000," 29 septembre 2009, p. 217, https://onpes. gouv. fr/le-rapport-2000. html.

体报道中贫困人物的主要特征。1999 年《费加罗报》发表了与此趋势不同的观点，指出可怕的贫困文化导致"贫困陷阱"的再现，因此，扶贫策略成为社会救助的理性选择，① 会继续关注福利国家的有效性与福利国家的未来、社会最低保障的合法性及保障水平、国家政府与社会援助的作用等问题，也会报道一些对社会学家的采访、单身母亲的生活状况、健康不平等的问题。

三 反贫困机构网络的改革方向

为了更好地落实反贫困和反社会排斥目标，以确保真正有助于摆脱贫困，有研究指出法国最低社会补助（minima sociaux）的改革应该围绕"协调"—"观察"—"咨询"形成跨部门联动体系。②

首先是协调功能。社会行动总局、融合政策和反排斥部门等一起起草、监测和评估反脆弱性、反贫困、反排斥等相关政策，目的是促进社会包容（social inclusion）和社会团结。为遇到严重社会困难的人提供平等的机会，确定在欧盟层面重要决定的重点工作和优先事项，监督其他部级合作伙伴，与非政府组织合作，并在合作伙伴的支持下制定和实施行动计划。

其次是观察、研究和评估功能。法国考察研究评估数据局和国家贫困与社会排斥观察所等负责收集、统计、分析、观察、评估、预测和传播与贫困、脆弱性和社会排斥情况等相关的数据和信息；社会事务总局（IGAS）负责对反贫困政策进行两年一次的定期评估，以减少贫困和社会排斥。社会行动总局负责中央行政部门的各类研究和统计机构。

最后是咨询功能。部际反排斥委员会（CILE）及其常设委员会（CILE CP）由社会行动总局管理，负责制定和协调政府在预防和反社会排斥方面的政策，并监督相关政策的推行和应用。创立于 1988 年的国家消除贫困和社会排斥政策委员会也由社会行动总局管理，参与最低融合收入相关事务，确保政府与非政府组织等各类组织和相关领域代表人士之间的合作。让－克劳德·巴比尔（Jean-Claude Barbier）等将相关贫困研究与贫困界

---

① ONPES, "Les Travaux de l'Observatoire 2000," 29 septembre 2009, pp. 217 – 218, https://onpes. gouv. fr/le-rapport-2000. html.

② Jean-Luc Outin, "Recent Developments in Poverty in France and Europe Monitoring the target to reduce poverty in France by a third in five years（Host Country Report），" 3 – 4 décembre 2009, https://ec. europa. eu/social/BlobServlet? docId = 8266&langId = en.

定、国家政策的制定和社会公众的关系列表如下（见表3-7）。

表 3-7 法国贫困研究机构体系与反贫困政策制定

功能	行动者与行动	转化（决策帮助）	政治辩论接收者	评论
统计测量	法国国家统计与经济研究所		一般公众	（官方）统计数据、高度行政化的讨论和部门化
评估 *进行研究 *引领/领航 *政治指挥	评估制度化 评估/评价的功能不仅仅是制度化？	转化	协会 政府 *内阁 *部长	隐含的"压力集团"？在部长和行政之间议会的特殊性没有国会作为评估接收者
应用研究	国家科研中心（CNRS）、大学、科学论坛		公共政策论坛	
研究	大学学者、咨询员、一些特设机构，如 CAS、CORE 等		议会、政党劳资双方	政党或社会伙伴没有自主的研究中心或基金会
观察	国家贫困与社会排斥观察所		多样化的补助金	

资料来源：Jean-Claude Barbier, Fabrice Colomb, "L'ONPES. Connaissance des phénomènes de pauvreté et d'exclusion sociale en France（1998 - 2008），" 17 septembre 2008, http：//www. onpes. gouv. fr/IMG/pdf/rapportfinal0908 - 3. pdf。

可见，法国尝试将政府部门、科研机构、高校、协会等不同的反贫困主体和反贫困力量，按照结构—功能体系进行重新整合，充分发挥出反贫困网络中引领、指导、调研、观察、评估等多维功能，以期切实发挥出反贫困的功效。

第四章

21 世纪初法国的贫困与反贫困

从历史上的贫困与反贫困，到二战后"辉煌三十年"社会福利保障体系建立后，贫困问题一度被边缘化，在经济的快速发展中，社会保障开支日益膨胀，赤字压力也进一步制约了经济的可持续发展。随着"福利病"的暴发，法国20世纪80～90年代开始出现大规模的"新贫困"，大量年轻人和中产阶级跌入贫困的旋涡，进一步加大了福利保障的压力，政府推出最低融合收入进行反贫困，虽然有一定成效，但是相关的福利保障赤字压力进一步加大。新世纪如何摆脱这种积蓄已久的福利保障体系对贫困的"反噬"困境？2007年法国政府提出反贫困五年计划，在此基础上，本书尝试将21世纪的法国反贫困工作分为两个时间段，第一个时间段为2000～2012年，第二个时间段为2013～2020年，本章主要分析21世纪初反贫困的新问题与新举措，尤其是2008年经济和金融危机对贫困与反贫困问题的影响，进一步聚焦在社会福利保障体系如何加剧了贫困。

第一节 法国贫困状况

一 法国多维贫困率变化

因为法国有不同的研究和统计贫困的机构，也有不同的贫困测量体系，所以相关数据的采集和分析有不同的对照参考系。主要有两个体系，一是法国国家统计与经济研究所的货币贫困率，主要依据可支配收入中位数的 60% 和 50% 测算。二是新成立的国家贫困与社会排斥观察所构建了新的贫困测量指标体系"计分板",新加入了一些测量维度,包括不平等和收入、极端贫困、获得基本权利和积极融入(包容)等 5 个指标和 7 个机构背景的指标,并综合考虑年龄、性别、家庭类型等多种因素,与之前的指标相比,具有统计上的稳健性。2000 年国家贫困与社会排斥观察所发表第一份观察报告,克里斯蒂安·洛伊西(Christian Loisy)使用多项指标,尤其是生活条件指标,分析了当前贫困及其演变的性质和特征,受贫困影响最大的是单亲家庭和失业家庭,贫困家庭约 40% 的收入来自社会福利,贫困与就业之间的关系很明显,失业 12 个月以上的人中 26% 属于贫困家庭,贫困对 30 岁以下年轻人的影响比他们的长辈更严重。[①] 此处主要分析货币贫困率、在职贫困率、儿童贫困率、女性贫困率以及社会保障受益率等。

(一)货币贫困率变化趋势

如果从更长的时间段来看,在 1991 ~ 1996 年法国贫困率发生了一个断裂,1996 年之前是隔几年的数据,1996 年之后是逐年的数据,其中 1991 ~ 1996 年的数据没有在图 4 - 1 中显示。可能正是因为此期的贫困数据不足,一些非政府组织质疑没有精确、真实的贫困状态数据,才促成了 1996 年国家贫困与社会排斥观察所的设立。

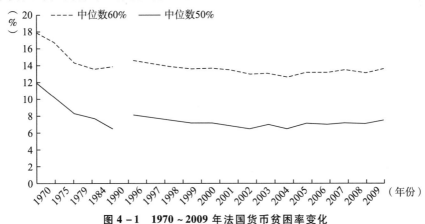

图 4 - 1 1970 ~ 2009 年法国货币贫困率变化

资料来源:INSEE-DGI, enquêtes Revenus fiscaux 1970 à 1990, enquêtes Revenus fiscaux et sociaux rétropolées 1996 à 2004;INSEE-DGFiP-CNAF-CNAV-CCMSA, enquêtes Revenus fiscaux et sociaux 2005 à 2009, La Rapport de l'ONPES2011 - 2012, p. 17.

① ONPES, "Les Travaux de l'Observatoire 2000," 29 septembre 2009, p. 12, https://onpes. gouv. fr/le-rapport-2000. html.

图 4 - 1 主要体现的是可支配收入中位数 60% 和中位数 50% 的货币贫困率变化趋势，整体贫困率虽然有波动，但是 20 世纪 90 年代比 70 年代已经缓和了很多。受 2008 年国际金融危机影响，2009 年贫困率略有所提升，以 2009 年数据为例，不同性别和不同年龄段群体的贫困率差异也比较明显，如表 4 - 1 所示。

表 4 - 1 2009 年法国不同性别和不同年龄段群体的贫困率

年龄	女性				男性				总体			
	贫困人数 （千人）		贫困率 （%）		贫困人数 （千人）		贫困率 （%）		贫困人数 （千人）		贫困率 （%）	
	中位数 60%	中位数 50%	中位数 60%	中位数 50%	中位数 60%	中位数 50%	中位数 60%	中位数 50%	中位数 60%	中位数 50%	中位数 60%	中位数 50%
<18 岁	1169	662	17.7	10	1219	682	17.7	9.9	2388	1344	17.7	9.95
18～24 岁	557	347	23.7	14.8	520	335	21.3	13.7	1077	682	22.5	14.25
25～34 岁	474	271	12.4	7.1	386	221	10.4	5.9	860	492	11.4	6.5
35～44 岁	565	319	13	7.3	451	262	10.6	6.2	1016	581	11.8	6.75
45～54 岁	537	319	12.4	7.4	481	296	11.7	7.2	1018	615	12.05	7.3
55～64 岁	411	225	10.2	5.6	377	213	10.1	5.7	788	438	10.15	5.65
65～74 岁	218	64	8.3	2.4	157	55	7	2.4	375	119	7.65	2.4
≥75 岁	457	176	14.7	5.7	194	60	10.1	3.1	651	236	12.4	4.4
总计	4388	2383	14.1	7.6	3785	2124	12.9	7.3	8173	4507	13.5	7.5

资料来源：INSEE-DGFiP-CNAF-CNAV-CCMSA, enquête Revenus fiscaux et sociaux 2009, La Rapport de l'ONPES 2011 - 2012, p. 23。

从不同年龄段来看，18～24 岁年轻人可支配收入中位数 50% 的贫困率最高，为 14.25%，即处于求学阶段、就业阶段或尚未找到工作的青年人多为贫困状态，这与辍学、教育水平低、家庭破裂和进入劳动力市场障碍等因素有关。65～74 岁的老年人可支配收入中位数 50% 的贫困率最低，为 2.4%。可见，法国养老金改革后，老年人贫困率较低，甚至退休人员的生活水平提升速度快于在职劳动者的生活水平提升速度。[1] 从性别来看，除了 18 岁以下男女贫困率持平以外，18 岁以上所有年龄段，女性贫困率均高于男性贫困率，其中可支配收入中位数 60% 的女性贫困率为 14.1%，

---

[1] Observatoire national de la pauvreté et de l'exclusion sociale (ONPES), "Crise économique, marché du travail et pauvreté (rapport 2011 - 2012)," 29 mars 2012, p. 25, https://onpes. gouv. fr/ IMG/pdf/Rapport_ ONPES_2011 - 2012_ chap_1_. pdf.

男性贫困率为 12.9%；差距最明显的是 75 岁及以上老人，女性贫困率为 14.7%，而男性贫困率为 10.1%，主要因为失去了配偶和工作，养老金很低。其中 35 ~ 44 岁年龄段中，女性贫困率为 13%，男性贫困率为 10.6%；18 ~ 24 岁年龄段中，女性贫困率为 23.7%，男性贫困率为 21.3%，即 18 ~ 44 岁女性的贫困率相对较高，这与劳动力市场上男女同工不同酬，以及女性生育和抚养子女的社会性别角色有关。

在上述分析基础上，可以进一步聚焦 2000 ~ 2012 年的法国贫困率变化，此时期可支配收入中位数 60% 的货币贫困率为 12% ~ 14%（见表 4 - 2）。研究表明收入少的家庭生活条件脱贫率很低，领取最低融合收入的家庭 61% 是贫困家庭，他们跌入贫困的比例是 29%，但是退出贫困状态的比例是 19%，[①] 即最低融合收入的受益人多是长期贫困者，领取人入贫比脱贫比例高 10%。也就是长期的货币贫困会导致生活条件贫困，所以要对影响贫困的因素进行排序，就业情况和家庭状态是影响贫困的主要因素，还是要从剥夺（privation）或匮乏角度进行分析，[②] 进一步反思在某些类型的事件之后，哪些指标的价值会变化，从而导致贫困风险急剧变化。

表 4 - 2　2000 ~ 2012 年法国货币贫困率变化

单位：%

	2000 年	2001 年	2002 年	2003 年	2004 年	2005 年	2006 年	2007 年	2008 年	2009 年	2010 年	2011 年	2012 年 *
中位数 60% 贫困线	13.6	13.4	12.9	13.0	12.6	13.1	13.1	13.4	13.0	13.5	14.1	14.3	13.9
中位数 50% 贫困线	7.2	6.9	6.5	7.0	6.6	7.2	7.0	7.2	7.1	7.5	7.8	7.9	8.1

注：* INSEE 公示中，2012 年还有一组加入干预后调整的数据：可支配收入中位数 60% 的贫困率为 14.2%，可支配收入中位数 50% 的贫困率为 8.5%，可支配收入中位数 40% 的贫困率为 4%。

资料来源：INSEE-DGI, enquêtes Revenus fiscaux 1997 à 2004；INSEE-DGFiP-CNAF-CCMSA, enquêtes Revenus fiscaux et sociaux 2005 à 2009, La Rapport de l'ONPES2011 - 2012, p.16。

此期失业人数不断增加，从 2003 年的 155 万人增长到 2006 年的 189

① Mathilde Clément, "Mieux comprendre les facteurs de risque de pauvreté en conditions de vie en contrôlant les caractéristiques inobservées fixes," *Economie et Statistique*, Vol. 469 - 470, 2014, pp. 37 - 59.

② Mathilde Clément, "Mieux comprendre les facteurs de risque de pauvreté en conditions de vie en contrôlant les caractéristiques inobservées fixes," *Economie et Statistique*, Vol. 469 - 470, 2014, pp. 37 - 59.

万人。法国的贫困率从 2004 年的 12.7% 上升到 13.2%。[①] 这种情况在非洲等地移民的二代和三代中表现尤为明显。第四世界、爱心餐厅等非营利组织在消除贫困方面发挥了重要作用，学术界提出用融入（insertion）来解决相关问题，关于社会排斥问题，如布迪厄对社会苦难（souffrance sociale）的研究和贝兰（Béland）对不同社会阶层之间贫困与不平等的研究。法国政府也努力弥补主要依赖社会保险的社会保护制度的缺陷，[②] 通过最低融合收入、反排斥法和提供就业支持和援助（assistance），重建个人与社区、社会之间的责任连接，致力于解决再分配中的问题。

（二）生活条件贫困率

自 2005 年以来，伴随着收入分配的两极分化，越弱势的群体越贫困。与上述以可支配收入多少来统计贫困率不同，此处以人均生活水平来统计，2009 年人均生活水平中位数 60% 的贫困线为每月 954 欧元，贫困人口为 820 万人，占 13.5%，这一比例比上一年提升了 0.5 个百分点，约新增贫困人口 35 万人。同年，人均生活水平中位数 50% 的贫困线为每月 795 欧元，7.5% 的人生活在这一贫困线之下，即 450 万人，比上一年提升了 0.4 个百分点。[③] 可见，在 50% 和 60% 之间，按中位数 60% 统计有 820 万贫困者，按中位数 50% 统计有 450 万贫困者，每人每月收入 795~954 欧元。不同的相对贫困线导致介于两者之间有近 400 万人，2000~2010 年法国生活条件贫困率变化见表 4-3。

表 4-3　2000~2010 年法国生活条件贫困率变化

单位：%

	2000 年	2001 年	2002 年	2003 年	2004 年	2005 年	2006 年	2007 年	2008 年	2009 年	2010 年
生活条件贫困率	12.1	11.6	11.9	11.4	10.6/14.7*	13.3	12.7	12.4	12.9	12.6	13.3（p）

注：*为从 EPCV 更改为 SRCV-SILC 的数据，不同系列的数据不能直接比较，其中 2010 年 p 为暂定比例。
资料来源：INSEE EPCV, SRCV-SILC, La Rapport de l'ONPES2011-2012, p.18。

---

① Nicolas Duvoux, "Nouveaux pauvres, nouvelles politiques," *Politiques sociales et familiales*, No. 104, 2011, pp. 7-17.

② Nicolas Duvoux, "Nouveaux pauvres, nouvelles politiques," *Politiques sociales et familiales*, No. 104, 2011, pp. 7-17.

③ Observatoire national de la pauvreté et de l'exclusion sociale (ONPES), "Crise économique, marché du travail et pauvreté (rapport 2011-2012)," 29 mars 2012, p. 16, https://onpes.gouv.fr/IMG/pdf/Rapport_ONPES_2011-2012_chap_1_.pdf.

以上两种不同的贫困衡量方法，第一种是基于收入的货币方法，第二种是基于非货币的生活条件的方法。欧盟统计局和欧洲国家通常以每消费单位收入中位数的60%为贫困线，贫困线也可以根据"固定时间段"内通货膨胀情况每年重新评估。将两者的数据综合比较可以发现，贫困率叠加后的指数增高很多，都为20%以上（见表4-4）。

表4-4 2004~2009年法国中位数60%货币贫困率和生活条件贫困率

单位：%

	2004年	2005年	2006年	2007年	2008年	2009年
中位数60%货币贫困率和生活条件贫困率	24.1	23.0	21.9	21.3	20.6	20.4

注：两个系列数据采集时间节点不一样，因只有2008年的货币贫困率和2009年的生活条件贫困率，2009年的货币贫困率是根据EU-SILC的数据估算的。

资料来源：INSEE, SRCV-SILC, La Rapport de l'ONPES2011-2012, p.20。

与贫困率变化相关的是贫困强度（intensité de la pauvreté）的变化，如表4-5所示。

表4-5 2000~2009年法国贫困强度的变化

单位：%

	2000年	2001年	2002年	2003年	2004年	2005年	2006年	2007年	2008年	2009年
贫困强度	18.0	17.2	16.6	18.4	18.0	18.8	18.0	18.2	18.5	19.0

资料来源：INSEE-DGI, enquêtes Revenus fiscaux et sociaux rétropolées de 1997 à 2004；INSEE-DGFiP-CNAF-CNAV-CCMSA, enquêtes Revenus fiscaux et sociaux de 2005 à 2009, La Rapport de l'ONPES2011-2012, p.34。

可以看出，贫困强度的指标也是递增的，从2004年的18%上升到2009年的19%，也是10年来的最高值，表明贫困人口的状况日益严峻，因为2008~2009年受国际金融危机的影响比较大。

（三）严重贫困（grande pauvreté）

以可支配收入中位数的40%来测算贫困率，一般被视为绝对贫困线。与之前的大趋势一致，法国严重贫困率2000~2004年整体递减，2005~2009年整体递增（见表4-6）。以2009年为例，每人每月640欧元为严重贫困，约3.3%的人，即近200万人处于严重贫困状态。

表 4 - 6   2000 ~ 2009 法国严重贫困率

单位：%

	2000 年	2001 年	2002 年	2003 年	2004 年	2005 年	2006 年	2007 年	2008 年	2009 年
中位数 40% 贫困率	2.7	2.6	2.3	2.6	2.5	3.2	3.1	3.1	3.2	3.3

资料来源：INSEE-DGI, enquêtes Revenus fiscaux et sociaux rétropolées de 2000 à 2004；INSEE-DG-FiP-CNAF-Cnav-CCMSA, enquêtes Revenus fiscaux et sociaux de 2005 à 2009, La Rapport de l'ONPES2011 - 2012, pp. 33 - 34。

可以看出，2005 年是一个转折点，从 2004 年的 2.5% 骤然上升到 3.2%。虽然法国已经提供了一系列的社会保障安全网，但是低于可支配收入中位数 40% 的贫困群体依然难以真正摆脱贫困。社会福利支持已经占贫困家庭可支配收入的 33%，工资仅占最贫困家庭收入的 1/3，而一般家庭的工资收入占 2/3，[①] 所以主要是失业和工资低导致了贫困。就业依然是抵御贫困的最佳手段，2008 年失业者的贫困率是一般群体的 3 倍。法国的失业救济金制度主要由两个计划组成：失业保险计划（le régime d'assurance chômage）和国家团结计划（le régime de solidarité nationale）。法国努力在经济危机期间为失业人口构筑社会保障支撑体系。

（四）在职贫困率与女性贫困率

从 2002 年起失业者的财务状况进一步恶化，在失业保险制度改革缩短福利期限的背景下，低迷的劳动力市场中参加失业保险的人数越来越多，对于一些不能领取失业救济的人，陷入贫困的程度越来越深。此外，还存在在职贫困（工作贫困）的现象，即有工作但仍处于贫困线以下（见表 4 -7）。

表 4 - 7   2003 ~ 2009 年在职贫困率

单位：%

	2003 年	2004 年	2005 年	2006 年	2007 年	2008 年	2009 年
在职贫困率	5.4	6.0	5.9 (r)	6.4	6.6*	6.8	6.7 (p)

注：* 表示 SRCV 系统在 2008 年进行了改革，（r）是修订后的数据，（p）是待欧盟统计局验证的临时数据，当时欧盟的统计数据未公布。

资料来源：SRCV-SILC 2004 à 2009, La Rapport de l'ONPES2011 - 2012, p. 41。

[①] Observatoire national de la pauvreté et de l'exclusion sociale（ONPES），"Crise économique, marché du travail et pauvreté（rapport 2011 - 2012），" 29 mars 2012, p. 35, https://onpes.gouv.fr/IMG/pdf/Rapport_ONPES_2011 - 2012_chap_1_.pdf.

　　按年龄段对在职贫困人群进行分类，以 2009 年中位数 60% 的货币贫困率为例，18～30 岁的占 7.2%，31～45 岁的占 6.7%，46～55 岁的占 6.9%，56～65 岁的占 6.1%，平均占比 6.7%。其中单身男性占 9.1%，单身女性占 9.3%，夫妻占 5.4%，有孩子的单身女性占 15.5%。[1] 除了年龄和性别之外，行业差别也比较明显，以 2008 年为例，依据税务和社会收入调查的数据，酒店、餐饮和农业领域中的在职贫困率为 19%，服务业为 15%，而一些高度结构化行业的在职贫困率比较低，如能源行业的在职贫困率为 2.3%，机械工业为 2.5%，汽车工业等约 3%。[2] 可见，第三产业的在职贫困率比较高，因为就业相对灵活，工作不稳定且可替代性强。

　　2005～2008 年，以可支配收入中位数 60% 的贫困线来计算，法国贫困人口增加了 7 万人，在职贫困人口增加了 7.7 万人。[3] 就购买力而言，在欧盟各国中，法国的最低工资水平相对较高，然而在 2007 年几乎 3/4 的贫困工人的实际收入低于最低工资水平。如果没有缴纳足够的税款就无法获得失业救济金。女性是最容易遭受就业不足风险冲击的群体，大部分兼职工人是女性。据调查，2009 年 445 万个兼职岗位中 82% 是女性兼职，因为全职工作与她们的家庭责任不兼容。2009 年记录在内的 252 万个临时工作（不包括学徒），15～24 岁青年工人占 27%，仅占总就业人口的 7.5%。可见，妇女和青年是在职贫困的主体，如女服务员、清洁工和收银员等，她们的工作薪水勉强略高于最低工资水平。酒店、餐饮业和零售的在职贫困率相对较高，2008 年约 19.2% 的在职贫困者就业于酒店和餐饮部门，相关部门 1/3 的职位是兼职，9.5% 就职于零售部门（1/5 是兼职）。[4] 所以，政府通过减少餐饮业的就业增值税、减免一些雇主的所得税、发放社会福利金等方式来解决这些领域的在职贫困问题。

　　近几十年来分居率一直在上升，2010 年法国本土有 35 万名同居者

[1] Observatoire national de la pauvreté et de l'exclusion sociale（ONPES），"Crise économique, marché du travail et pauvreté（rapport 2011 – 2012），" 29 mars 2012, p. 41, https://onpes. gouv. fr/IMG/pdf/Rapport_ ONPES_ 2011 – 2012_ chap_ 1_. pdf.

[2] Observatoire national de la pauvreté et de l'exclusion sociale（ONPES），"Crise économique, marché du travail et pauvreté（rapport 2011 – 2012），" 29 mars 2012, 2012, pp. 41 – 42, https:// onpes. gouv. fr/IMG/pdf/Rapport_ ONPES_ 2011 – 2012_ chap_ 1_. pdf.

[3] Denis Clerc, "Fighting in-work poverty: an investment for the future. The situation in France," https://ec. europa. eu/info/index_ en.

[4] Denis Clerc, "Fighting in-work poverty: an investment for the future. The situation in France," https://ec. europa. eu/info/index_ en.

（结婚或非婚同居）选择分居。[①] 尽管家庭重组的频率越来越高，但成年夫妻的比例却在下降，家庭结构正在发生变化，1990～1999 年传统家庭比例下降了 4%，单亲家庭数量增加了 3%。[②] 因此，2011 年 18% 的未成年儿童生活在单亲家庭中，11% 的未成年儿童生活在重组家庭中，[③] 家庭破裂导致他们的生活方式也发生了变化。单独抚养孩子容易使儿童陷入贫困状态，因此会领取家庭津贴（ASF），2011 年每个单亲家庭孩子每个月可以领取 88.4 欧元（2014 年为 90.85 欧元），直到 20 岁。2011 年约 505000 个寄宿家庭领取了家庭津贴，即将近 1/4 的寄宿家庭需要政府津贴支持，其中 37% 是单身母亲抚养孩子，这些家庭长期处于一种贫困状态。[④] 可见，女性贫困是比较严重的。

造成女性贫困的一个不可忽视的原因是女性主义思潮的兴起，影响了女性的爱情观和婚姻观，产生了威胁传统家庭机制的"随意同居"现象。1978 年法国社会保险局承认男女有自由同居的权利，以 1980 年相关数据为例，法国新生儿中婚外生育的占 1/10，其中巴黎占 1/5。20 世纪 80 年代中期法国社会将近有 50 万对"随意同居"的男女，大部分人不考虑结婚。[⑤] 他们缺乏家庭责任感，稳定性差，很容易分手，所以就会有很多单身的贫困女性和单亲的贫困儿童。

总之，从经济收入、生活条件、年龄段（青年）、就业情况、社会性别等不同维度都可以看出近年来相关领域贫困率的提升，而法国整体贫困率多年来保持在 14% 左右。

---

① Haut Conseil de la famille （HCF）, *Les ruptures familliales: état des lieux et propositions*, 2014, https://www.hcfea.fr/spip.php?page=recherche&recherche=Les+ruptures+familliales+%3A+%C3%A9tat+des+lieux+et+propositions.

② C. Barre, "1.6million d'enfants vivent dans une famille recomposée," *Les cahier de l'Ined*, No. 156, 2005, pp. 273-281.

③ Pierre Thibault, "Un enfant sur dix dans une famille recomposée: Familles avec enfant（s）mineur（s）à La Réunion en 2018," No. 171, 29 janvier 2020, https://www.insee.fr/fr/statistiques/4295523; Maëlle Fontaine, Juliette Stehlé, "Les parents séparés d'enfants mineurs: quel niveau de vie après une rupture conjugale?" *Revue des politiques sociales et familiales*, No. 117, 2014, pp. 80-86.

④ Maëlle Fontaine, Juliette Stehlé, "Les parents séparés d'enfants mineurs: quel niveau de vie après une rupture conjugale?" *Revue des politiques sociales et familiales*, No. 117, 2014, pp. 80-86.

⑤ 〔法〕乔治·杜比、〔法〕罗贝尔·芒德鲁：《法国文明史Ⅱ：从 17 世纪到 20 世纪》，傅先俊译，东方出版中心，2019，第 857 页。

二 经济危机时期的贫困问题

自 20 世纪 30 年代和 1973 年经济危机引发历史性衰退以来，2008 年法国和欧洲各国再度进入经济危机阶段，此次危机的特点是失业强度大，失业人数多。国家贫困与社会排斥观察所 2011 ~ 2012 年的报告指出，基于 2005 ~ 2006 年"计分板"的贫困测量指标体系的数据进行分析，法国从 2004 年开始贫困增长缓慢，2009 年贫困影响了近 820 万人，占总人口的 13.5%。[①] 预计贫困问题会更严峻，尤其是极端贫困的可预见性变化，要警惕可支配收入中位数 40% 以下的严重贫困人群动态，[②] 关注最困难群体是如何退出的，即脱贫的退出机制研究。具体侧重四大方面：一是 2008 年国际金融危机的影响是复杂的、长远的，要关注贫困的扩展性、贫困的强度和贫困的可逆性等方面的表征变化；二是法国和欧盟层面应对贫困的方法发生了重要变化，尤其是贫困的测量方面；三是贫困制度发生了重要变化，尤其是积极就业团结收入制度的建立；四是可用信息来源的演变可以更精准描述贫困的状况，以及不同类型贫困的叠加。这不仅需要从就业、失业、收入、生活条件、健康、住房等角度对贫困的表现形式进行单独观察，还需要确定不同状态的重叠，从而更精确地区分贫困的严重程度。[③] 总之，自 20 世纪 80 ~ 90 年代新贫困出现之后，2008 年的国际金融危机再次凸显了失业贫困和在职贫困问题。

（一）就业与失业危机

受经济危机影响，2009 年法国国内生产总值下降了 2.6%，[④] 2007 ~ 2009 年法国非农业市场部门损失了 50 万个工作岗位，仅 2008 年就减少了 189000 个岗位，2009 年新增裁员 341000 人，此时期失业情况比 1993 年更

---

① L'Observatoire national de la pauvreté et de l'exclusion sociale（ONPES）remet son rapport annuel sur l'état de la pauvreté en France，Paris，29 mars 2012，http://www. onpes. gouv. fr.

② Observatoire national de la pauvreté et de l'exclusion sociale（ONPES），"Crise économique, marché du travail et pauvreté（rapport 2011 – 2012），" 29 mars 2012，p. 101，https://onpes. gouv. fr/le-rapport-2011 – 2012. html.

③ Observatoire national de la pauvreté et de l'exclusion sociale（ONPES），"Crise économique, marché du travail et pauvreté（rapport 2011 – 2012），" 29 mars 2012，pp. 13 – 15，https://onpes. gouv. fr/le-rapport-2011 – 2012. html.

④ Observatoire national de la pauvreté et de l'exclusion sociale（ONPES），"Crise économique, marché du travail et pauvreté（rapport 2011 – 2012），" 29 mars 2012，p. 49，https://onpes. gouv. fr/le-rapport-2011 – 2012. html.

为严重，从2007年到2011年失业人数从222.4万人上升到262.8万人，增长了18.1%，长期失业人数从86.7万人上升到106.6万人，增长了22.9%，长期失业率从3.1%上升到3.8%（见表4-8）。① 这种长期失业率的急剧上升意味着越来越多的人被排除在劳动力市场之外，日益陷入长期贫困和被社会排斥的状态。

表4-8 基于国际劳工组织（BIT）的失业指标

	2007年	2010年	2011年（T4）	增长率/提高的百分点
失业人数（千人）	2224	2653	2628	18.2
长期失业人数（千人）	867	1043	1066	23.0
失业率（%）	8.0	9.4	9.3	1.3
长期失业率（%）	3.1	3.7	3.8	0.7
长期失业比例（%）	40.4	40.3	41.5	1.1

注：T4指2011年第四季度。

资料来源：INSEE就业调查和DARES估计数值，La Rapport de l'ONPES2011-2012，p.57。

其中年轻人受失业冲击比较大，法国15～29岁青年失业率比欧盟15个国家的平均失业率高0.7个百分点。② 2008年初到2009年底，法国25岁以下人口的失业率上升了6.3个百分点，2009年底青年失业率为24.3%，25～49岁的人口失业率为8.8%，2011年底25岁以下人口的失业率为22.5%，25～49岁的人口失业率为8.9%，③ 49岁以上人群的失业率也相对稳定。年轻人之所以就业不稳定主要是因为过早辍学、学历低、没有文凭、没有接受工作培训、没有工作经验等。2007～2011年每个季度不同年龄段人群的失业率趋势，如图4-2所示。

随着2010年经济的恢复，一些临时性的就业也逐渐发展起来，雇员人数不断增加，年轻人大多找临时工作、短期工作、兼职工作，所以不太稳

---

① Observatoire national de la pauvreté et de l'exclusion sociale（ONPES），"Crise économique，marché du travail et pauvreté（rapport 2011-2012），" 29 mars 2012，pp.56-57，https：//onpes.gouv.fr/le-rapport-2011-2012.html.

② Observatoire national de la pauvreté et de l'exclusion sociale（ONPES），"Crise économique，marché du travail et pauvreté（rapport 2011-2012），" 29 mars 2012，p.60，https：//onpes.gouv.fr/le-rapport-2011-2012.html.

③ Observatoire national de la pauvreté et de l'exclusion sociale（ONPES），"Crise économique，marché du travail et pauvreté（rapport 2011-2012），" 29 mars 2012，p.57，https：//onpes.gouv.fr/le-rapport-2011-2012.html.

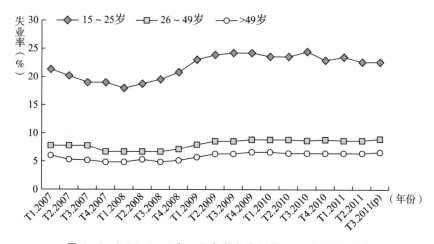

图 4 - 2 2007 ~ 2011 年不同年龄段人群的失业率（按季度）

注：P 指临时的数据结果，有待验证。T1 指第一季度，T2 指第二季度，依此类批。

资料来源：INSEE，La Rapport de l'ONPES2011 - 2012，p. 58。

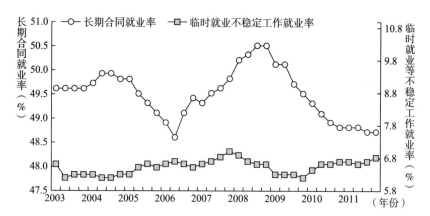

图 4 - 3 2003 ~ 2011 年长期合同就业率和临时就业等不稳定工作就业率

资料来源：INSEE, enquête Emploi, La Rapport de l'ONPES2011 - 2012, p. 52。

定，2011 年就业再次停滞，如图 4 - 3 所示。其中上面的波动曲线代表的是长期合同就业（CDI）率（左刻度），下面的曲线代表的是临时就业等不稳定工作就业（CDD）率（右刻度），签订不稳定合同员工的贫困率是签订长期合同员工贫困率的 3 倍，[①] 涵盖人群为 15 ~ 64 岁。从临时就业过

---

① Observatoire national de la pauvreté et de l'exclusion sociale (ONPES), "Crise économique, marché du travail et pauvreté (rapport 2011 - 2012)," 29 mars 2012, p. 52, https://onpes. gouv. fr/le-rapport-2011 - 2012. html.

渡到持久就业（稳定就业）的人群比例是 17%，[1] 是欧盟各国中最低的，[2] 凸显了劳动力市场高度分割导致的不稳定就业风险问题。

为了鼓励就业，帮助失业者和在职贫困者，激励他们重返就业岗位，2008 年创设的积极团结收入，致力于降低货币贫困的强度。预计积极团结收入 2010 年使贫困人口的数量约下降了 2%，减少了 15 万名贫困者，贫困率下降了 0.2 个百分点[3]，但据已有数据证明，积极团结收入对重返岗位的再就业影响不大。

此时期，住房贫困问题也进一步凸显，据国家贫困与社会排斥观察所的指标测算，1996 年住宿开支占家庭总收入的 35%，2006 年住宿开支首次占低收入家庭的 40%。2008～2010 年，住宿开支占收入 40% 的家庭比例从 7.3% 上升到 8.4%。[4] 穷人的困境主要体现在货币资源匮乏、预算不足等失衡问题和生活质量差等方面。主要贫困人群是低学历的失业者、单亲家庭成员、单身男士和有健康风险的病患，受贫困冲击比较大的是年轻人组建的家庭。[5] 可见，此时期继续延续了新贫困的主要特征。

（二）贫富差距继续扩大

依据相关数据，法国贫富差距进一步拉大。法国最富裕的 10% 人口与最贫穷的 10% 人口之间平均生活水平差距不断加大，2005 年为 6.53 倍，2009 年为 6.73 倍，2010 年为 7.07 倍，2011 年为 7.34 倍。因为就业不足和失业问题，自 1975 年起失业率就已经开始加快上升，使社会保障机制的运作问题更加严峻。2009 年失业率为 9.6%，约 272.7 万人失业；2010 年

① Commission européenne，"Employment and social developments in Europe in 2011," 15 décembre 2011，http://ec. europa. eu/social/main. jsp? catId = 738&langId = en&pubId = 6176&type = 2&furtherPubs = no.

② Observatoire national de la pauvreté et de l'exclusion sociale (ONPES)，"Crise économique, marché du travail et pauvreté (rapport 2011 – 2012)," 29 mars 2012，p. 51，https://onpes. gouv. fr/le-rapport-2011 – 2012. html.

③ Observatoire national de la pauvreté et de l'exclusion sociale (ONPES)，"Crise économique, marché du travail et pauvreté (rapport 2011 – 2012)," 29 mars 2012，pp. 67 – 68，https://onpes. gouv. fr/le-rapport-2011 – 2012. html.

④ Observatoire national de la pauvreté et de l'exclusion sociale (ONPES)，"Crise économique, marché du travail et pauvreté (rapport 2011 – 2012)," 29 mars 2012，p. 42，https://onpes. gouv. fr/le-rapport-2011 – 2012. html.

⑤ Madior Fall，Daniel Verger，"Pauvreté relative et conditions de vie en France," *Economie et Statistique*，Vol. 383，No. 385，2005，pp. 91 – 107.

失业率为 9.3%，约 264 万人失业，2011 年失业率为 9.2%，失业人数约 261 万，2012 年失业率进一步上升到 10.7%，失业人数约 316.9 万，[1] 为此政府支付了大量的失业保险金和社会补助金。

（三）通过财富分配调节贫富分化

2008～2009 年国际金融危机使法国经济陷入困境，2009 年经济增长率为 -2.9%，2010 年回升到 2%，2011 年经济增长率为 2.1%，但 2012 年又跌到 0.3%，2013 年也是 0.3%，2014 年为 0.14%。[2] 法国通过税收调整贫富两极分化，2012 年提出在 2013 年和 2014 年对年收入超过 100 万欧元的富人征收 75% 的"巨富税"，这种做法使法国政府获得了 4 亿欧元的税收收入，[3] 但是给法国在国际投资界的声誉带来负面影响。因为法国实行高额累进税制，在一定程度上虽然遏制住了财富严重分化，但是削弱了富人的积极性，造成了人才和资产的外流，严重影响了法国的投资界。当马克龙决定放松对"巨富税"的征收时，又立刻引发民众的不满，甚至被冠以"富人的总统"。可见"巨富税"作为一种再分配的"刚性"调节，也具有"弹性"变动，导致在"黄马甲"运动时再度被提起，这种通过财富再分配来化解贫富分化、缓解政府财政赤字的方法在一定程度上陷入僵局。

三 贫困与不平等

（一）不平等比例变化

贫困总是与不平等相伴随的，1996～2009 年，最富有的 10% 的人口的最低生活水平和最贫困的 10% 的人口的生活水平之间的差距在 3.3～3.5 之间波动（见表 4-9），其中 D9 是指最富有的 10% 的人口的最低生活水准，D1 是指最贫困的 10% 的人口的生活水平，D5 是中位数的人口，其中 100-S80 是指最富有的 20% 的人口，S20 是指最底层的 20% 的人口，S50 是中位数的人口，此时期基尼系数是波动的，1996～1998 年下降到 0.276，到 2000 年攀升到 0.286 之后，2002～2004 年下降到 0.281，但 2005～2009 年开始递增，且一直没有再度下降，证明相关不平等差距整体呈增长趋

---

① 吴国庆：《"巴黎的忧郁"：变革、平衡与新的困境——近三十年来法国经济社会转型历程综述》，《人民论坛·学术前沿》2014 年第 16 期。
② 吴国庆：《法国社会治理模式及其面临的新挑战》，《社会治理》2015 年第 1 期。
③ 徐波：《转型中的法国》，中信出版社，2020，第 297 页。

势。2008～2009 年经济危机期间，10% 最贫困人口的生活水平下降了 1.1
个百分点。[①] 最后一行基尼系数衡量特定人口收入分配不平等的程度，总
体呈递增趋势。

表 4 - 9　1996～2009 年依据不同指标的不平等指数变化

不同 人群分类	1996 年	1998 年	2000 年	2002 年	2004 年	2005 年	2006 年	2007 年	2008 年	2009 年
D9/D1	3.5	3.4	3.5	3.4	3.3	3.4	3.4	3.4	3.4	3.4
D9/D5	1.9	1.9	1.9	1.9	1.9	1.9	1.9	1.9	1.9	1.9
D5/D1	1.9	1.8	1.8	1.8	1.8	1.8	1.8	1.8	1.8	1.8
S20（%）	9.0	9.2	9.1	9.3	9.3	9.0	9.0	9.0	9.0	8.9
S50（%）	31.0	31.2	30.8	31.1	31.2	31.0	30.7	30.7	30.9	30.7
S80（%）	63.0	63.0	62.0	62.3	62.4	62.0	61.6	61.8	61.6	61.8
（100 - S80）/ S20	4.1	4.0	4.2	4.1	4.0	4.2	4.3	4.3	4.3	4.3
基尼系数	0.279	0.276	0.286	0.281	0.281	0.286	0.291	0.289	0.289	0.290

资料来源：INSEE-DGI, enquêtes Revenus fiscaux et sociaux rétropolées 1996 à 2004；INSEE-DG-
FiP-CNAF-CCMSA, enquêtes Revenus fiscaux et sociaux 2005 à 2009, La Rapport de l'ONPES 2011 -
2012, p. 20。

　　上述数据没有精准揭示出分配末端的趋势，如果要进一步研究，还需
要对最贫穷的 10% 的人口的收入进行再分析，分析收入中有多少是政府福
利津贴的转移收入，有多少是劳动所得或慈善组织等第三部门的援助，只
有这样分析才能看出再分配对于减小不平等差距的功效。其中单亲家庭是
受影响比较大的群体，近 1/3 的单亲家庭处于货币贫困状态，与上述整体
变动趋势一致，2000～2004 年单亲家庭贫困率下降，但 2005～2009 年递
增（见表 4 - 10），2009 年大家庭贫困率为 21.2%，单亲家庭家庭贫困率
为 30.9%，没有孩子的夫妻的贫困率最低，只有 7%。[②] 所以，法国很多
补助发给了有孩子和多子女的家庭。

[①]　Observatoire national de la pauvreté et de l'exclusion sociale（ONPES），"Crise économique, marché
du travail et pauvreté（rapport 2011 - 2012），" 29 mars 2012, p. 21, https：//onpes. gouv. fr/le-
rapport-2011 - 2012. html.

[②]　Observatoire national de la pauvreté et de l'exclusion sociale（ONPES），"Crise économique, marché
du travail et pauvreté（rapport 2011 - 2012），" 29 mars 2012, p. 22, https：//onpes. gouv. fr/le-
rapport-2011 - 2012. html.

表 4 – 10　2000～2009 年单亲家庭贫困率

单位：%

	2000 年	2001 年	2002 年	2003 年	2004 年	2005 年	2006 年	2007 年	2008 年	2009 年
单亲家庭贫困率	29.0	27.9	27.3	27.3	25.6	29.7	30.0	30.2	30.0	30.9

资料来源：INSEE-DGI, enquêtes Revenus fiscaux et sociaux rétropolées de 1996 à 2004, INSEE-DGFiP-CNAF-CNAV-CCMSA, enquêtes Revenus fiscaux et sociaux de 2005 à 2009, La Rapport de l'ONPES2011 – 2012, p. 22。

可见，抚养孩子的单亲家庭贫困率最高，这与非婚生子女的不稳定性有关，同居者不被家庭责任感束缚，觉得不合适就分开。由于需要抚养子女，很多人不能做全职工作，兼职工资低，所以就会一直陷入贫困状态。此外，也与一些移民为了领取多子女补助而保持高生育率有关。

（二）儿童贫困和贫困的代际循环

儿童贫困会引发贫困的代际循环，是重要的社会问题之一，儿童受到家庭贫困的影响后会产生焦虑感和不安全感，也会因为营养不良影响身体健康和学习成绩，经济困难导致家庭关系更加恶化，导致青少年辍学或离家出走，流浪在街头或沾染毒品，今后难以找到合适的工作，从一个贫困的儿童长成为一个贫困的青年人，甚至终生依靠领取社会救济度日。一份社会调查表明，有 85% 的法国人认为，他们的孩子面临的贫困风险比他们这一代人要高。[①] 这种对贫困的恐惧也是社会心态的一种表现形式。21 世纪初期儿童贫困率如表 4 – 11 所示。

表 4 –11　2000～2009 年 18 岁以下儿童的贫困率

单位：%

	2000 年	2001 年	2002 年	2003 年	2004 年	2005 年	2006 年	2007 年	2008 年	2009 年
儿童贫困率	18.4	18.4	16.7	17.7	16.7	17.6	17.7	17.9	17.3	17.7

资料来源：INSEE-DGI, enquêtes Revenus fiscaux et sociaux rétropolées de 1996 à 2004, INSEE-DGFiP-CNAF-CNAV-CCMSA, enquêtes Revenus fiscaux et sociaux de 2005 à 2009, La Rapport de l'ONPES2011 – 2012, p. 24。

---

① "Une enquête d'IPSOS pour le Secours populaire," 5e édition du baromètre du Secours populaire sur la perception de la pauvreté par les Français, septembre 2011; "Crise économique, marché du travail et pauvreté（rapport 2011 – 2012），" 29 mars 2012, p. 94, https://onpes.gouv.fr/le-rapport-2011 – 2012.html.

2000～2004 年儿童贫困率从 18.4% 下降到 16.7%，与大趋势一致；2005 年儿童贫困率上升并逐步稳定在较高的水平，2009 年儿童贫困率为 17.7%，约 240 万名儿童生活在贫困线以下。这与社会保障的激励举措有关，生育孩子越多的家庭领取保障补助越多，一些没有工作的家庭会通过生养孩子以领取福利维生，这进一步加剧了儿童贫困。

总之，贫困主要体现在家庭和性别层面，以及不同的职业和特定年龄段，如儿童、青少年贫困率偏高，女性和单亲家庭、多子女家庭的贫困率偏高。

四　空间视域的贫困化

受自然条件限制和经济发展水平制约，法国的贫困率地区差异化也比较明显，并不是越贫困的地区获得的扶贫支持最多，这取决于国家的发展规划和维护社会安全稳定的需求程度。

（一）贫困的区域化

贫困的地域分布差距比较大，以收入中位数 60% 的贫困线来衡量，2009 年法国北部、地中海沿岸、法国本土的货币贫困率平均为 13.5%，在科西嘉、加来和东比利牛斯山为 20%，在萨瓦省的法兰西岛等地不到 10%。法国北部、南部地区的城镇贫困人口相对较多，这些地方有很多移民和传统产业工人，单亲家庭比较多。城乡差别也较明显，基于收入中位数 60% 的贫困线，2008 年农村货币贫困率为 14.4%，高于城市地区的 12.7%。以下地区比较贫困：庇卡底（Picardie）的贫困率为 16%，普罗旺斯 - 阿尔卑斯 - 蓝色海岸（PACA）的贫困率为 16.2%，利穆赞（Limousin）的贫困率为 17.8%，北部加来海峡（Nord-Pas-de-Calais）的贫困率为 18.2%，朗格多克 - 鲁西荣（Languedoc-Roussillon）的贫困率为 18.9%，科西嘉（Corse）的贫困率为 23.1%。[①] 有研究表明，农村地区的贫困还有加剧的趋势。

1. 普罗旺斯 - 阿尔卑斯 - 蓝色海岸

法国的贫困化呈现明显的区域化特征。普罗旺斯 - 阿尔卑斯 - 蓝色海

---

① Observatoire national de la pauvreté et de l'exclusion sociale (ONPES), "Crise économique, marché du travail et pauvreté (rapport 2011 - 2012)," 29 mars 2012, p. 32, https://onpes.gouv.fr/le-rapport-2011 - 2012. html.

岸是比较贫困的地区。泽维尔·杜朗（Xavier Durang）通过分析当地劳动力市场结构、高失业率下降、商业等服务部门的活力、低工资和兼职的重要性来展现当地贫困劳动者的形象变化。2005 年该地区有 283000 人申请家庭补助基金（CAF），大部分为没有工作的失业者或没有劳动能力的残疾人，或老年人和儿童。其中 55000 人是在职贫困者，这些贫困的工人每人每月可以获得 426 欧元。所有领取者中 30～40 岁的人占 2/3，单亲家庭占 36%，21% 的家庭有 2～3 个子女。[①] 这与该地区主要向两个及以上子女的低收入家庭和 3 岁以下家庭提供补助有关，2018 年该地区的贫困率为 17%（约 90 万人贫困），高于全国贫困水平。[②] 与全国贫困人口一样，以失业贫困与在职贫困为主。

此外，普罗旺斯－阿尔卑斯－蓝色海岸是受儿童贫困影响最严重的地区之一。据 2009 年 12 月的数据，儿童贫困率为 28.5%，该地区大部分省份的儿童贫困率高于全国平均水平。为了缓解儿童贫困，家庭补助基金帮助该地区 114000 名儿童脱离贫困。[③] 另据调查研究发现，当地贫困的主要原因是失业、家庭结构（大家庭、单亲家庭）和工作不稳定等，该地区低收入家庭中，几乎每两个家庭中就有一个是单亲家庭（家庭成员以低学历女性为主）。其中 3 岁以下的贫困儿童主要由失业的父母照顾，这样的家庭占 83%，育儿也是重返劳动市场的障碍。[④] 从上述数据可以看出，儿童贫困主要是由单亲家庭贫困和多子女家庭贫困造成的。

2. 庇卡底地区

庇卡底地区也是法国贫困率比较高的地区，目前的贫困研究主要聚焦在城市，其实农村、小城镇的贫困问题更为严重，如农村地区的平均贫困率为 13.7%，而城市地区为 11.3%，事实上，有些农村地区的贫困率可能

---

① Xavier Durang, "Les nouveaux visages de la pauvreté laborieuse, Une approche des travailleurs pauvres en région PACA à partir de la source CAF," *Revue des politiques sociales et familiales*, No. 88, 2007, pp. 109 – 119.

② Journée de travail en Provence-Alpes-Côte d'Azur sur le dispositif d'intermédiation locative, 29 avril 2019, https://www.gouvernement.fr/.

③ Carole Toutalian, Valérie Bernardi, Jacqueline Petruzzella, Olivier Eghazarian, Francine Carmona, "Pauvreté: les enfants sont aussi concernés, Analyse de la pauvreté infantile en région Provence-Alpes-Côte-d'Azur," *Politiques sociales et familiales*, No. 104, 2011, pp. 98 – 105.

④ Carole Toutalian, Valérie Bernardi, Jacqueline Petruzzella, Olivier Eghazarian, Francine Carmona, "Pauvreté: les enfants sont aussi concernés, Analyse de la pauvreté infantile en région Provence-Alpes-Côte-d'Azur," *Politiques sociales et familiales*, No. 104, 2011, pp. 98 – 105.

高达 20%。① 自工业衰退以来，失业率呈指数级攀升，农业作为农村经济的旗舰地位也在逐步变化，而农村的贫困问题往往被当局忽略。为了深入研究农村贫困与援助问题，克莱尔－索菲·茹瓦（Claire-Sophie Roi）等开展了为期三年的访谈调研，主要研究了法国庇卡底地区贫困运动中的"缺失"问题，尤其是通过对 B 市社区社会行动中心的社工和慈善机构的志愿者进行访谈，从照顾者的角度来看待贫困问题，主要探讨农村贫困化过程中的社会服务缺失问题。乡村有时候被视为贫困的庇护所，因为缺乏经济活力和重返工作的机会有限，技能不足的脆弱人群往往容易陷入持续贫困状态。

　　研究发现，庇卡底当地的贫困者主要是教育水平低、没有接受良好技能培训的失业者、亚健康者或病患、残疾人或行动不便者、有抚养子女负担的人群，很多人都在社会救助与融合计划名单上，有些人连着 10 年都没有改变其贫困状态，足见他们的市场适应性极低。他们陷入贫困的主要原因是孤立、失业期太长和缺乏与工作有关的能力及网络支持，导致他们缺乏流动性。其实更深层的原因是庇卡底的文盲率（illettrisme）比较高，在法国，16～65 岁的人中文盲率为 11%，平均文盲率为 7%。② 庇卡底 25 岁以下的年轻人中文盲占 32.2%，75 岁以上的老人中文盲占 7.9%，15 岁以上的年轻人辍学率很高，约 33.6%，48.5% 的人是没有文凭的，这批人受就业不稳定冲击很明显。如 2011 年 15～64 岁年龄段的人失业率为 19.8%，而庇卡底的 B 市失业率为 26.9%，同期法国的失业率为 12.3%。③ 除了工作之外，农村地区的粮食依赖问题也很严重，如果最贫穷的家庭不耕种土地，就只能等粮食分配，如果收入太低，就难以实现食物平衡，这些家庭的食物预算非常有限，在削减家庭开支的背景下，为了降低家庭日常食品的价格，往往会买一些不新鲜的食品。因此，当地有影响力的公众人物、社工和慈善机构一起为贫困者发放救济食物和优惠券等，救助一般在监管之下。社区社会行动中心发放的代金券，一方面教育穷人学会控制开支，一方面也是帮助各类协会为穷人提供有尊严的服务。但不幸的是，调研

---

① Claire-Sophie Roi, "Vivre le manque en Picardie: les campagnes de la pauvreté," *Communications*, No. 98, 2016, pp. 37 – 51.

② Rapport de l'Agence nationale de lutte contre l'illettrisme, février 2013, http://www.anlci.gouv.fr/.

③ Claire-Sophie Roi, "Vivre le manque en Picardie: les campagnes de la pauvreté," *Communications*, No. 98, 2016, pp. 37 – 51.

发现贫困的代际循环现象一直存在，这种状况并没有因为这些救助而缓解，有些家庭甚至一代比一代穷。有些家庭负债过重，受到银行禁令，更难找到工作，从而形成了一种替代价值体系，即接纳贫困的痛苦和不被社会认可的耻辱感，以应对不利的生活条件，甚至形成一种贫困合理化状态。

此外，一些机构开始对妇女进行"良好育儿"的评估，以揭示贫困与养育子女失败之间的隐形联系，而困难家庭的邻居往往充当"报告者"，在一定程度上扭曲了社会关系。[1] 也有妇女可能会因为母亲的身份而重新积极成长起来，因为她们在家庭中扮演重要的管理角色，负责家庭的预算，是接受粮食援助的主要对接人，也是贫困人群中可塑的一部分，所以需要建立妇女自助网络，使妇女成为"家庭"与"社会结构"的中间人。

3. 塞纳-圣德尼

塞纳-圣德尼（La Seine-Saint-Denis）是法兰西王国的发源地，也是很多外国人通往法国的门户。该地区人口增长非常强劲，预计 2050 年该地人口将增加近 20%。当地的贫困问题也很明显，28.6% 的贫困率几乎是全法国平均贫困率的 2 倍，在有些城市，与贫困相关人群的占比甚至高达 50%；人均卫生专业人员数量比全国水平低 30%；犯罪率也很高，每 1000 名居民中有 90.3 人犯罪，其他地方为 54.8 人。[2] 为了改善当地状况，将在当地修建奥运村、两所综合大学的校区和新车站，以期带动当地的就业和经济活力，但主要面临的困境是如何让公职人员有效履职，因为当地很难留住人才，政府准备通过设立忠诚奖金（prime de fidélisation）来培养愿意扎根在当地的人才，并扩充警力，以降低犯罪率。

（二）城市化中的贫困化

1990 年法国城郊罗纳省事件使政府开始重视城市功能混乱和推进城市整体化等问题，1991 年 5 月"社区间资助法案创立了三家社会再分配机构，加强了贫困与富裕社区间的资助，积极处理高额市政支出问题"。[3]1991 年的城市定位法案（LOV）致力于消除城市中的隔阂，帮助广大居民

---

① Claire-Sophie Roi, "Vivre le manque en Picardie: les campagnes de la pauvreté," *Communications*, No. 98, 2016, pp. 37 – 51.

② Discours de M. Edouard Philippe, Premier ministre, "Etat plus fort en Seine-Saint-Denis Bobigny," 31 octobre 2019, https://www.gouvernement.fr/.

③ 白澎、叶正欣、王硕编著《法国社会保障制度》，上海人民出版社，2012，第 19 页。

重新融入城市生活；1996 年的城市复兴协定（PRV）将重心放在经济建设方面，努力创造就业，并在居住环境条件恶化的城区中选出 751 个城市敏感区域（zones urbaines sensibles，ZUS），在经济潜力薄弱的城区选出 416 个城市重振区域（ZRS）和 100 个城市自由区域（ZFU），[①] 其中城市敏感区域贫困率比较高。

据相关数据，2006 年有 440 万人居住在城市敏感区域，约占总人口的 7%，自 1990 年以来居住在城市敏感区域的人数已经有所减少。这些社区的移民比例较高，就业率相对较低，贫困率相对较高，2009 年城市敏感区域生活在贫困线以下的人口占比为 32.4%，是法国本土的 2.7 倍。[②] 整体来看，法国的社会保护体系难以阻止这种严重贫困缓慢地渐进式增长。

为了解决这些社区存在的社会问题，政府推行"混合社区"建设，布鲁诺·库辛于 2004~2008 年对塞纳河上游 4 个街区的空间重建改造，对社会空间正义问题展开田野调查，进行了 55 次深入访谈，主要涉及同质性、异质性、排他性和阶层分化问题，以及基于惯习建立的资本文化和阶层支持的融洽关系体系建构。对于空间中的隔离与边缘化现象，有受访者接受这种社会经济边界的合法化，认为这是就业差异和市场效应产生的，他们不知道这会对主流阶层的差距感产生怎样的副作用。林区改造是一种社会融合的方式，以便于产生社会混合性（mixté sociale）。但也有一些人参与住宅竞争，他们担心自己的社会地位和代际传承方式被侵蚀，尤其是一些历史悠久的社区，所以主张自治，参与社区改造计划。他们不是为了正义或减少不公正感，更多的是工具性倾向，[③] 这与他们在当地获得的服务和福利有关。也有少部分人主动表示支持不同生活场所、公园绿地的种族融合，同意在社区里混合安置，以解决种族隔离问题。在这个过程中，一些资产阶级和传统家族，为了保护和维护当地的文化道德秩序，做出了一些让步。即为了解决城市隔离问题，接纳阶级差异本质化而进行的社区改

---

① 白澎、叶正欣、王硕编著《法国社会保障制度》，上海人民出版社，2012，第 19~20 页。

② Observatoire national de la pauvreté et de l'exclusion sociale（ONPES），"Crise économique, marché du travail et pauvreté（rapport 2011 – 2012），" 29 mars 2012, pp. 32 – 33, https://onpes. gouv. fr/le-rapport-2011 – 2012. html.

③ Bruno Cousin, "Les habitants des quartiers refondés face à l'injustice spatiale," *Communications*, No. 98, 2006, pp. 81 – 94.

造，因为担心不同社会空间的隔墙等障碍物会引起怨恨，引发城市暴力，所以努力建设混合社区。有些社区因缺乏合适的托育、幼教服务，比如没有合适的幼儿园和幼儿才艺课程班，也没有托育机构，以至于很多女性不得不放弃工作在家里照顾孩子。此外，也有些居民和商铺认为应设置额外的安保措施，如屏蔽门和警报系统，以防止发生入室抢劫。因为很多人不是本地居民，是来租房子的租户，这种陌生的邻里关系，让他们有不安全感。

总之，在这种社区空间重建过程中推行混合居住政策，有人支持也有人反对，是否进一步加剧了对贫困者等群体隔离的不平等，还需要进一步深入研究。

第二节　21 世纪初法国反贫困的新计划

针对上述贫困和不平等问题，以及社会保障的相关问题，法国政府延续了"新贫困"时期将"贫困"问题视为主流社会问题的施政方案，并尝试将其作为一个"政治问题"来解决，通过激发全社会对反贫困和反排斥问题的关注和热情，形成一股公共力量来积极推进政治改革。

一　五年减贫计划（2007～2012 年）

（一）化社会问题为政治问题

法国总统萨科齐在 2007 年 10 月 17 日世界反贫困日（Journée de Lutte contre la misère）宣布从 10 月起开始的五年内将法国贫困人口减少至少 1/3 的目标，主要采取坚持积极包容原则的三个支柱型举措：一是充足的收入支持，确保人人享有体面的最低收入；二是建设包容性劳动力市场，融入包容性的工作，为就业提供支持；三是提供优质服务，对弱势群体的人力、社会和文化资源进行投资，使其能持续摆脱贫困，如实施教育、培训等预防贫困的有效政策。萨科齐明确指出将贫困这一长期被忽视的社会问题，当作一个政治问题来解决，以此发现贫困产生的根源机制，并建立消除贫困的机制。[1] 他想借助宣传的压力将社会问题转化为政治问题，以此

---

[1]　Nicolas Sarkozy, 17 octobre 2007, （UEF, 2008）, https://www.gouvernement.fr/.

创造一股不可抗拒的公共力量和政治力量，以确保目标的实现。[①] 此次改革的重点是实行"积极就业团结收入"这一新的社会福利计划，为符合条件的工人加薪，是针对在职贫困的补助。该计划准备在 2009 年全面实施之前先在 34 个省进行试点，在广泛征集利益相关者的诉求之后，2008 年制定了一套共享指导方针，并确定了优先项目，呼吁采用社会实验测试创新政策，为监测减贫目标的实现构建了一套运作机制。但是 2008 年下半年经济环境的变化使这项任务变得更加迫切，也更有难度。调查发现，一些受助者变得越来越绝望，导致出现攻击性的行为，他们声称一直处于危机状态，加剧了法国社会的分裂，[②] 这也许为 10 年后"黄马甲"运动的爆发做了前期积累。不过从指标体系看，2007～2009 年金融贫困减少了 0.7%～1.6%，相关社会保障制度还是发挥了减贫作用的。

2008 年底相关贫困立法通过的时候，法国经济已经衰退，此时期国民经济产出在 6 个月内下降近 3%，截至 2009 年 11 月（24 个月内）全国失业率上升了 2 个百分点，12 月降低了 0.7 个百分点，即有 18700 人处于失业状态。青年失业率高于经合组织（OCDE）年初的平均水平。[③] 伊德斯巴尔德·尼凯兹（Idesbald Nicaise）认为在职贫困是一个值得注意的现象，欧盟推行"积极福利国家"范式，通过让家庭成员从事工作来摆脱贫困，但仍有处于工作贫困状态的人群，如 2008 年欧盟 8.6% 有工作的家庭生活在贫困中，原因多种多样，除了跟低薪、低质量、不安全的工作相关之外，还与家庭规模、健康状况、教育程度、是否单亲、残疾、移民等多种因素有关。

（二）建构新的贫困衡量指标体系

有了相关政策的支持，政府和社会各界积极推动落实减贫计划，如构建新的贫困测量指标体系和评估减贫成效等。

---

① Robert Walker, "Measuring the impact of active inclusion and other policies to combat poverty and social exclusion (Synthesis Report)," Paris, 3 – 4 décembre 2009, https://ec. europa. eu/social/main. jsp? langId = en&catId = 1024&newsId = 1425.

② Jean-Luc Outin, Recent, "Developments in Poverty in France and Europe Monitoring the target to reduce poverty in France by a third in five years (Host Country Report)," https://ec. europa. eu/info/index_ en.

③ Robert Walker, "Measuring the impact of active inclusion and other policies to combat poverty and social exclusion (Synthesis Report)," Paris, 3 – 4 décembre 2009, https://ec. europa. eu/social/main. jsp? langId = en&catId = 1024&newsId = 1425.

1. 筹备构建新贫困测量指标体系

早在 2006 年法国部际反排斥委员会提出就不同形式的贫困，制定详细的减贫和化解社会排斥的目标，并期待在欧洲范围内产生一定影响力。同年，国家贫困与社会排斥观察所发表的第四次报告中，通过分析 2001～2005 年法国就业率下降导致的贫困率上升问题，建议通过教育、培训、住房和交通计划相结合的方式，帮助失业者重返工作岗位，化解失业加剧的贫困风险。为了更好地揭示贫困的复杂性，不再只聚焦于收入贫困的单一维度，建议增加衡量贫困的指标，采用综合方法和一套统一的指标来判断和解决贫困问题。目前，法国的收入衡量标准排除了许多最贫困的人，如一些无家可归者或住在救济机构中的人，他们没有实物或资产收入，甚至在收入名单中本就没有他们的名字。为了更精确统计贫困的流动性和非货币贫困，国家贫困与社会排斥观察所建议重新设立一个共同的指标框架来衡量贫困。

2007 年相关工作由法国社会行动总局、法国考察研究评估数据局、国家贫困与社会排斥观察所和国家消除贫困和社会排斥政策委员会一起合力完成，根据经济贫困、生活条件、社会最低标准、住房、健康、教育、培训和就业等方面设计一套指标体系。该计划得到"积极团结反贫困"高级专员马丁·赫希的支持，力图在五年内将贫困人口减少 1/3。[①] 可见，减贫和反排斥已经在政府各界达成共识，2007 年法国成立了贫困指标框架工作组，2008 年 12 月推出积极团结收入和改革融合政策，国家消除贫困和社会排斥政策委员会于 2009 年 4 月给政府部门提交了一份建议书向总理汇报，以确保政府与非政府组织、各类组织和代表性人士一起合作消除贫困和社会排斥。

2. "计分板"指标体系的主要构成

在借鉴欧盟开放式协调方法（OMC）的基础上，这套贫困测量指标体系"计分板"No. 2009－554，由 11 个主题目标（见表 4－12）、15 个核心指标和 17 个其他指标组成，从量化层面监测脱贫成效。

---

① Jean-Luc Outin, "Recent Developments in Poverty in France and Europe Monitoring the target to reduce poverty in France by a third in five years（Host Country Report），" 3－4 décembre 2009, https：//ec. europa. eu/social/BlobServlet? docId＝8266&langId＝en.

表 4 - 12　法国新贫困测量体系"计分板"11 个主题目标

需要消除的	促进获得的	需要支持获得的	需要消除的
1. 贫困与不平等	7. 就业	10. 医疗和关爱	11. 金融排斥（银行）
2. 生活条件处于持续困难状态（物质匮乏）	8. 住房和维护住房、续租		
3. 儿童贫困	9. 教育和培训		
4. 青年贫困			
5. 老年人贫困			
6. 有工作仍贫困的人，在职贫困			

资料来源：Robert Walker，"Measuring the impact of active inclusion and other policies to combat poverty and social exclusion（Discussion Paper），"3 - 4 décembre 2009，pp. 8 - 9，https：//ec. europa. eu/social/search. jsp？advSearchKey = Measuring + the + impact + of + active + inclusion + and + other + policies + to + combat + poverty + and + social + exclusion% EF% BC% 88Discussion + Paper% EF% BC% 89&mode = advancedSubmit&langId = en。

可见，根据不同贫困的维度，制订了不同的目标方案，主要有消除、促进和支持举措。其中每个主题之下又有很多二级、三级指标，如其中的主要指标"贫困与不平等"，所包含的核心指标是衡量收入贫困的指标，即将家庭收入中位数的60%（根据家庭规模调整后）设置为常数。此前衡量的贫困线是收入中位数的60%，如2007年的标准是每月910欧元，这是依据收入的评判。事实上，贫困还涉及就业、住房、健康、医疗、教育、培训和通货膨胀率等多维因素。在"计分板"中，先是监测期开始的生活水平，根据可以购买物品的阈值变化进行调整，因此，贫困指数可以因经济增长而降低，也会在衰退期（出现负增长时期）继续上升，因为没有根据法国一般生活水平的上升或下降进行再调节。[1] 此外，法国指标关注银行等机构的金融排斥，这表明一些社会问题被纳入政府改进议程，之前银行业出于风险防控的角度，对贫困者有一些限制举措。[2] 此次指

---

[1]　Robert Walker，"Measuring the impact of active inclusion and other policies to combat poverty and social exclusion（Discussion Paper），"，3 - 4 décembre 2009，https：//ec. europa. eu/social/search. jsp？advSearchKey = Measuring + the + impact + of + active + inclusion + and + other + policies + to + combat + poverty + and + social + exclusion% EF% BC% 88Discussion + Paper% EF% BC% 89&mode = advancedSubmit&langId = en.

[2]　Santiago Carbo，Edward P. M. Gardener，Philip Molyneux，"Financial Exclusion in Europe，" *Public Money & Management*，Vol. 27，No. 1，2007，pp. 21 - 27.

标体系将其列为必须要解决的问题，而不仅仅是推动相关局面改善。为了确保减贫目标不损害社会凝聚力，必须增加不平等指标维度，使两者相关联。

3. 新贫困测量指标体系的成效及问题

这一贫困测量指标体系的技术有效性和政策效用到底怎样？还取决于实施部门如何有效使用这个观察、评估各类伙伴关系的工具，该政策主要由住房部部长、积极团结高级专员和数据研究评估机构等落实，每年必须发表计分卡年报，主要信息来源于法国国家统计与经济研究所，规划、住房和自然总局，计划和绩效评估局，全国家庭津贴基金（CNAF）和法国银行，等等。数据主要来源于五个方面：政府部门的数据信息、关注贫困和社会排斥的组织机构的数据、住户调查的数据、相关领域的专门工作组的数据、研究贫困问题或相关特定领域的成果等。整个政策运作的逻辑是先通过计分板发现贫困发生的因果机制，进而找准政策实施的运作机制，并在这个过程中吸引公众兴趣，为政府改革带来新动力，这种循证决策增强了政府的问责制，完善相关的制度设计，以期能成功解决贫困问题。尤其是在职贫困问题，解决这类贫困问题也是一种社会投资，[①] 这些训练有素、薪酬更好的工人为法国应对人口老龄化、福利依赖、人际关系脆弱性（单亲）、生育率、知识经济提供了良好的社会基础。

罗伯特·沃克（Robert Walker）肯定了法国这种贫困测量计分板方式为欧盟其他国家反贫困提供的参考范本价值，也反思了上述政策推行逻辑是否能真正达到预期的反贫困目标。主要基于以下理由。一是政策激励举措可能导致落实工作的注意力聚焦在那些最容易摆脱贫困线的社会群体，而牺牲或忽略那些更难脱离贫困的赤贫者，以快速达到脱贫的量化指标。从而导致"长期贫困"或"持续贫困"者比例居高不下，进一步加剧贫困群体内部的分化、严重性和持续性。二是"及时锁定"贫困举措会产生不同的激励效应，将会更关注经济增长带来的减贫效果，而不是以收入再分配为主的政策驱动因素，可能会刺激新的不平等产生，从而削弱社会凝聚力。目前，法国政策更关注后者，即关注表面收入的增加，而实质购买力

---

① Denis Clerc, "Fighting in-work poverty: an investment for the future. The situation in France," https://ec.europa.eu/info/index_en.

却在下降。① 所以需要考虑的问题是，积极的包容性政策是否真能减少贫困人口。如果可以，是通过怎样的机制实现的？这种基于计分板式的贫困测量指标体系的反贫困政策是否真的有效？

目前指标中有工作贫困、失业家庭获得培训的机会，与相关反贫困配套政策一致，但是没有失业率、失业持续时间、福利替代率、工资变化、就业保障和工作质量、劳动力市场歧视和儿童保育机会等，即计分板虽然可以多维度衡量贫困水平、贫困性质和贫困趋势，但无法精准衡量出包容性政策的有效性。也有批评意见认为相关指标的设计忽略了社会资本、政治排斥、文化排斥、种族排斥、被迫害、剥削、歧视、药物滥用（吸毒）、犯罪、隔离、污染、耻辱、污名化、基础设施建设差等因素。② 一般贫困研究多与社会排斥相关联，但二者关系是离散的，还是重叠加剧的？又与不平等有哪些关联？怎样通过社会政策予以有效化解一直是个政治难题，目前法国计分板式的指标体系主要涉及贫困问题，社会排斥和不平等的维度并不多。毕竟贫困产生的根源很复杂，是由权力、财富分配制度、影响力、社会制度、自然环境等多方力量合力造成的。所以解决贫困问题的关键在于能够依据扶贫复杂性构建出多维、复合的贫困指标，各指标之间的相关性很高，并能精准对应不同的政策杠杆，发挥出政策组合的优势，此次减贫计划就是以此为支点撬动了政治改革进程。

（三）五年减贫计划的首次评估

为了进一步落实五年减贫规划，2009 年法国实行了减贫目标实现成效的评估工作，5 月颁布法令规定用监测计分板的方式衡量贫困，每年向议

---

① Robert Walker, "Measuring the impact of active inclusion and other policies to combat poverty and social exclusion (Discussion Paper)," 3 - 4 december 2009, https：//ec. europa. eu/social/search. jsp？ advSearchKey = Measuring + the + impact + of + active + inclusion + and + other + policies + to + combat + poverty + and + social + exclusion% EF% BC% 88Discussion + Paper% EF% BC% 89&mode = advancedSubmit&langId = en.

② Robert Walker, "Measuring the impact of active inclusion and other policies to combat poverty and social exclusion (Discussion Paper)," 3 - 4 december 2009, https：//ec. europa. eu/social/search. jsp？ advSearchKey = Measuring + the + impact + of + active + inclusion + and + other + policies + to + combat + poverty + and + social + exclusion% EF% BC% 88Discussion + Paper% EF% BC% 89&mode = advancedSubmit&langId = en.

会提交一份减贫报告，10 月 17 日提交了第一份报告给国民议会。[①] 之后，进行同行评审和推动社会公众参与相关讨论，提出建设性的建议。12 月 3~4 日在巴黎举办同行评审，由法国劳工部等多个部门联合主办，10 多个国家（比利时、保加利亚、爱尔兰、拉脱维亚、立陶宛、卢森堡、马耳他、荷兰、葡萄牙和罗马尼亚等）同行代表也参加了此活动。此外，还有欧洲反贫困网络（EAPN）、欧盟就业、社会事务和平等委员会的代表。法国作为东道主，邀请各方代表一起关注三个议题：一是在国家和地方层面的合作、统筹协调和采用计分板等测量工具所涉及的治理问题；二是监测和评估社会排斥指数的作用；三是受益人（受资助者）在测量中的参与和功能发挥，主要关注如何提升民众对政策制定与实施的参与度，其他国家在公众参与社会政策方面有哪些经验。[②] 这种跨国界的交流方式，也是向各国同行学习经验教训的机会。

此次同行评议是针对法国 2012 年将贫困人口减少 1/3 的政策目标的评估，这是第一份基于贫困测量指标体系"计分板"的监测报告。同行评审的主要观点见表 4 – 13。

表 4 – 13　"计分板"同行评审意见

核心观点	主要观点
指标是达到目标的手段	（1）如果仅观测而不采取解决措施，对贫困进行指标跟踪不会改变贫困状态 （2）建议考虑当前的整体经济环境，尤其在经济低迷期 （3）共识是意识到多种贫困指标，但具体分析时，可能会侧重一些有代表性的子指标，如因失业而贫困的家庭
法国这一政策的法律化和一些举措在其他国家也适用	（1）法国用立法的形式将计分板的使用和五年内贫困人口减少 1/3 的目标提上重要的政治议程 （2）每年发布年度报告是吸引广大民众参与脱贫的重要方式 （3）这也是欧洲国家层面增加问责制的一种方法

---

① Jean-Luc Outin, "Recent Developments in Poverty in France and Europe Monitoring the target to reduce poverty in France by a third in five years（Host Country Report）," 3 – 4 décembre 2009, https://ec. europa. eu/social/BlobServlet? docId = 8266&langId = en.

② Ministry for Labour, Labour Relations, Family, Solidarity and Urban affairs, Ministry for Housing, "Measurement of progress towards target of reducing poverty by a third in five years: practice in France（Host Country Report）," 3 – 4 december 2009, p. 5, https://ec. europa. eu/social/search. jsp? advSearchKey = France + 2009％2C + Measuring + the + impact + of + active + inclusion + and + other + policies + to + combat + poverty + and + social + exclusion&mode = advancedSubmit&langId = en.

核心观点	主要观点
在制定和实施过程中，伙伴关系是法国战略的核心要素	在如何确定和应用最佳指标时，利益相关者讨论、广泛咨询专家、部际间跨部门研讨至关重要，有助于民众支持反贫困行动，鼓励政治家采用更有魄力的举措
有直接贫困经历的人参与对这一领域的善治有重要作用	（1）政策制定者和专家需要努力倾听真正贫困群体的声音，并与他们互动 （2）贫困者也需要具备宣传技能（对话能力）
目标虽有挑战性，但是可以实现	（1）应该提高社会的组织能力（society's organizational capabilities），也要从过去的经验中预判哪些是可以实现的目标，哪些是难以实现的目标 （2）量化目标的设定存在风险，可能导致无法被量化的贫困层面被忽视或淡化，并诱导主管部门专注于看似能够实现的目标并采取行动
对于在消除贫困领域取得的成功予以表彰	根据绩效对地方各部门进行排名，并进行奖励，采用一些重要的激励措施
指标应用的差异性问题	（1）虽然欧盟的开放式协调方法被用来制定社会包容指标，但指标的选择是国家和地方的事情 （2）欧盟各国的贫困水平和社会背景差异很大
数据收集和解释，特别是地方层面，可能会带来问题	（1）建议在地方用一套更简单的指标 （2）提出正确问题的技能和基础设施必须到位 （3）需要政府对民间社会组织予以支持 （4）需要进行数据预测，以便及时更新反贫困行动 （5）官方统计数据往往不能反映最新情况，要同时基于互联网、监测小组和社会公众持续地收集信息数据，共同完善数据源
微观模拟模型	有助于衡量税收和福利对家庭收入和工作激励的影响

资料来源：Robert Walker，"France 2009，Measuring the impact of active inclusion and other policies to combat poverty and social exclusion，" 2010，https：//www. peer-review-social-inclusion. eu。

此外，也有观点认为法国的贫困衡量计分板强调定量而忽略了定性指标，缺乏直接衡量不平等的标准，不能明确、全面地测定社会排斥和不平等，[①] 也没有衡量个人失败感、无价值感、疏离感、无能为力感和走投无路感等心理层面的维度，[②] 即对心理贫困、精神贫困、人文贫困等的

[①] Robert Walker，"Measuring the impact of active inclusion and other policies to combat poverty and social exclusion（Synthesis Report），" Paris，3 – 4 december 2009，p. 15，https：//ec. europa. eu/social/main. jsp？ langId = en&catId = 1024&newsId = 1425.

[②] Robert Walker，"Measuring the impact of active inclusion and other policies to combat poverty and social exclusion（Synthesis Report），" Paris，3 – 4 december 2009，p. 17，https：//ec. europa. eu/social/main. jsp？ langId = en&catId = 1024&newsId = 1425.

测量。但从这些指标体系中可以看出法国贫困的政治建构和社会排斥的政治建构。

其实，受 2008 年国际金融危机冲击，法国当年国内生产总值增长率下降到 0.4%，外贸逆差额达 531 亿欧元，法国大量企业开始裁员，导致失业率上升，2008 年底失业率为 7.4%，失业人数达 207 万人，2010 年经济有所复苏，经济增长率为 1.4%。[1] 在经济困境中，依然履行反贫困承诺，完善社会保障会导致财政赤字继续扩大。据相关数据，菲永政府财政赤字占国内生产总值的比重，2007 年为 2.6%，2008 年为 3.3%，2009 年为 7.2%，2010 年为 6.9%，2011 年下降到 5.2%，[2] 超过欧洲《稳定与增长公约》规定的财政赤字 3% 的警戒线；此时期法国公共债务占国内生产总值的比重，2007 年为 63.8%，2008 年为 67.5%，2009 年为 78.1%，也超过欧洲《稳定与增长公约》规定的 60% 的警戒线。[3] 可见，法国反贫困的代价非常大。为了应对全球经济衰退，法国政府对特定受益人群和低收入家庭实行了一次性资助或补充支付，并为服务于弱势群体的组织提供额外支持。因此，计分板不仅仅是一个指标清单，而是旨在使贫困更加明显可视化，[4] 激发公众关注和辩论，真正落实反贫困政策。

第三节 21 世纪初法国反贫困新政策——积极就业团结收入

为落实上述五年减贫计划，法国政府最主要的新政策就是积极就业团结收入。之后，奥朗德总统也出台了消除贫困和促进社会包容的计划，在整个五年任期内致力于社会团结问题，将国家、地方当局、协会、社会伙伴、研究人员和专家，以及亲身经历贫困的穷人汇聚起来，致力于相关工作。

---

① 吴国庆：《法国政治史（1958－2012）》，社会科学文献出版社，2014，第 385、390 页。欧盟统计局的调和统计增长率为 1.3%。

② https://www.insee.fr/fr/statistiques/4161455.

③ 吴国庆：《法国政治史（1958~2012）》，社会科学文献出版社，2014，第 391 页。

④ Robert Walker, "Measuring the impact of active inclusion and other policies to combat poverty and social exclusion (Synthesis Report)," Paris, 3–4 december 2009, https://ec.europa.eu/social/main.jsp? langId=en&catId=1024&newsId=1425.

一 什么是积极就业团结收入?

(一) 积极就业团结收入的政策目标

2005 年《赫希报告》(Le récent rapport Hirsch, 2005) 中关于"家庭、脆弱性和贫困"部分提出如何通过加强激励促使失业者重返工作岗位, 即积极就业团结收入[①]的新福利计划构想。2008 年 12 月 1 日的法律确定了积极就业团结收入, 2009 年 6 月正式施行, 积极就业团结收入取代了最低融合收入和单亲津贴, 其主导改革思路是"以工作支持为基础实现减贫", 致力于消除在职贫困, 鼓励和帮助他们重新就业。积极就业团结收入是最低工资与就业补贴相结合的政策, 被视为法国反贫困政策体系的基石。既可以作为没有任何收入人群的最低社会收入, 也可以为工作的低薪者提供补助。总之, 积极就业团结收入政策的主要目标是整合和简化现有的福利计划, 实现从消除贫困到促进就业的过渡。

(二) 积极就业团结收入的基本组成

这项政策的本质是一种负所得税, 更关注低收入群体, 为没有工作者提供基本补助。主要资金由国家和省两级政府共同筹资, 省级政府负责的从原来最低融合收入和单亲津贴转移来的资源是积极就业团结收入的基础补助; 国家负责省级资金之外的筹资, 是积极就业团结收入的额外补助部分, 主要来自全国促进就业团结基金 (FNSA)。[②] 2009 年积极就业团结收入的标准是单身成人每人 410 欧元, 每对夫妇 590 欧元, 每增加一个人则增加 120~160 欧元。[③] 之后有所增长, 单身成人 467 欧元, 没有孩子的夫妻 700 欧元。[④] 在职者补助使工作净收入的 62% 可以免除交税, 以达到激励工作的目标。在 34 个部门进行了政策实验后, 自 2009 年 6 月起, 该计

[①] 也翻译为就业团结收入、积极团结收入、积极互注收入津贴、积极就业团结收入补助金等。

[②] 〔法〕弗朗西斯·凯斯勒:《法国社会保障制度》, 于秀丽、李之群译, 中国劳动社会保障出版社, 2016, 第 134 页。

[③] 单亲家庭中三个月以下的婴儿增加 100 欧元, 若家庭没有领取住房补贴, 会根据实际情况增加 12%~20%。

[④] European Commission Employment, Social Affairs and Inclusion, "Building the Tools to Fight in Work-Poverty," Paris, 31 march-1 april 2011, https://ec. europa. eu/social/home. jsp? langId = en.

划成为诸多反贫困政策的主流。[1] 积极就业团结收入的领取者分为三类。第一类是没有收入的家庭可以领取基础补助（RSA-socle），2012年9月底140万人领取这类补助。[2] 第二类是工资收入不高的家庭可以领取就业补助（RSA activité），[3] 有70万人领取。第三类是同时领取基础补助和就业补助（RSA socle-activité），其中有8万人是之前领取最低融合收入和单亲津贴的直接受益人。[4] 2010年10月底，有1798547名积极就业团结收入受益人，其中领取基础补助（零收入者）1151535户，领取就业补助450813户，196199户同时获得基础补助和积极就业团结收入，当时的政府预算是79亿欧元。[5] 2015年合并就业补助金（prime pour l'emploi, PPE）和积极就业团结收入，以使新系统更简单、更现代，今后允许18～25岁的青年人申请积极就业团结收入。

为了更好地推行积极就业团结收入政策，2009年创建了一个新就业（Pôle Emploi）机构，将全国职业介绍所（Agence Nationale pour l'Emploi, ANPE）和工商业就业协会合并，为重返工作岗位的人们提供个性化帮助，帮扶更多残疾人，为他们创造一条更简单、更便宜的创业路径，使其成为"自主创业者"。积极就业团结收入更关注那些有工作能力的人，工商业就业协会也致力于推动法国相关保障政策，为那些无法工作的人增加福利，如支付给残疾成年人的最低养老金和福利计划在五年内提升25%。[6] 可见，法国在合并整合不同福利，提升社会福利制度反贫困成效的同时，也会关注传统贫困人群的生活质量。

---

[1] Idesbald Nicaise, "The Revenu de Solidarité Active as a tool to fight in-work poverty," 31 March-1 April 2011, https：//ec. europa. eu/social/main. jsp？ langId = en&catId = 89&newsId = 1390.

[2] Sophie Cazain, Isabelle Siguret, "Les allocataires du RSA fin septembre 2012," l'essentiel, No. 130, in Guillaume Allègre, "RSA et lutte contre la pauvreté：quels effets sur les travailleurs pauvres?" Revue des politiques sociales et familiales, No. 113, 2013, pp. 47 - 57.

[3] 有劳动收入，但是收入低于政府保障补助金额度时，可以同时领取基础积极团结收入和积极就业团结收入，之前领取单亲津贴的单亲家庭也可以领取这两类收入。

[4] Guillaume Allègre, "RSA et lutte contre la pauvreté：quels effets sur les travailleurs pauvres?" Revue des politiques sociales et familiales, No. 113, 2013, pp. 47 - 57.

[5] European Commission Employment, Social Affairs and Inclusion, "Building the Tools to Fight in-Work-Poverty," Paris, 31 march-1 april 2011, https：//ec. europa. eu/social/home. jsp？ langId = e.

[6] Robert Walker, "Measuring the impact of active inclusion and other policies to combat poverty and social exclusion（Synthesis Report）," Paris, 3 - 4 december 2009, https：//ec. europa. eu/social/main. jsp？ langId = en&catId = 1024&newsId = 1425.

二 积极就业团结收入的反贫困成效

(一) 积极就业团结收入和最低融合收入比较研究

2009 年正式实施的积极就业团结收入是对 1988 年的最低融合收入的整合与替代，最低融合收入制度最大的不足是容易产生"福利依赖"，在工作收入少于补助的情况下，人们往往从经济上考虑选择不就业，[①] 因为就业反而比不就业的收入更低。为了克服相关弊病，积极就业团结收入的"积极性"主要体现在对在职贫困和重新就业的失业者给予一些补偿，如给予看护孩子和交通等领域的补助，并按照收入的变动，每季度计算一次补助金。[②] 但这一新政策是否真正达到政策预期？安妮（Anne）和霍蒂（Horty）用微观模拟模型对积极就业团结收入和最低融合收入进行了比较研究，发现积极就业团结收入确实比最低融合收入的效果更好，因为其消除了不同类型家庭在不同收入水平下的贫困陷阱效应。[③] 积极就业团结收入是最低融合收入理念的延伸，将最低收入保障和包容性的权利联系起来，获得积极就业团结收入资助的人就业率提高了 9%（含兼职），但是一旦遇到经济危机等，就业人数就迅速减少，不足以帮他们真正摆脱经济贫困，[④] 也就是说减贫成效是不稳定的，容易受外界因素影响而再度返贫。

(二) 化解在职贫困?

积极就业团结收入是否如预期那样有效？纪尧姆·阿莱格雷（Guillaume Allègre）研究积极就业团结收入是否真的有助于减少在职贫困或工作贫困，即研究通过推动就业来消除贫困这一国家战略是否真正有效的问题。在职贫困是指虽然有工作但依然处于贫困状态，社会政策的新目标就是帮助这些贫穷的在职劳动者脱贫。据国家统计与经济研究所的界定，贫困劳动者

---

① 〔法〕弗朗西斯·凯斯勒：《法国社会保障制度》，于秀丽、李之群译，中国劳动社会保障出版社，2016，第 125 页。

② 〔法〕弗朗西斯·凯斯勒：《法国社会保障制度》，于秀丽、李之群译，中国劳动社会保障出版社，2016，第 51 页。

③ Denis Anne, Yannick L'Horty, "Aides sociales locales, revenu de Solidarité active (RSA) et gains du retour à l'emploi," *Economie et Statistique*, Vol. 429 – 430, 2009, pp. 129 – 157.

④ Jean-Luc Outin, "Recent Developments in Poverty in France and Europe Monitoring the target to reduce poverty in France by a third in five years (Host Country Report)," 3 – 4 décembre 2009, https：//ec. europa. eu/social/BlobServlet? docId = 8266&langId = en.

是指一年中工作或失业 6 个月以上的人，在这段时间里，他们至少工作一个月，生活水平低于贫困线。[1] 直到 2000 年初，相关辩论还是主要围绕工资和最低工资（SMIC）等问题，积极就业团结收入的就业补助反映了在职贫困或劳动贫困减少的趋势，2007 年法国全职工人中的 4.7% 处于贫困状态，因为最低工资的额度很高，不包括那些临时工、兼职工作者等不稳定就业的人数。但是失业工人的保障相对不足，2010 年失业者的贫困率高达 36.5%。[2] 据目前数据，直接受益人是最贫穷的家庭，减少了工作贫困，增加了从不工作到兼职工作的数量。

法布尔（Fabre）和索特瑞（Sautory）等也对积极就业团结收入的实施进行了实验分析研究，发现从领取福利到开始工作的转变率略高于比较组（19.1% 与 17.6%），最低融合收入和积极就业团结收入受益人中保持工作率也略高于比较组（71.7% 与 70.4%），但是就业激励政策对单身者和高素质的受助者影响更大，而对于低素质受助者的影响是负面的。[3] 虽然有差异，但总体上还是提升了就业率。斯蒂芬·唐内（Stéphane Donné）采用 2009 年 6 月至 2010 年 12 月的数据观测积极团结收入的实施成效，发现此时期积极就业团结收入的受益人从 147.8 万上升到 179.8 万，[4] 受益人数越来越多。积极就业团结收入评估委员会（Comité d'évaluation du RSA）对于相关政策的减贫效果也持乐观态度，接受福利的受助者的总体收入（含工资与补助金）使原有收入增加了 18%。[5] 可见，经各方检测，积极就业团结收入对于减少在职贫困是有成效的。

生活状况观察研究中心（CREDOC）在积极就业团结收入实施一年后在法国进行了社会调查，总答复人中有 76% 认为该计划在反贫困方面有作

---

① Olivier Girault, "Travailleurs à bas revenus et bénéficiaires du RSA activité en régions Rhône-Alpes et Auvergne, Une approche comparative des deux catégories en 2009," *Politiques sociales et familiales*, No. 104, 2011, pp. 91 – 97.

② Guillaume Allègre, "RSA et lutte contre la pauvreté: quels effets sur les travailleurs pauvres?" *Revue des politiques sociales et familiales*, No. 113, 2013, pp. 47 – 57.

③ Virginie Fabre, Olivia Sautory, "Enquête sur les experimentations du RSA: premiers resultants. Paris: Direction de la recherche, des études, de l'évaluation et des statistiques (DREES)," *Série Etudes et Recherches*, No. 87, 2009, p. 18.

④ Stéphane Donné, "La montée en charge du revenu de solidarité active," *Politiques sociales et familiales*, No. 104, 2011, pp. 84 – 90.

⑤ "Rapport intermédiaire 2010," Comité d'évaluation du RSA, 2010, p. 65.

用，67% 认为其在鼓励工作和促进就业方面有作用。[1] 席琳·马克（Céline Marc）用 2007 年税务和社会收入调查（ERFS）数据、全国家庭津贴基金的数据和国家养老保险基金、中央农业社会互助基金的相关福利数据，研究了积极就业团结收入对欧盟统计局定义的贫困人口的影响程度。数据显示，有 37% 的在职贫困者没有资格领取就业补助，尤其是没有家庭负担的年轻人。获得积极就业团结收入保障是脱贫的起点，随着子女数量的增加，积极就业团结收入退出点的下降趋势尤为明显，有第三个孩子可有资格领取家庭补助金，大大降低了积极就业团结收入的退出点。衡量是否退出的标准是贫困线：收入中位数的 60%。[2] 因此，欧盟也对积极就业团结收入持肯定态度，认为这是一种"使工作有报酬"和弹性保障范式转化为社会保护体系的范例，旨在通过灵活的福利来补充收入，以此激励人们接受工作，并为边缘工人提供了体面的社会保护地位。这是一种不掠夺穷人劳动收入的社会政策，被视为一种更公平的工作福利制度，有助于在灵活的劳动力市场环境中激活与收入保障之间的新平衡。

（三）优化积极就业团结收入

虽然积极就业团结收入相关政策得到政府、科研界、社会公众，甚至是欧盟的好评，但仍存在三大问题。一是积极就业团结收入排除了 25 岁以下的年轻人，一般来说 25 岁以下的年轻人无法获得积极就业团结收入资助，除非他们有家庭负担（无扶养人抚养）或过去 3 年内工作过，或至少工作 3 年，[3] 这意味着那些临时工作的年轻人失业后没有资格领取失业救济金。事实上，年轻人是工作贫困目标群体重要的组成部分。[4] 所以为了补短板，未来应该为 25 岁以下的年轻人提供支持，并进一步提升基础补助的保障水平，因为目前失业家庭的最低福利水平远远低于贫困线，现在基础补助不到最低工资的 50%，而依赖积极就业团结收入的家庭中有 2/3 是

---

[1] Céline Marc, Muriel Pucci, "Le RSA activité est-il ciblé sur les travailleurs pauvres au sens Eurostat?" *Politiques sociales et familiales*, No. 104, 2011, pp. 19 – 36.

[2] Céline Marc, Muriel Pucci, "Le RSA activité est-il ciblé sur les travailleurs pauvres au sens Eurostat?" *Politiques sociales et familiales*, No. 104, 2011, pp. 19 – 36.

[3] Idesbald Nicaise, "The Revenu de Solidarité Active as a tool to fight in-work poverty," 31 march-1 april 2011, https://ec. europa. eu/social/main. jsp? langId = en&catId = 89&newsId = 1390.

[4] Denis Clerc, "Lutter contre la pauvreté laborieuse: un investissement d'avenir. La situation de la France," Paper for the Peer Review on in-work poverty, 2011.

失业家庭。① 所以，积极就业团结收入的额度在提升，也逐渐向 25 岁以下的年轻人开放。

二是申领普及度的问题。就业补助政策是为低收入家庭提供的长期财政支持，以期消除在职贫困或劳动贫困。据 2010 年 12 月的数据，7/10 满足就业补助申请条件的人却没有申请该补助，其中单身人数中 62% 没有申请，夫妻家庭中 73% 没有申请，可能认为夫妻一起抵抗贫困风险的能力更强，事实上，积极就业团结收入当年已经帮助 4 万人脱离贫困。② 普琳·多明戈 (Pauline Domingo) 研究了无追索权 (non recours) 对就业补助效率的影响，以此分析其中隐藏的贫困不平等问题，③ 指出无追索权对于消除贫困方面的无效性，因为对无追索权群体的监测成本太高，最好只关注其中最贫穷的人，建议关注那些没有申请就业补助的最贫困群体的生活状态，给予其相关保障支持。

三是一些积极就业团结收入的受益人会产生内疚感，他们在接受救济的过程中会感受到自我退化、自尊的丧失和深深的无助感。④ 在接受救助过程中容易出现丧失尊严等心理贫困问题，所以在提供就业帮助的时候，只有辅之以心理辅导和信心重建，才能真正激发出贫困者主动脱贫的内生动力。

此外，纪尧姆·阿莱格雷认为贫困的劳动者是贫困人口的重要组成部分，也是日益增长的部分，劳动力供应不足是最低社会保障受益人失业的一个重要因素，建议将积极就业团结收入与失业救济金结合起来，⑤ 将其作为一种支持低收入者、激活工人再就业、促进公平的工具，进而增加可支配收入，减少资产贫困，通过不同福利保障之间的组合方式，以更有效地激活就业，解决不平等问题。

① European Commission Employment, Social Affairs and Inclusion, "Building the Tools to Fight in Work-Poverty," Paris, 31 march – 1 april 2011, https://ec. europa. eu/social/home. jsp? langId = en.

② Pauline Domingo, Muriel Pucci, "Impact du non-recours sur l'efficacité du RSA activité seul," *Economie et Statistique*, No. 467 – 468, 2014, pp. 117 – 140.

③ Pauline Domingo, Muriel Pucci, "Impact du non-recours sur l'efficacité du RSA activité seul," *Economie et Statistique*, No. 467 – 468, 2014, pp. 117 – 140.

④ Élisabeth Maurel, "Quelques réflexions inspirées de ce que disent les allocataires au sujet de l'assistance," in L'assistance dans le cadre de la solidarité nationale, Didier Gélot, Actes du séminaire juin-octobre 2012, p. 79.

⑤ Guillaume Allègre, "RSA et lutte contre la pauvreté: quels effets sur les travailleurs pauvres?" *Revue des politiques sociales et familiales*, No. 113, 2013, pp. 47 – 57.

因此，需要进一步反思救助的目的，促进社会行动专业人员和社会工作者有针对性地开展工作，如动态监测职业风险和不同类型家庭的不同风险阶段，及时提供支持和风险化解方案，防止贫困污名化现象蔓延和扩散，将消除贫困的支出作为一种"社会投资"，因为可以提升社会购买力，并将相关社会政策的完善和落实作为一种治理机制的完善，使支持性的社会保障制度作为国家凝聚力的主要来源，修复和重建对社会的信心。2012年生活状况观察研究中心关于法国保障不足的人数比例和失业率的社会调查数据见图 4 - 4。

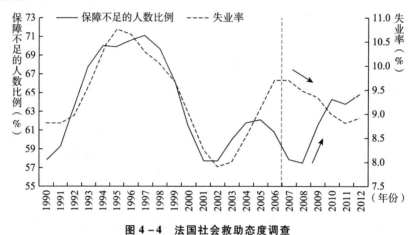

图 4 - 4　法国社会救助态度调查

资料来源：CREDOC，"enquêtes Conditions de vie et aspirations des Français，" 2012；INSEE，ONPES，La Lettre de l'ONPES n° 1-avril 2013，p. 5。

其中虚线代表政府对最贫困人口保障不足的人数比例（见左轴），实线是失业率（见右轴），主要了解法国人对社会救助的态度和社会团结度，2006 年之后失业率与民众支持社会公共援助的相关性逐渐减弱，有研究认为出现这种发展状态是因为公众对公共援助权力滥用的谴责倾向。也因2008 年国际金融危机削弱了公众的社会团结力。[①] 社会救助的目的和作用应该是帮助人们增强工作的能力和重拾融入社会生活的信心。所以不能将贫困的概念简单化，扶贫不只是给予补助金，还包括增强穷人的工作能力和提高其自主性。

---

① Observatoire National de la Pauvreté et de l'Exclusion Sociale（ONPES），"La Lettre de l'ONPES，" No. 1，16 mai 2013，p. 5，https：//onpes. gouv. fr/la-lettre-de-l-onpes-no-1-avril. html.

（四）社会保障受益率

2010 年，360 万人获得 197 亿欧元的社会救助资金，分别占总社会保障支出的 3.2% 和 GDP 的 1%。[①] 这些数据还不包括一些慈善公益组织发放的救济金。主要受益情况参见表 4–14。

表 4–14 2010 年社会最低标准受益情况

最低保障类别	受益人数 （千人）	占比 （%）	津贴补助金额 （百万欧元）	占比 （%）
积极就业团结收入的基础补助金（RSA-socle）	1373749	38.3	6931	35.1
最低融合收入（RMI）	140199	3.9	766	3.9
单亲津贴（API）	30227	0.8	147	0.7
成年人残疾津贴（AAH）	914950	25.5	6632	33.6
补充养老津贴（ASV）和老年人社会团结津贴（ASPA）	576271	16.0	2069	10.5
特别团结津贴（ASS）	355410	10.0	2012	10.1
附加的丧失劳动能力津贴（ASI）	87718	2.5	254	1.3
等同于退休金的津贴（AER）	49390	1.5	647	3.3
安置津贴（ATA）	43040	1.2	151	0.8
鳏寡津贴（AV）	3653	0.2	47	0.2
团结补助金（RSO）	13097	0.5	73	0.5
总计	3587704	100	19729	100

资料来源：DREES, ONPES, La Lettre de l'ONPES n° 1-avril 2013, p. 1。

这些最低保障使购买力产生了怎样的变化呢？若 1990 年基数为 100，详见表 4–15。

表 4–15 1990～2011 年法国福利保障与购买力关系

年份	最低融合收入/积极就业团结收入（基础补助）	单亲津贴/积极就业团结收入（基础补助）	特别团结津贴	成年人残疾津贴
1990	100	100	100	100
1995	100.2	100.8	97.1	100.1

[①] Observatoire National de la Pauvreté et de l'Exclusion Sociale（ONPES），"La Lettre de l'ONPES," No. 1, 16 mai 2013, p. 1, https://onpes. gouv. fr/la-lettre-de-l-onpes-no-1-avril. html。

年份	最低融合收入/积极就业团结收入（基础补助）	单亲津贴/积极就业团结收入（基础补助）	特别团结津贴	成年人残疾津贴
2000	103.5	98.4	104.5	104.2
2005	102.9	98.3	103.1	104.2
2006	103.1	98.5	103.3	104.4
2007	103.4	98.7	103.6	104.7
2008	102.2	97	102.4	103
2009	103.6	99.8	103.8	106.9
2010	103.3	99.5	103.5	110
2011	102.6	98.9	102.9	112.5

注：主要基于法国本土数据。

资料来源：DREES, INSEE, La Rapport de l'ONPES 2011 - 2012, p. 74。

可见，相关保障还是显著提升了福利受益人的购买力。法国社会保护制度的两大基本逻辑是社会救助（assistance）和社会保险（assurance）。社会救助是为了保障社会保险制度无法覆盖的边缘人群，主要是1988年设立的最低融合收入和2008年的积极就业团结收入，2010年居住在城市敏感区域的家庭补助基金受益人有30%获得积极就业团结收入的资助，[①] 这些基本福利保障帮助人们维持基本生活需要和基本购买力。

---

① Observatoire National de la Pauvreté et de l'Exclusion Sociale（ONPES），"Crise économique, marché du travail et pauvreté（rapport 2011 - 2012），" 29 mars 2012, pp. 32 - 33, https://onpes. gouv. fr/le-rapport-2011 - 2012. html.

第五章

法国贫困与反贫困的新动态

此时期法国先后发布《2015～2017 年反贫困和反社会排斥多年计划》和《2018～2022 年国家预防贫困战略》，进一步推进反贫困工作，但因"黄马甲"运动和疫情的冲击，社会福利保障开支再次激增，贫困"陷阱"和福利陷阱的症状越来越明显。马克龙总统积极推进 21 世纪新福利计划，以社会投资的方式发展经济和激活企业的动力，从源头消除儿童贫困以打破贫困的代际循环，以期再造"法国梦"。

第一节　法国贫困的现状与问题

一　贫困率的变化

受 2008 年国际金融危机的影响，虽然 2012 年的减贫计划未有效达到预期目标，但 2013 年各类贫困率基本都是最低的，可能是减贫政策的延期释放效应的表现。2014 年法国贫困人口 1180 万人，[①] 从整体趋势看，此时期货币贫困率整体呈现增长状态，尤其是 2018 年"黄马甲"运动对经济和社会冲击较大，贫困率最高为 14.8%，但是当年的极端贫困率，也就是

---

① 吴国庆：《"巴黎的忧郁"：变革、平衡与新的困境——近三十年来法国经济社会转型历程综述》，《人民论坛·学术前沿》2014 年第 16 期。

收入中位数 40% 的贫困率为 3.4%，不是诸年中最高的。2019 年虽然收入中位数 60% 的贫困率比 2018 年下降了 0.2 个百分点，但是极端贫困率上升了 0.3 个百分点，即收入中位数 40% 以下的赤贫率为 3.7%，疫情加剧了贫困状态，提升了失业率，导致贫富差距加大，整体变化如表 5 - 1 所示。

表 5 - 1　2012 ~ 2019 年法国货币贫困率

单位：%

	2012 年 *	2013 年	2014 年	2015 年	2016 年	2017 年	2018 年	2019 年
中位数 60% 贫困率	13.9	13.8	14	14.2	14	14.1	14.8	14.6
中位数 50% 贫困率	8.1	7.9	8	8	8	8	8.3	8.2
中位数 40% 贫困率	3.7	3.5	3.7	3.4	3.5	3.5	3.4	3.7

　　*：INSEE 公示中，2012 年还有一组加入干预后调整的数据：收入中位数 60% 的贫困率为 14.2%，收入中位数 50% 的贫困率为 8.5%，收入中位数 40% 的贫困率为 4%。

　　资料来源：https://www.insee.fr/fr/statistiques/2408282#graphique-figure1。

依据法国国家统计与经济研究所的收入中位数 60% 的货币贫困率数据，2016 年法国有 900 万穷人，其中近 300 万人处于物质严重匮乏状态。2017 年到 2018 年贫困率从 14.1% 上升到 14.7%，增加了近 40 万处于贫困线以下的人。[①] 这个结果让人有点匪夷所思，因为从宏观经济层面来看，2018 年应该是有利于降低贫困率的一年，因为当年失业率下降了 0.3 个百分点，平均工资同比增长 1.6%。有研究认为贫困率上升是因为税收政策的变化导致初级收入分配越来越不平等，而且社会福利中住房保障补贴下降，[②] 另外当年轰轰烈烈的"黄马甲"运动对经济也产生了很大影响。吉纳维芙·布沙尔（Geneviève Bouchard）指出在加拿大也出现了经济增长对减贫贡献很小的局面，也可能因为经济富裕提升了贫困线。可见，经济飞速发展阶段，贫困问题的出现具有普遍性。

（一）女性贫困进一步凸显

2018 年天主教救助组织法国慈善社（Caritas France）的 3500 个团队中的 66000 名志愿者接待和帮助了 1347500 人，其中 716500 名成年人和

---

① "Comprendre l'augmentation exceptionnelle du taux de pauvreté estimé en 2018," Paris, 23 octobre 2019, p. 1, https://www.gouvernement.fr/.

② "Comprendre l'augmentation exceptionnelle du taux de pauvreté estimé en 2018," Paris, 23 octobre 2019, p. 2, https://www.gouvernement.fr/.

631000 名儿童，收集了 72343 户家庭信息，如家庭组成、就业情况、住房、资源匮乏状况和诉求等。虽然样本不能完全反映出法国最贫困状态的整体情况，但也可以揭示出结构性贫困的一些表征，如单身男性的持续贫困、单亲家庭的脆弱性、贫困女性的比例也在增加（见表 5 - 2）。

表 5 - 2　2010 ～ 2018 年法国女性、外国女性比例以及脆弱性指数

	2010 年	2014 年	2017 年	2018 年
总计	55.7%	56.2%	56.1%	56.4%
法国女性	58.3%	58.4%	58.7%	59.4%
外国女性	50.6%	50.8%	51.5%	51.8%
脆弱性指数	1.07	1.09	1.07	1.08

资料来源：Secours Catholique, Insee, recensements de la population（RP）2010 - 2018, État de la pauvreté en France, personnes migrantes：une même aspiration à vivre dignement, Rapport statistique 2019, p.8。

可见，承接之前女性贫困和单亲贫困的状态，法国女性的不稳定性和脆弱性依然很高，2018 年这种不稳定性越来越高。其中，约 3/4 是单身母亲（39.2%）或老年的单身女性（32.4%），外籍贫困女性中也有 30% 是单身母亲，抚养孩子导致资源匮乏，外加退休金很少而陷入贫困。而男性的长期贫困度比较高，法国贫困男性多是老年人，近年来单身父亲比例在提升，2018 年达 10%，而外籍贫困男性多是带孩子的年轻人。刚到法国不稳定的人，单身者也很多，约占 40%。[1] 相比较而言，单身女性和没有孩子的夫妇贫困率和脆弱性相对较低，也间接印证了儿童贫困率占比较高。

（二）移民贫困的新转型

失业保险的改革和个性化住房援助（APL）的减少都加剧了贫困的风险，处在极端贫困线以下的人口比例在提升。一般计算贫困线的标准是收入中位数的 60% 和 50%，而收入中位数的 40% 是极端贫困线，如 2017 年按照中位数 60% 的贫困人数比例为 14.1%，按照中位数 50% 的贫困人数比例为 8%，按照中位数的 40% 极端贫困人数比例为 3.5%。同年，在向天主教救助组织寻求援助的人中，生活水平低于第一阈值贫困线的贫困者比例为 92.2%，低于第二阈值贫困线的贫困者比例为 83.5%，低于第三阈

---

[1]　"État de la pauvreté en France, personnes migrantes：une même aspiration à vivre dignement," Rapport statistique 2019, pp.8 - 9, https：//www.secours-catholique.org.

值贫困线的极端贫困者比例为 64.8% （见表 5 - 3）。①

表 5 - 3　2016 ~ 2018 年天主教救助受益人情况

单位：%

贫困线	中位数 60%			中位数 50%			中位数 40%		
年份	2016	2017	2018	2016	2017	2018	2016	2017	2018
欧元（€）	1026	1041	1060	855	867	883	684	691	704
贫困率	14	14.1	—	8	8	—	3.5	3.5	—
天主教救助的贫困比例	92.3	92.2	92.4	83.9	83.5	83.7	64.5	64.8	66
没有稳定合法身份的外国人比例	99.7	99.7	99.6	93.4	91.5	90.8	85.3	82.4	81.5
来自欧盟的外国人比例	96.9	95.7	96.6	93.4	91.5	90.8	85.3	82.4	81.5
非欧盟的外国人比例（稳定正常状态）	96.3	95.6	95.8	91	89.7	90.5	75.5	73.3	76.8
法国人比例	89.5	89.1	89	78.3	77.3	76.4	53.4	52.8	51.9

资料来源：Secours Catholique；INSEE, population générale。

可以看出，2016 ~ 2018 年第一、二阈值的求助者比例相对稳定，但是极端贫困线以下的求助者人数比例从 64.5% 上升到 66%，提高了 1.5 个百分点，拥有稳定合法身份的非欧盟的外国人的经济状况也在恶化，相关求助人数从 75.5% 上升到 76.8%，尤其是 2017 ~ 2018 年一年内从 73.3% 快速上升到 76.8%，提高了 3.5 个百分点。② 没有合法身份的外籍人，大部分生活在贫困线以下。因为"欢迎外国人"是基督徒的承诺，所以天主教救助接待移民的比例从 2000 年初就开始稳步上升，2010 年接待近 30% 的移民，2018 年接待的移民比例达 43.6%。③ 虽然移民带来的不稳定因素影响了社会团结，存在文化的张力，一些移民本身也担心他们的宗教、民族身份和价值观在流动的过程中被淡化，当地人对移民也持一些担心和恐

---

① "État de la pauvreté en France, personnes migrantes：une même aspiration à vivre dignement," Rapport statistique 2019, p. 38, https：//www. secours-catholique. org.

② "État de la pauvreté en France, personnes migrantes：une même aspiration à vivre dignement," Rapport statistique 2019, p. 38, https：//www. secours-catholique. org.

③ "État de la pauvreté en France, personnes migrantes：une même aspiration à vivre dignement," Rapport statistique 2019, p. 96, https：//www. secours-catholique. org.

惧，但还是要满怀希望看到移民的贡献。据调研，有 66% 的人认为移民经常从事法国人不愿意或不想做的一些必要的工作。[①] 所以要帮助移民融入，为他们提供志愿服务，帮助他们打破孤立，建立联系，了解法国人，并融入法国社会。天主教救助在巴黎设立的寻求庇护者和难民援助中心（Le Centre d'entraide des demandeurs d'asile et des réfugiés，Cedre）为移民提供多样化的志愿服务，其中一半的志愿者都有移民经历，主要来自几内亚、科特迪瓦、塞内加尔、刚果等撒哈拉以南非洲地区和孟加拉国、阿富汗等地，尽管他们中一些人也生活在不稳定的状态，但是他们仍积极参与志愿服务，为社会做贡献，在付出中提升自我价值感。

志愿者明科罗（Minkoro）说："志愿服务给我带来很多，我没有工作，以前整天处于无所事事的无聊状态，通过做志愿者，我可以一直与新朋友交流，在帮助他们的过程中学会了如何与别人交往，也在心理和道德上有了满足感，这些经过我帮助的人，今后无论在哪些方面取得成功，都会对社会有积极的影响。"[②]

目前，各类帮助移民融入的志愿服务方式越来越多样化和创新，如音乐节、足球运动会，还会帮助他们学习法语等，天主教救助组织每年都会接待近 2 万名希望学习法语的人，并帮助整合其他语言培训机构的资源，为移民提供法语学习，帮助人们改变对移民的偏见，鼓励不同文化和宗教积极交流、和谐共处，以维护社会团结。

（三）儿童贫困率较高

法国儿童贫困的比例不断上涨，2017 年全国平均贫困率为 14.1%，儿童贫困率为 20%，有 33% 的单亲家庭生活在贫困线以下。[③] 2017 年奥利维尔·诺布尔考特（Olivier Noblecourt）被任命为反贫困部际代表，进一步明确扶贫计划的 5 项关键措施，因为"越早干预，对人的命运越有效"，预防和消除贫困的国家战略旨在消除命运不平等和真正实现机会平等。[④] 法

① "État de la pauvreté en France, personnes migrantes：une même aspiration à vivre dignement," Rapport statistique 2019, p. 98, https：//www. secours-catholique. org.

② "État de la pauvreté en France, personnes migrantes：une même aspiration à vivre dignement," Rapport statistique 2019, p. 99, https：//www. secours-catholique. org.

③ Rapport du gouvernement, "Insertion et lutte contre la pauvreté," 21 septembre 2017, p. 4.

④ "Plan pauvreté：5 mesures phares avec Olivier Noblecourt," 19 novembre 2019, https：//www. gouvernement. fr/partage/11265-plan-pauvrete-5-mesures-phares-avec-olivier-noblecourt.

国国家统计与经济研究所统计的关于未成年人的贫困率见表 5 - 4，主要基于收入中位数 60% 的贫困线测定的贫困率。

表 5 - 4　2012～2019 年未成年人的贫困率

单位：%

	2012 年	2013 年	2014 年	2015 年	2016 年	2017 年	2018 年	2019 年
未成年人贫困率	19.6*	19.6	19.8	19.9	19.8	20.1	21	20.2

注：＊运用干预方法得到的贫困率是 20.3%。

资料来源：https://www.insee.fr/fr/statistiques/3565548#graphique-figure1_radio1。

法国约有 1/5 的儿童生活在贫困中，领取公共粮食援助的人中，约有一半是 25 岁以下的青年人。与其他国家相比，在法国长大的贫困儿童成为未来贫困成年人的风险要高很多。[1] 所以，马克龙总统在国家预防战略中将儿童贫困作为首要问题来解决。

（四）青年失业严重

自 20 世纪 80 年代出现新贫困以来，失业贫困、青年贫困是法国贫困的主要表现形式。为了帮助 75 万名年轻人，政府投入 70 亿欧元帮助没有工作或正在培训的年轻人进入劳动力市场。1975～2019 年 20～24 岁青年人的失业率波动情况见图 5 - 1。

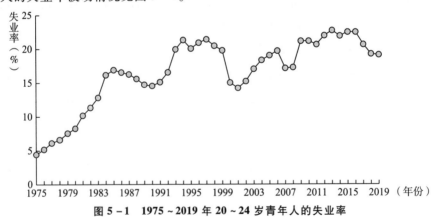

图 5 - 1　1975～2019 年 20～24 岁青年人的失业率

资料来源：INSEE；Julien Damon, "Pauvreté：l'aggravation devrait être pour demain," RDSS, mars-avril 2021, p. 3。

---

[1] "Stratégie contre la pauvreté：Plus on intervient tôt, plus on est efficace sur le destin des personnes," 27 juin 2018, https://www.gouvernement.fr/strategie-contre-la-pauvrete-plus-on-intervient-tot-plus-on-est-efficace-sur-le-destin-des-personnes.

可见，25 岁以下青年的失业率从 2011 年到 2016 年基本处于上升阶段，这个时期的年轻人正处于求学阶段，或者刚离开学校的求职阶段，没有丰富的社会经验，成年后家庭支持也不是很多，各类福利保障津贴又不偏向这个群体，所以高失业率往往带来的是高贫困率。如果这个阶段结婚组成一个贫困家庭，生小孩领取社会福利补助，就会引发儿童贫困等一系列问题。2012~2019 年 18~29 岁青年贫困率见表 5-5。

表 5-5 2012~2019 年 18~29 岁青年贫困率

单位：%

	2012 年	2013 年	2014 年	2015 年	2016 年	2017 年	2018 年	2019 年
18~29 岁青年贫困率	19.6*	18.5	19.8	20.1	19.7	20.1	19.7	19

注：*运用干预方法得到的贫困率是 20.3%。

资料来源：https：//www. insee. fr/fr/statistiques/3565548#graphique-figure1_radio1。

青年贫困率也远高于国家平均的贫困率，在 2015 年和 2017 年贫困率尤为高。尤其是 25 岁以下的青年人，按照相关法律法规，他们都无法直接享受很多补贴，因为他们正处于学习阶段，可以在学校学习知识和技能，提升学历，不鼓励他们过早参加工作，另外青年人被认为较容易找到工作，但是近年来青年贫困率日益上升，所以一些补贴也会有条件地发放给 25 岁以下的年轻人。此外，国家逐渐推行一系列侧重于青年的就业支持和培训，甚至为他们的一些工作发放工资，以提升青年就业率，取得一些成效。

（五）贫困与暴力相伴生

近年来，法国的贫困与暴力之间的关系日益密切，越来越多的年轻人有暴力倾向，这些年轻人是谁？他们的生活道路是什么？不稳定的脆弱性和"贫民窟化"是造成暴力的主要原因吗？家庭暴力和家族历史中暴力对青年人的影响如何？邻里之间的关系又是如何影响暴力问题的？[1] 布迪厄认为与贫困和经济社会结构的"惰性暴力"相比，日常生活中的匮乏和无声暴力造成了更多的精神痛苦。[2] 为此他展开了对人间苦难的社会调查，

---

[1] Maurice Berger, *Sur la violence gratuite en France: Adolescents hyper-violents, témoignages et analyse*, Paris：L'artilleur, 2019.

[2] 〔法〕皮埃尔·布尔迪厄：《世界的苦难：布尔迪厄的社会调查（下）》，张祖建译，中国人民大学出版社，2017，第 1190 页。（本书按照常用译法译为布迪厄）

将不同身份的人，尤其是贫苦人的心声分为五大主题："不同观点的空间"（侧重生活在"敏感区"、贫民窟的人群调研）、"场域效应"（侧重移民调研）、正式工与临时工（侧重不同工作的穷人群体）、"局内的局外人"（侧重校园中的贫困和暴力现象调研）、"矛盾的遗产"（侧重家庭中的困难，如老年人等问题），以期能够从一个个鲜活的人生体验的案例中来理解人的苦难和痛苦产生的社会根源。

法国持续推进改善贫民窟环境的工作，斯特拉斯堡和图卢兹当地的贫民窟和棚户区的数量显著减少。① 法国政府2020年对贫民窟的资助拨款增加一倍，从400万欧元增长到800万欧元，重点是支持贫民窟的儿童上学。② 目前，在招募30多名调解员关注15个相关地区贫民窟儿童的生活，主要职责是识别未成年的学龄儿童，帮助家庭了解学校的相关问题，帮助这些贫困儿童进行学籍注册和院校对接等工作，以期通过教育来改变贫困儿童的命运。

二 社会保障制度的困境：再分配的"刚性"持续膨胀

（一）社会保障赤字高

法国历来遵从"所有公民在法律面前一律平等，不分出身、种族或宗教"，所以移民也享有法国社会保障权利。③ 2000年开始长期在法国居住的人可以享受医疗保险待遇，生活在贫困线以下的穷人和赤贫者都可以获得免费医疗服务。世界卫生组织曾将法国医疗保险制度视为"最佳制度"。④ 免费医疗制度覆盖了4700万人，也造成医疗保险基金的赤字，因法国财务状况的问题，国家医疗保险基金赤字在2004年末达到119亿欧元。⑤ 但是法国政府依然不愿意将缩减财政赤字建立在让收入微薄的贫困人群得不到医疗保险的基础上，皮埃尔·路易·布拉斯认为可以通过提高

---

① "La Dihal ouvre la plateforme numérique Résorption Bidonvilles, un nouvel outil pour renforcer et simplifier la mise en oeuvre des actions de résorption des bidonvilles dans les territoires," 29 mai 2019, https://www.gouvernement.fr/la-dihal-ouvre-la-plateforme-numerique-resorption-bidonvilles-un-nouvel-outil-pour-renforcer-et.

② "Scolarisation des enfants vivant en bidonvilles: une rentrée sous le signe de la mise en place du programme de médiation scolaire," 10 septembre 2020, https://www.gouvernement.fr/scolarisation-des-enfants-vivant-en-bidonvilles-une-rentree-sous-le-signe-de-la-mise-en-place-du.

③ 翟凌晨：《移民对法国社会保障制度的影响》，《福建论坛》（社科教育版）2007年第4期。

④ 吴国庆：《"巴黎的忧郁"：变革、平衡与新的困境——近三十年来法国经济社会转型历程综述》，《人民论坛·学术前沿》2014年第16期。

⑤ http://www.securite-spciale.fr/comprendre/dossiers/comptes/2010/ecss201006_fic-12-1.pdf.

交费比例，降低报销比例的方式来解决。[1] 但是，医疗赤字依然严重加剧了政府财政赤字。

法国养老保险赤字也很惊人，因为是现收现付的资金供给模式，社会保障基金需要通过融资的方式推进，如调整缴费和缴费率，征收饮酒和烟草消费税等专门税用于社会保障基金。随着人口的老龄化，相关赤字日益加剧。1993 年开始进行养老保险制度的三次大改革，结果以失败告终，2003 年政府与工会和雇主协会进行协商，听取了社会公众的建议。[2] 但随着人口老龄化，养老金支出越来越多，2018 年养老金支出 29 亿欧元，占法国 GDP 的 14%，2025 年预计将达到 79 亿~172 亿欧元，会造成严重的赤字危机，且 2019 年第三季度法国公共债务已达 100.4%，首次突破欧盟100% 的红线。[3] 法国的福利保障支出过于庞大，第二次分配的"刚性"给法国经济和政府财政造成很大压力。

（二）福利欺诈

法国福利支出也不全部用于贫困人群或者各种有需要的困难群体，因为福利制度运作过程中存在不当支付、滥用（indus）、错误（erreurs）、欺诈（fraudes）和无追索权等问题。2008~2017 年家庭补助金的滥用数额情况如图 5-2 所示。

每年约有 27% 的家庭补助基金被不当支付，因为工作失误或材料欺诈等，约有 58 亿欧元被不当支付。730 亿欧元的家庭补助基金中约有 8% 是不当支付，即每 100 欧元中有 8 欧元是不当支付，如果涉及欺诈行为，将有 90% 被收回，家庭补助基金中约 4.5% 的不当支付难以被追回。[4] 每年都会因为工作失误或福利欺诈导致一批家庭补助金错发。2008~2017 年家庭补助基金涉嫌欺诈金额见图 5-3。

---

① 林嘉、黎建飞、吴文芳：《"中国—法国社会保障法高级论坛"综述》，《人权》2005 年第 4 期。

② 林嘉、黎建飞、吴文芳：《"中国—法国社会保障法高级论坛"综述》，《人权》2005 年第 4 期。

③ 杨成玉：《马克龙新政下的经济形势及展望》，转引自丁一凡主编、戴冬梅副主编《法国发展报告（2020）》，社会科学文献出版社，2020，第 35 页。

④ Christine Cloarec-Le Nabour, Julien Damon, Rapport au Premier ministre, "La juste prestation pour des prestations et un accompagnement ajustés," 5 septembre 2018, p. 13, https://www.gouvernement. fr/upload/media/default/0001/01/2018_09_ rapport_ de_ christine_ cloarecle_ nabour_ et_ julien_ damon_ sur_ la_ juste_ prestation. pdf.

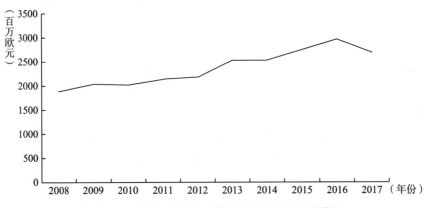

图 5 - 2　2008 ~ 2017 年家庭补助基金滥用数额情况

资料来源：Christine Cloarec-Le Nabour, Julien Damon, Rapport au Premier ministre, " La juste prestation pour des prestations et un accompagnement ajustés," 5 septembre 2018, p. 14, https://www. gouvernement. fr/upload/media/default/0001/01/2018 _ 09 _ rapport _ de_ christine_ cloarecle_ nabour_ et_ julien_ damon_ sur_ la_ juste_ prestation. pdf。

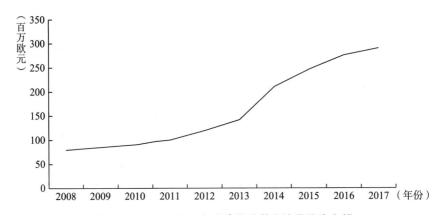

图 5 - 3　2008 ~ 2017 年家庭补助基金涉嫌欺诈金额

资料来源：Christine Cloarec-Le Nabour, Julien Damon, Rapport au Premier minis-tre, " La juste prestation pour des prestations et un accompagnement ajustés," 5 septembre 2018, p. 15, https://www. gouvernement. fr/upload/media/default/0001/01/2018 _ 09 _ rapport_ de_ christine_ cloarecle_ nabour_ et_ julien_ damon_ sur_ la_ juste_ prestation. pdf。

　　通过文本数据监测（400 万张支票检查）和 17 万次现场检查，推算出一些家庭机构涉嫌欺诈的金额约为 19 亿欧元，相当于已支付福利金额的 2.6%，2017 年从申报到流程控制，实际检测到欺诈金额为 2.91 亿欧元。

总体预估，欺诈的金额约占不当支付的 10%~15%①，数量越来越多（见图 5-4）。

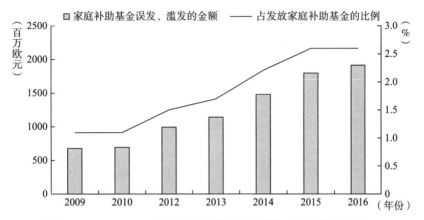

图 5-4 2009~2016 年家庭补助基金中的欺诈金额及其占比情况

资料来源：Christine Cloarec-Le Nabour, Julien Damon, Rapport au Premier ministre, "La juste prestation pour des prestations et un accompagnement ajustés," 5 septembre 2018, p. 16, https://www.gouvernement.fr/upload/media/default/0001/01/2018_09_rapport_de_christine_cloarcele_nabour_ct_julien_damon_sur_la_juste_prestation.pdf。

为了更好地打击欺诈行为，要进一步加强对源头数据的保护，促进执法团队文件共享，并在技术治理和标准化建设上进行优化，完善风险管理的控制程序，对不当支付的金额进行查明和追回。只有这样才能将有限的公共资源"精准"用于最贫困和最困难的群体，切实发挥出社会保障的作用。

第二节 法国反贫困的新政策与新举措

预防和消除贫困战略是法国政府建设 21 世纪福利国家的一部分。近10 年内反贫困依然是法国政府部门重要的工作任务，先后发布《2015~2017 年反贫困和反社会排斥多年计划》和《2018~2022 年国家预防贫困

---

① Christine Cloarec-Le Nabour, Julien Damon, Rapport au Premier ministre, "La juste prestation pour des prestations et un accompagnement ajustés," 5 septembre 2018, p. 15, https://www.gouvernement.fr/upload/media/default/0001/01/2018_09_rapport_de_christine_cloarecle_nabour_et_julien_damon_sur_la_juste_prestation.pdf。

的反贫困战略》，第一个计划侧重区域间反贫困问题，第二个计划侧重全国贫困问题的解决，都在持续、积极地推进反贫困工作，不过还是没能避免"黄马甲"运动的冲击和新冠疫情对贫困的负面影响。

一 反贫困的区域化战略

2015 年法国发布全国消除贫困和社会包容区域化行动计划，主要由住宿和获得住房部际代表团（DIHAL）主导，包括防止驱逐出出租屋、工人房屋修复、"住房优先"、为青年人提供住宿。[①] 可以看出，聚焦在解决住宿贫困问题。

（一）《2015～2017 年反贫困和反社会排斥多年计划》

《2015～2017 年反贫困和反社会排斥多年计划》（2015/2017 du plan pluriannuel contre la pauvreté et pour l'inclusion sociale）的 54 项行动主要遵循以下原则：（1）"正当权利"原则，以保证打击欺诈和加强获得社会权利之间的平衡；（2）"客观"原则；（3）贫困人口参与公共政策制定和监督的原则；（4）社会政策的去部门化和促进政策实施的参与者网络化的原则；（5）不污名化的原则；（6）一个新原则——陪伴支持原则，作为满足人们综合需求的方法之一。[②] 这一计划比以往反贫困举措更创新，旨在推动所有消除贫困的行动者参与，一起对反贫困和反排斥的需求进行共同诊断，尤其是国家与地方、区域与部门之间的协调，以期制定切实有效的反贫困和促进社会包容融合的区域战略，并附有评估指标，可以随时间的推移动态监测取得的进展，通过 Cinode 软件进行管理，以便于更好地了解治理和结构化的伙伴关系建构，进一步推动区域化反贫困和反排斥。

法国共有 26 个大区，已有 10 大区制订了区域扶贫计划，11 个大区开始启动制订扶贫计划，还有 5 个大区尚未启动制订地区反贫困和反排斥计

---

① "Plan pluriannuel contre la pauvreté et pour l'inclusion sociale: synthèse 2015 des actions régionales," 15 juin 2016, https://www. gouvernement. fr/plan-pluriannuel-contre-la-pauvrete-et-pour-l-inclu-sion-sociale-synthese-2015-des-actions-regionales-5194.

② "Territorialisation du plan pluriannuel contre la pauvreté et pour l'inclusion sociale, Mobilisation et coordination en région synthèse nationale 2015," p. 5, https://www. gouvernement. fr/sites/de-fault/files/contenu/piece-jointe/2016/06/synthese_ 2015 _ territorialisation _ plan _ pauvrete _ in-clusion_ sociale. pdf.

划（见图 5 - 5）。①

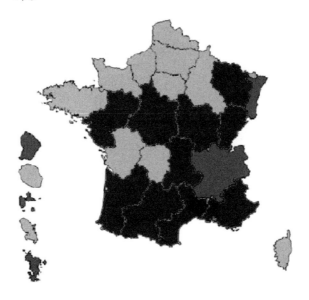

■ 尚未启动区域扶贫计划

■ 正在启动区域扶贫计划

■ 已落实区域扶贫计划

图 5 - 5 反贫困计划制定的区域

资料来源：Territorialisation du plan pluriannuel contre la pauvreté et pour l'inclusion sociale，Mobilisation et coordination en région synthèse nationale 2015，p. 12。

可见，前述贫困率较高的地方，如庇卡底、普罗旺斯 - 阿尔卑斯 - 蓝色海岸、北部加来海峡、利穆赞、朗格多克 - 鲁西荣、科西嘉等均已启动或正在启动和落实相应的反贫困计划。而罗讷 - 阿尔卑斯（Rhone-Alpes）大区经济发达，相应的贫困问题不那么明显，所以暂时尚未启动相关计划。

（二）区域化反贫困的主要工作体系

在推进区域化反贫困工作过程中，只有少数大区建立了专门的联合机构或通过联合伙伴关系推进相关工作，如部门委员会（conseils départementaux）等治理机构和一些专题工作小组围绕着住宿、就业或健康等专题展开与扶

---

① "Territorialisation du plan pluriannuel contre la pauvreté et pour l'inclusion sociale，Mobilisation et coordination en région synthèse nationale 2015，" p. 6，https://www. gouvernement. fr/sites/default/files/contenu/piece-jointe/2016/06/synthese_ 2015 _ territorialisation _ plan _ pauvrete _ inclusion_ sociale. pdf.

贫相关的工作。2015 年 7 月 16 日总理给各省长指示，要求在部门一级巩固这种治理方式，从而使结构化反贫困进一步正式化，并制定出反贫困的地方治理主导方案。预期的治理框架将区域协调、跨部门协同和不同专业领域的专题工作组有机融合在一起，以期促进多元参与主体都能有效提升其主动性、专业性和积极性。区域反贫困工作体系治理结构见图 5 - 6。

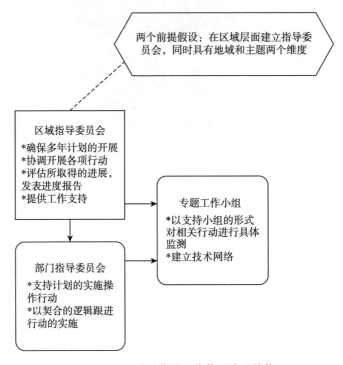

图 5 - 6　区域反贫困工作体系治理结构

资料来源：Territorialisation du plan pluriannuel contre la pauvreté et pour l'inclusion sociale, Mobilisation et coordination en région synthèse nationale 2015，p. 18。

可见，区域指导委员会和部门指导委员会都与专题工作小组保持着密切的合作关系，以专题的方式贯通不同行政级别和部门的协调工作。在贫困人口参与决策制定方面，地方主要通过以下方式推进：（1）增加贫困人群在地方治理机构中的代表性；（2）确保参与机构的多样化；（3）将"参与"作为主要优先工作的主题（6 个相关主题之一）；（4）围绕培训的行动部署。如在普罗旺斯 - 阿尔卑斯 - 蓝色海岸一带，大区接待或陪伴人员咨询委员会（CCRPA）参与了贫困计划的实施，并就一些措施提出了建议。具体工作策略的运作流程如图 5 - 7 所示。

反贫困的重点工作中，区域层面的优先主题分为三个系列：一是获得权利，尤其在住房与住宿方面；二是获得就业机会与获得医疗救助和护理；三是在儿童、家庭、教育领域，对其进行观察与评估。不同区域也会适当加入本区域的工作重心，如卢瓦尔河地区的城市政策中有防止驱逐，其中区域优先选题和部门优先选题可以不同，体现出了因地制宜的灵活性。

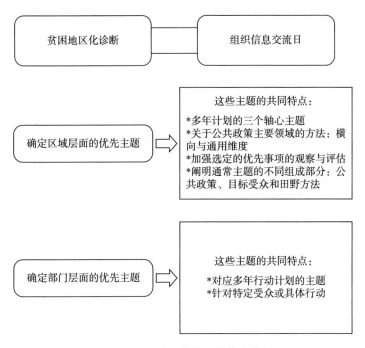

图 5 - 7　区域反贫困工作策略流程

资料来源：Territorialisation du plan pluriannuel contre la pauvreté et pour l'inclusion sociale, Mobilisation et coordination en région synthèse nationale 2015, p. 36。

（三）区域化反贫困的六个主题

反贫困工作方案面向"最弱势群体"，侧重以下六个相关主题。

一是在权利获得方面[①]，鼓励建立参与者网络，加强有关"权利"信息交流，互惠资源，为最弱势群体制定"特制"的方法，特别是在粮食援助、住宿等领域。二是在就业方面，旨在促进与公司、企业之间良好关系

———————————

[①]　旨在保障贫困群体在文化、体育、能源、银行服务、社会福利等领域的基本权利和服务可及性。

的建立，为求职者提供经常性、可持续性的支持。三是在住宿和住房领域，以预防为主要目标，对公众的需求进行观察和了解，旨在加强现有住房和住宿领域公共政策之间的联系。四是在卫生健康方面，所实施的行动是为了优化行动者的联系和现有伙伴关系，使卫生系统向末端延伸，以确保健康和护理的可及性。五是在儿童和家庭领域，旨在促进儿童发展，尤其注重低收入家庭的儿童教育，发展托育服务和支持父母的育儿行动，制定防止辍学的行动方案。六是在银行业等领域加强对利益相关者的信息培育，强调金融包容和防止过度负债，及时发现和识别有财务困难和预算困难的贫困群体，2015 年秋季在 4 个地区启动支持实施预算咨询点网络的试验"测试"。[①] 以期实现多元主体合力推动公共治理，改善团结政策是治理目标的三个基本点之一，秉持预防、干预和可持续融入的方针，旨在加强国家和地方两级行政部门的协调，鼓励社区发展和志愿服务发展，增强社会凝聚力。

二 《2018～2022 年国家预防贫困的反贫困战略》

（一）《社会融入与反贫困》报告

法国 2017 年 9 月 24 日发布的《社会融入与反贫困》（Insertion et lutte contre la pauvreté）报告提出了反贫困的方法：以机会均等的逻辑消除儿童和年轻人贫困。为了持久降低贫困率必须更新公共政策框架和反贫困方向，主要围绕两条主线展开。一是针对受贫困影响最严重的人群，动态解决机会平等问题。目前，法国儿童贫困率很高，所以在改善最困难目标群体生活条件的基础上，本着预防和机会平等的逻辑，调动住房、教育、健康等各领域的杠杆，使贫困儿童不至于在未来成为贫困的成年人和老年人，一生都在贫困的泥淖中挣扎，从而陷入贫困的代际循环中，帮助他们摆脱贫困的陷阱。二是实行更加地域化的政策。发挥大区在消除贫困方面的作用，用社会创新的方式提高地方的主动性、积极性和多样性。[②] 2018

---

① "Territorialisation du plan pluriannuel contre la pauvreté et pour l'inclusion sociale, Mobilisation et coordination en région synthèse nationale 2015," p. 8, https://www.gouvernement.fr/sites/default/files/contenu/piece-jointe/2016/06/synthese_2015_territorialisation_plan_pauvrete_inclusion_sociale.pdf.

② Rapport du gouvernement, "Insertion et lutte contre la pauvreté," Jeudi 21 septembre 2017, p. 4, https://www.gouvernement.fr/.

年继续推动就业和社会融合战略实施，20 万份援助合同中的优先事项如下：一是优先帮助年轻人和长期失业者融入社会；二是优先资助卫生健康和社会应急部门，支持在校的残疾儿童，确保每个孩子都有人陪伴；三是优先改善农村地区和海外；四是继续推动培训计划，启动技能投资计划，尤其要开展可以获得资格证书或与基本技能有关的培训。此外，致力于通过经济活动推进社会融入，预计受益 14 万人，并继续推行政府与企业合作实行就业的职业化合同（Le contrat de professionnalisation）模式。

2018 年的总理报告中再次强调政府的减贫战略，2018 年是一个特殊的年份，是 1988 年法国创建最低融合收入 30 周年，当时为了应对"新贫困"建立了社会保护体系，也是反排斥法（1998 年颁布）颁布 20 周年，是从法律上创建积极就业团结收入（2008 年通过，2009 年正式实施）10 周年，决定通过一次性社会补助金（allocation sociale unique，ASU）项目简化系统，[①] 提升效率，更好地控制公共支出，并推行住房补贴改革。鉴于数字化的发展趋势和需求，弥合数字鸿沟的社会保护也至关重要。就社会正义和公共效率而言，首要目标在于简化服务流程，优化服务计算规则和支付规则，其次是更好地提供支持服务，以实现人们的权利，[②] 实现国家在权利保障方面制定的目标。同时，通过预防逻辑提供最佳服务，并达到减少赤字的目标。

（二）国家预防贫困的反贫困战略

2018 年 9 月 13 日，马克龙总统提出国家预防贫困的反贫困战略（stratégie nationale de prévention et de lutte contre la pauvreté），主导思路是预防和支持，预计 4 年投入 85 亿欧元兑现五项承诺。[③] 一是通过机会平等打破贫困的再生产（预算 12.4 亿欧元）。从消除儿童贫困入手来预防贫困，鼓励设立多样化的托育所，为 60 万名幼师制订培训计划，促进儿童入

---

① Christine Cloarec-Le Nabour, Julien Damon, Rapport au Premier ministre, "La juste prestation pour des prestations et un accompagnement ajustés," 5 septembre 2018, p. 3, https://www.gouvernement.fr/upload/media/default/0001/01/2018_09_rapport_de_christine_cloarecle_nabour_et_julien_damon_sur_la_juste_prestation.pdf.

② Christine Cloarec-Le Nabour, Julien Damon, Rapport au Premier ministre, "La juste prestation pour des prestations et un accompagnement ajustés," 5 septembre 2018, p. 8, https://www.gouvernement.fr/upload/media/default/0001/01/2018_09_rapport_de_christine_cloarecle_nabour_et_julien_damon_sur_la_juste_prestation.pdf.

③ 法国政府网，https://www.gouvernement.fr/contre-la-pauvrete-en-clair。

园前对语言的学习。二是保障儿童日常的基本权利（预算 2.71 亿欧元），为边缘脆弱地区的学校分发早餐，制定合理饮食价格等，如最低膳食为 1 欧元。三是为年轻人提供有保障的培训课程（预算 4.39 亿欧元），大量投资青年人培训是减贫的主要目标之一，旨在减少提前离校、辍学现象，改革职业培训技能，尤其为 18 岁以下的青年提供义务培训，帮助他们获得技能，更好地掌握自己的命运。四是鼓励更容易获得更公平、更有利于活动的社会权利（预算 49.7 亿欧元）。① 通过简化社会最低保障制度，使其更加公平，如 2019 年 4 月 1 日起，积极就业团结收入的受益者会自动更新补充全民医疗保险，将补充医疗保险（l'aide au paiement d'une complémentaire santé，ACS）的支付援助纳入全民医疗补充保险（La couverture maladie universelle complémentaire，CMU-c），创建"贡献型"的全民医疗保险，建立更有活力的社会保障制度，将会使 100 万名贫困者和中等收入家庭从补充医疗保险中受益。五是投资支持就业（预算 10.4 亿欧元）。每年为 30 万名受益者创建加强社会支持和就业融合的活动保障，并通过经济融合计划（IAE）为 10 万人提供工作，优先支持 5 万个积极就业团结收入受益者就业，从而帮助最弱势的群体就业。

法国政府每年秋季提交预算法案（PLF），2019 年的财政法案继续推动社会模式转型，以期提升 2% 的购买力。主要有四个优先事项。一是降低对所有法国人强制征收的税额，预计为家庭减税 60 亿欧元，如降低住房税、免征职工社会缴款等，2019 年 1 月开始实行加班免税。二是促进就业，在技能培训方面预计投入 25 亿欧元，增强企业的吸引力和竞争力，企业将受益于就业税收抵免（CICE）政策。三是保护法国人，大幅度提升最贫困者的最低保障和残疾人津贴。四是为未来做准备，侧重在教育、研究、生态转型等领域的投资，推动公共部门改革。其中对燃料和烟草增税，上调柴油、汽油的燃油税主要是为了减少环境污染；对烟草的增税，主要是为了减少肺癌患者，每年约有 73000 人因吸烟而死亡，导致当年烟草消费量急剧下降 10%，② 政府同步推行戒烟报销制度，促进健康计划推行。所以，此次预算的主要特点是灵活采用分配政策促进扶贫计划和健康计划推行。

---

① 法国政府网，https://www.gouvernement.fr/contre-la-pauvrete-en-clair。

② Le Projet de Loi de Finances 2019，23 octobre 2018，https://www.gouvernement.fr/。

自 2018 年 9 月 13 日马克龙总统启动预防的反贫困战略，努力通过再分配来遏制贫困，在一定程度上改变和完善了法国的社会保护体系，如新增 3 万个托育所，2019 年为小学二年级的 10 万名儿童提供早餐，免费早餐先在亚眠、图卢兹、蒙彼利埃、兰斯、凡尔赛等地的 8 所学校试行，之后在全国推动。尤其为 7 万名农村地区的小学生提供 "1 欧元膳食"，并规定 16 ~ 18 岁的青少年必须上学、就业或接受培训，为他们提供个性化的支持，以期打破贫困的代际循环。[①] 2019 年 2 月 21 日总理爱德华·菲利普在爱丽舍宫与各部门签订合同，以实施国家预防和消除贫困战略。主要措施有以下几方面：一是将儿童的社会援助延伸到青少年，帮助他们从可以引导他们的人那里获得支持，帮他们购买额外的健康保险等；二是简化社会福利的服务流程和程序，整合法国不同地方的社会救助网络体系；三是推进最低社会保障受益者的社会融入工作，其中比较有效的方式是通过工作来摆脱贫困，在经济融合（l'Insertion par l'Activité Economique，IAE）战略下，通过个性化的指导帮助积极就业团结收入的受益者就业。在预防和消除贫困战略启动 7 个月后，社会团结与卫生部的克里斯汀·杜博斯（Christelle Dubos）宣布实施 "1 欧元食堂"（cantine à 1 euro pour les familles）项目，以家庭能接受的更实惠的价格提供学校膳食，[②] 为困难家庭的孩子提供均衡膳食。凡是提供 "1 欧元膳食" 的食堂不按市场定价，但会获得市政当局每餐 2 欧元的国家援助，将在 10000 个城市推行，[③] 反贫困要从儿童抓起。在 2020 年 1 月 24 日部长会议上，建议设立反贫困专员（Création des commissaires à la lutte contre la pauvreté），负责预防和消除贫困政策的推行、区域协调和部际指导，尤其关注儿童和青少年贫困问题。[④] 可见，最新的反贫困政策重心在帮助青年人就业、儿童贫困和经济融合三大方面。

---

① Discours de M. Édouard Philppe, Premier ministre, "Lancement de la contractualisation avec les Départements pour la mise en oeuvre de la stratégie nationale de prévention et de lutte contre la pauvreté," Palais de l'Elysée, 21 février 2019, https：//www. gouvernement. fr/discours/10903-lancement-de-la-contractualisation-avec-les-departements-de-la-strategie-pauvrete.

② "Les petits-déjeuners gratuits à l'école, c'est parti," 23 avril 2019, https：//www. gouvernement. fr/les-petits-dejeuners-gratuits-a-l-ecole-c-est-parti.

③ "Lancement de la cantine à 1 euro pour les familles," 8 avril 2019, https：//www. gouvernement. fr/lancement-de-la-cantine-a-1-euro-pour-les-familles.

④ "Compte rendu du Conseil des ministres du 24 janvier 2020," 24 janvier 2020, https：//www. gouvernement. fr/conseil-des-ministres/2020 – 01 – 24.

总之，在国家团结目标下，必须制定适合每种类型人群或每个人的整合性解决方案，个性化的积极就业团结收入使领取者与部门委员会签署互惠承诺合同推进就业。① 2020 年 4 月在各个地区派驻全力支持反贫困战略实施的高级专员，以了解各地的实际贫困状况，通过契约化的方式改变贫困者不稳定的脆弱生活状态。

（三）公民咨询项目

2019 年法国政府启动了公民咨询项目，各类组织和社会公众可以在公民咨询网站（consultation citoyenne）② 上提出建议，鼓励所有法国人发表意见，以建立未来的普遍积极收入（revenu universel d'activité）。该收入主要有四个目标：一是尽可能将不同类型的社会援助协调整合起来，以形成更具可读性的系统（更好的数据管理）；二是通过确定最低金额，使普遍工作收入成为社会安全网，确保受益者过上体面的生活；三是鼓励受益者找工作，确保返回工作的受益者月底获得更多的收入，对残疾人等无法工作的群体，必须提供基本服务保障他们的日常生活，如成年人残疾津贴；四是坚持公平原则来统一测量和保障普遍积极就业收入的权利。③ 这项计划预计影响 1500 万名受益者。未来将进一步关注公共融合服务的咨询，以便于共同设计出一种更高效、更公平、更适合法国公民需求的新公共服务平台，这也是公共服务均等化的一种战略推动。

总之，马克龙启动预防和消除贫困的反贫困战略，不仅通过再分配来遏制贫困，还通过改变社会保护体系，使贫困不至于代代相传。以往主要侧重权力分配，现在努力提升福利服务的质量，准备动员和整合国家、政府部门、家庭补助基金、就业指导、社会融入参与者一起组成反贫困阵线，④ 以确保减贫的可持续效果。

① Discours de M. Édouard Philppe, Premier ministre, "Lancement de la contractualisation avec les Départements pour la mise en oeuvre de la stratégie nationale de prévention et de lutte contre la pauvreté," Palais de l'Elysée, 21 février 2019, https://www. gouvernement. fr/discours/10903-lancement-de-la-contractualisation-avec-les-departements-de-la-strategie-pauvrete.

② www. consultation-rua. gouv. fo.

③ "Revenu universel d'activité : lancement de la consultation citoyenne," 8 octobre 2019, https:// www. gouvernement. fr/revenu-universel-d-activite-lancement-de-la-consultation-citoyenne.

④ "Lancement de la contractualisation avec les Départements de la stratégie pauvreté," 21 février 2019, https://www. gouvernement. fr/partage/10903-lancement-de-la-contractualisation-avec-les-departements-de-la-strategie-pauvrete.

三 反贫困政策的落实情况

法国为了进一步落实减贫战略，2019 年依然侧重儿童贫困、青少年贫困、社会投资、福利保障等反贫困战略。如将成年人残疾津贴增加到 900 欧元，积极就业团结收入也将根据通货膨胀重新估值。[①] 目前的社会模式虽然在努力遏制贫困的发展，但是在预防贫困的根源和彻底摆脱贫困方面的成效不明显，持续增加的社会支出不足以降低 14% 的国家贫困率，贫困的再生产现象明显，年轻人的脆弱性很高，约 1/5 的儿童处于贫困状态，超过 1/3 的单亲家庭处于贫困状态。[②] 目前，主要通过劳动力市场来防止贫困的社会再生产，侧重消除儿童贫困，通过融入公共服务来推动就业，并改革复杂的福利系统。

（一）圣诞津贴

除了上述基本补助之外，还有一些节日福利，政府制定的《2018 ~ 2022 年国家预防贫困的反贫困战略》也是为了消除贫困和提升低收入家庭的购买力。2018 年艾格尼丝·布津（Agnès Buzyn）宣布续期支付圣诞津贴（prime de Noël），230 万户低收入家庭从中受益，这种特殊的年终奖金，在圣诞节前一周支付给社会最低保障受益者，如积极就业团结收入、特别团结津贴和等同于退休金的津贴的领取者，单人为 152.45 欧元，没有孩子的夫妻为 228.67 欧元，单身带两个孩子或夫妻带一个孩子的为 274.41 欧元，有两个孩子的夫妇为 320.14 欧元，有三个孩子的为 335.39 欧元，四个孩子的为 396.37 欧元，五个孩子的为 457.35 欧元，自三个孩子以后，每增加一个孩子增加 60.98 欧元补助。[③] 孩子数量增加会增加相应的金额，一方面是为了缓解儿童贫困，另一方面反映了政府关于提升中等收入家庭和低收入者购买力的承诺，同时也刺激了生育率，有些移民会为了领取更多补助而多生孩子。

[①] "Projet de Loi de Finances（PLF），Soutenir le travail，invertir，pour l'avenir，" 24 septembre 2018，p. 13，https://www.gouvernement. fr/.

[②] "Projet de Loi de Finances（PLF），Soutenir le travail，invertir，pour l'avenir，" 24 septembre 2018，pp. 53 - 55，https://www.gouvernement. fr/.

[③] "La ' prime de Noël' est reconduite pour 2，3 millions de ménages modestes，" 11 décembre 2018，https://www.gouvernement. fr/la-prime-de-noel-est-reconduite-pour-23-millions-de-menages-modestes.

（二）住房优先计划

在国家预防和消除贫困战略框架下，团结与卫生部部长奥利维尔·维兰（Olivier Véran）和负责住房事务的部长代表艾曼纽·沃贡（Emmanuelle Wargon）等提出了"住房优先计划"，准备通过 40 个项目 1500 万欧元支持 1000 名极度边缘化群体，特别关注 18～25 岁流浪的年轻人。[①] 该计划主要包括五个行动策略：一是建设更多的经济适用房，以满足无家可归者和住房条件差的群体的需求；二是促进和加速弱势群体获得住房，并降低他们的居住流动性；三是更好地为无家可归者提供住宿，并使他们持续处于有住宿状态；四是防止住房线路中断（无房源或住宿驱逐），不断整合住宿资源，推行"紧急住宿"（l'hébergement d'urgence），随时保持无条件响应住宿需求的状态；五是动员主要行动者和地区主要机构保障相关事宜，一些协会、企业等社会力量也应积极参与。

"住房优先计划"为无家可归者提供直接入住和持久住宿的机会，2018～2019 年为 15 万人提供了住宿。对于不稳定人群来说，除了食物之外，住宿也是重要的支出，约占开支预算的 23%，[②] 有些失业、工作时间减少、重返工作岗位的贫困者甚至无法支付房租，该政策也为街上无家可归者提供了一个相对安全的栖身之所。

第三节　反贫困新动态：疫情中的反贫困

新冠疫情防控期间法国政府充分显示了责任担当。在 2020 年 3 月 12 日的电视讲话中，马克龙指出在这场健康危机中，要"不惜任何代价保护法国人民"，法国政府是不会将食品安全、社会保障和免费医疗体制交给自由市场规则的，[③] 会承担每个法国人所有的医疗费用，为疫情防控期间失业的人提供失业救济，并为企业免征各种税，为文旅和餐饮行业提供补贴。

[①]　"40 projets pour accompagner 1000 personnes en situation de grande marginalité," 25 Novembre 2020, https://www.gouvernement.fr/40-projets-pour-accompagner-1000-personnes-en-situation-de-grande-marginalite.

[②]　"De nouvelles mesures pour prévenir et lutter contre la bascule dans la pauvreté," 15 juillet 2020, p. 13, https://www.gouvernement.fr/upload/media/default/0001/01/2020_10_dp-mesures_pauvrete-vdef_0.pdf.

[③]　徐波：《转型中的法国》，中信出版社，2020，第 42 页。

一 新冠疫情加剧了贫困问题

(一) 新冠疫情导致贫困人数增加

新冠疫情使年轻人和个体经营者经济损失较大，进一步加剧了贫困问题，新闻报道指出此次疫情导致新增 100 万名贫困者,[①] 但具体数据仍待核实。2020 年积极就业团结收入的受益者增加了约 10%，这是自 1988 年创建以来，受益者首次超过 200 万名。[②] 1990~2020 年积极就业团结收入及其前身最低融合收入受益者数量变化见图 5-8。

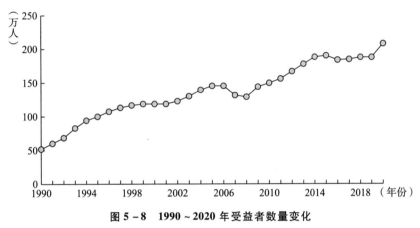

图 5-8 1990~2020 年受益者数量变化

资料来源：CAF；Julien Damon, "Pauvreté：l'aggravation devrait être pour demain," RDSS, mars-avril 2021, p. 2。

可见，从 1988 年最低融合收入设立到 2008 年试点，2009 年正式推行积极就业团结收入替代最低融合收入的 20 年时间里，相关福利的领取人数将近翻了两番，尤其是 2019 年到 2020 年疫情防控时期人数迅速飙升，此期的贫困率也呈增长趋势，即贫困的人越来越多，领取保障的人也越来越多。

(二) 新冠疫情加大社会保障体系压力

受疫情影响，2020 年第一季度和第二季度之间的工作岗位申请人数增

---

① "Covid-19：la crise sanitaire a fait basculer un million de Françaises et de Français dans la pauvreté," *Le Monde*, 6 octobre 2020；"Un million de pauvres en plus? Une hausse invérifiable mais indéniable," *Libération*, 13 octobre 2020, https://www.libe.ma/。

② Julien Damon, "Pauvreté：l'aggravation devrait être pour demain," RDSS, mars-avril 2021, p. 1。

加了 6.7%，积极就业团结收入的申请人数增加了近 20%，积极就业团结收入的费用增加了 10%。[①] 然而失业风险大大增加，找到工作的可能性进一步降低。为了化解相关风险，政府采取了以下补助措施：（1）2020 年 5 月 15 日向 410 万户困难家庭支付了 8.8 亿欧元的特殊团结援助（Aide exceptionnelle de solidarité）；（2）6 月投入 1.6 亿欧元给予 80 万名困难青年每人 200 欧元的补助；（3）提供 9400 万欧元，支持粮食援助部门；（4）资助贫困的学生，大学餐厅为奖学金获得者提供"1 欧元膳食"；（5）投入 5.3 亿欧元支持 9 月新学期开学，给每个孩子超额增加 100 欧元的返校津贴；（6）11 月 27 日按照 2019 年 5 月的援助模式自动支付新的团结援助（aide de solidarité），为积极就业团结收入和特别团结津贴的每个受益者支付 150 欧元，为积极就业团结收入、特别团结津贴和个性化住房援助受益人的每个孩子支付 100 欧元，预计 400 万户家庭将因此受益；（7）为 25 岁以下 56 万个领取住房补贴的青年（非学生）和 74 万个接受高等教育的奖学金获得者每人发放 150 欧元的援助，相关援助将于 11 月底和 12 月初自动支付。[②] 可见，疫情期间主要困难群体都有领取津贴的机会，但这也使政府财政陷入更加困难的境地。

二 新冠疫情防控期间的反贫困政策

除了上述一些保障津贴的发放，法国政府积极主动应对此次疫情危机，尝试在风险社会中培育和重建法国社会模式的韧性。

（一）聚焦最脆弱人群

为了防止贫困加剧，政府主要采取三项优先举措。一是提升不稳定的人（没什么储蓄的人）和节衣缩食者的购买力，为他们的日常生活提供支持。二是为失业人员制订社会融入和就业方案，帮助他们脱贫。三是为困难的人提供合适的住房和住宿条件，但也要防止他们不付租金。预计将投

---

① "De nouvelles mesures pour prévenir et lutter contre la bascule dans la pauvreté," 15 juillet 2020, p. 4, https://www.gouvernement.fr/upload/media/default/0001/01/2020_10_dp-mesures_pauvrete-vdef_0.pdf.

② "De nouvelles mesures pour prévenir et lutter contre la bascule dans la pauvreté," 15 juillet 2020, p. 6, https://www.gouvernement.fr/upload/media/default/0001/01/2020_10_dp-mesures_pauvrete-vdef_0.pdf.

入 18 亿欧元用于新的反贫困举措，脱贫总战略预算约有 80 亿欧元。[①] 总体战略是帮助他们重返工作岗位，尤其是加强年轻人的职业融合和社会融合。

让·卡斯特克斯（Jean Castex）指出这场疫情危机加剧了法国经济模式和社会保护模式的脆弱性，如果不关注最脆弱群体，就难以得到团结。[②] 新冠疫情防控期间，脆弱人群的住宿和饮食需求大幅度增长，政府将投入 2500 万欧元克服健康、饮食和住宿的相关困难，其中 2000 万欧元用于预防和反贫困举措。粮食援助注册人数从之前的 550 万人已经增加到 800 万人，国家特别设立机构和协会等各类慈善团体一起为近 13 万人发放了粮食等救援物资，国家资助的留宿旅馆的受益者也从 4.5 万人增加到 6 万人，[③] 在国家去中心化的服务体系中，还需要进一步为这些困难群体建立稳定的粮食救援和住宿支持体系。

（二）加大对医疗卫生系统的投入力度

新冠疫情防控期间，2020 年 3 月政府提出投入 450 亿欧元支持经济和卫生系统，目前决定将应急计划增加到总计 1100 亿欧元，对于支持小企业和个体经营者的团结基金增加 70 亿欧元；预计拨款 80 亿欧元补助用于抗疫的特殊医疗卫生支出，如购买口罩和设备等，奖励一线医护人员，为抗击新冠疫情受影响最严重的医院员工支付每人 1500 欧元的奖金。这项修订后的财政方案会提升法国的赤字率。[④] 此外，将通过创建 60 个健康中心和新增 400 条医疗保健热线来解决医疗资源不平衡问题。预计将创建 500 张新的"医疗床位"和 2600 个名额为无家可归者提供健康支持。此外，向不稳定人群（补充医疗和国家援助的受益人群）免费提供口罩，2020 年 8

---

① "De nouvelles mesures pour prévenir et lutter contre la bascule dans la pauvreté," 15 juillet 2020, p. 3, https://www.gouvernement.fr/upload/media/default/0001/01/2020_10_dp-mesures_pauvrete-vdef_0.pdf.

② Jean Castex, "De nouvelles mesures pour prévenir et lutter contre la bascule dans la pauvreté," 15 juillet 2020, p. 2, https://www.gouvernement.fr/upload/media/default/0001/01/2020_10_dp-mesures_pauvrete-vdef_0.pdf.

③ "Lancement d'un appel à projets pour le développement de tiers-lieux favorisant l'accès à l'alimentation des personnes hébergées à l'hôtel," 12 janvier 2021, https://www.gouvernement.fr/lancement-d-un-appel-a-projets-pour-le-developpement-de-tiers-lieux-favorisant-l-acces-a-l.

④ "Déclaration du Premier ministre à l'issue du Conseil des ministres," 15 avril 2020, https://www.gouvernement.fr/partage/11478-declaration-du-premier-ministre-a-l-issue-du-conseil-des-ministres.

月已经为 900 万人发放了 5300 万个口罩，第二批 5200 万个口罩将会发给那些无家可归的人。① 2022 年全年及 2023 年初主要落实上述支持政策，并侧重通过疫苗接种、特效药和隔离举措进行疫情防控。可见，政府保障网已经覆盖到最脆弱的群体。

随着全球疫情的扩散，法国每周约有超过 70 万人感染新冠病毒，60% 的重症监护床位都被新冠患者占用。法国政府部门提出必须拯救同胞的生命。为此，6 个月内将配备 1 万张复苏床，尽可能多训练专业的护理人员，在第一波疫情期间已经治愈了 17000 名重症患者，今后能够照顾 3 万名重症患者。与此同时，在防疫抗疫的过程中也要努力工作，以防失业和贫困加重。②

（三）加大就业支持力度

反贫困政策的优先事项主要针对就业和支持青年人：（1）2022 年经济融合（IAF）名额将增加 70%，即 24 万个名额（主要针对年轻人）；（2）法国就业中心（Pôle Emploi）和一些部门将在全球支持 10 万人，2022 年支持 20 万人；（3）2020 年 9 月开启对 16~18 岁青少年的培训（尤其是工作技能课程）；（4）每年为 10 万名青年提供保障；（5）通过政策实验扩展法，继续开展零长期失业试验；（6）各部门通过合同为积极就业团结收入的受益者提供保障。③ 其中，依据 2016 年 2 月 29 日的法律，一些机构推行的"零长期失业计划"为期 5 年，在当地就业委员会的支持下在 10 个地区实施，每个区域内设立一个或多个"就业导向型公司"，在选定的时间里以长期合同的形式招募该领域内失业一年以上的自愿求职者。截至 2019 年底，公司以就业为目的，用长期合同的方式招聘了 768 名长期失业人员，④

---

① "De nouvelles mesures pour prévenir et lutter contre la bascule dans la pauvreté," 15 juillet 2020, p. 10, https://www. gouvernement. fr/upload/media/default/0001/01/2020_10_dp-mesures_pauvrete-vdef_0. pdf.

② "Discours de M. Jean Castex, Premier ministre, devant l'Assemblée nationale," 29 octobre 2020, https://www. gouvernement. fr/partage/11833-conference-de-presse-sur-l-application-des-mesures-contre-la-covid-19.

③ "De nouvelles mesures pour prévenir et lutter contre la bascule dans la pauvreté," 15 juillet 2020, p. 10, https://www. gouvernement. fr/upload/media/default/0001/01/2020_10_dp-mesures_pauvrete-vdef_0. pdf.

④ "De nouvelles mesures pour prévenir et lutter contre la bascule dans la pauvreté," 15 juillet 2020, p. 12, https://www. gouvernement. fr/upload/media/default/0001/01/2020_10_dp-mesures_pauvrete-vdef_0. pdf.

2021 年继续扩大试验范围。

（四）加大福利补贴力度

2020 年 11 月 14 日第 2020 - 1379 号法令提出延长卫生紧急状态期，并制定了各种处理卫生危机的措施。在防疫抗疫的同时保障贫困人群的福利申请，采取多项扩大权益的措施，以避免因申请或审查困难而突然中止补助。如获得补充性医疗保障和医疗援助、积极就业团结收入、社会融入财政援助（AFIS）、成年人残疾津贴和残疾儿童教育津贴（AEEH），以确保对老年人、残疾人、未成年人、孕产妇和儿童提供连续性的支持和保护。为最贫困群体和学生提供免费口罩，已向 300 万户弱势家庭，即约 900 万人送去了 5000 万个口罩，[①] 以提升口罩的可及性。2020 年，领取积极就业团结收入的三孩家庭会直接获得 1200 欧元的援助。[②] 可见，对多子女家庭的补助和支持力度还是很大的。

此外，一些反贫困协会提醒需要关注家庭开支的增加，政府正在考虑自动延长社会福利支付、为无家可归者建设 21000 个紧急住所，并启动紧急粮食援助计划，为 25 岁以下处于不稳定状态的贫困青年提供援助。因为疫情，一些大学餐厅已经关闭，一些年轻人失去了工作，政府决定为 80 万名年轻人每人提供 200 欧元的援助，[③] 主要付给失去工作或实习的学生，以及无法回国的海外学生。可见，这体现了法国福利保障制度的平等与博爱，但也会因此而进一步加剧法国财政的困境。

（五）经济复苏计划

新冠疫情的冲击力非常大，所以要严格执行在公共场所、商店和企业中佩戴口罩的规定，在疫情比较严重的地区，实施更为严格的举措，如关闭酒吧和餐馆。在疫情防控期间，大量公共场所关闭，这会影响法国的经济振兴，此期有一些零星暴力行为，表明防疫的封闭式管理会撕裂法国的

---

① "Discours de M. Jean Castex, Premier ministre-conférence de presse sur la Covid-19," 27 août 2020，https://www.gouvernement.fr/point-de-situation-sur-l-epidemie-de-covid-19-du-27-aout-2020.

② "De nouvelles mesures pour prévenir et lutter contre la bascule dans la pauvreté," 15 juillet 2020，p. 6，https://www.gouvernement.fr/upload/media/default/0001/01/2020_10_dp-mesures_pauvrete-vdef_0.pdf.

③ Édouard Philippe, "Stratégie nationale de déconfinement, Présentation du Premier ministre de la stratégie nationale de déconfinement," prononcée au Sénat, 4 mai 2020，https://www.gouvernement.fr/discours/11535-strategie-nationale-de-deconfinement.

社会结构。[①] 法国政府也推行了一系列优惠补助措施：所有经行政命令关闭的部门，都将获得团结基金（fonds de solidarité）的资助，每月可高达10000 欧元。一些遇到困难的中小企业可以从增加的免税中受益，政府担保贷款将延长 6 个月。[②] 2021 年疫情防控期间，为了支持国家经济复苏，法国政府实施了一项 1000 亿欧元的特殊计划，主要围绕生态转型、竞争力和凝聚力展开，[③] 以期维持和新增就业机会、增强经济弹性、提高竞争力、促进生态转型，在产生社会经济效益的过程中促进国家团结，增强凝聚力，具体举措如发展循环经济、支持回收再利用等。

此外，法国复兴计划（Plan France Relance）预计投入 1 亿欧元用于支持反贫困协会的发展。将通过为期两年的项目征集，促使相关反贫困协会调动、整合现有的网络和系统，通过结构关联为不稳定的人群提供支持和帮助，打通反贫困的"最后一公里"。

---

① "Discours de M. Jean Castex, Premier ministre, devant l'Assemblée nationale," 29 octobre 2020, https：//www. gouvernement. fr/partage/11833-conference-de-presse-sur-l-application-des-mesures-contre-la-covid-19.

② "Discours de M. Jean Castex, Premier ministre, devant l'Assemblée nationale," 29 octobre 2020, https：//www. gouvernement. fr/partage/11833-conference-de-presse-sur-l-application-des-mesures-contre-la-covid-19.

③ "Un plan d'investissement pour tous les Français pour préparer la France de 2030," 7 mai 2021, https：//www. gouvernement. fr/.

第六章

法国反贫困的发展逻辑与悖论困境

法国在反贫困过程中坚持"自由、平等和博爱"原则，很多在法国的外国人都能从法国的福利保障政策中获益，但也因此加大了社会保障的开支力度和政府的财政压力，导致再分配不断地"刚性"膨胀。这也是全球化对民族国家边界冲击产生的困境，法国逐渐探索出一条具有法国特色的反贫困之路，有成功的经验，但也有一些教训。

第一节　法国反贫困的制度逻辑

法国历史上的社会救助和国民团结的思想基础，使各届政府在发展经济的同时较关注反贫困，以维护社会稳定和提升社会凝聚力。二战后福利国家制度的建立使得贫困问题一度被边缘化，直到 20 世纪 80 年代"新贫困"现象产生，贫困问题才重新成为重要的政治议题。当时一些教会组织等慈善组织发起了新贫困辩论，即使法国政府并不将贫困视为一个永久性问题，也认识到这一问题的普遍性。有国会议员强调必须与贫困做斗争：否则"社会凝聚力会受到贫困的威胁"。这一观点得到认可，并提出"双重社会"或"法国双重性"的风险，将贫困对社会的威胁分为两部分，这也与风险社会的相关理论同步发展。另一位国会议员将贫困的存在描述为"国家分裂的风险"。换句话说，他们都表达了相同的含义：贫穷对社会及其凝聚力有潜在的危险，贫困不再仅被视为对个人的威胁，也威胁到整个社会。① 为了不再掩盖社会风险，法国社会各界从 20 世纪 80 年代日益重视贫困问题。政府迅速推出最低融合收入应对贫困问题，之后又推出积极就业团结收入取代最低融合收入，积极应对就业不足和失业问题。法国大量的贫困问题是因失业问题引发的，尤其是青年失业和在职贫困。为什么法国社会保障投入力度那么大，但减贫成效不是特别明显，反而不断加剧了政府财政赤字、"福利依赖" 和 "法国病"？

一 党派之争与党派共识

首先，第一个问题是为什么法国会出现社会保障不断膨胀的发展趋势。因为二战后代表中下层民众的法国社会党逐渐取得执政地位，颁布了一些维护贫困群体和弱势群体的社会改革法令，大大提升了法国民众的社会福利待遇。② 密特朗任期，不惜扩大政府赤字，实施有利于法国中下层的税收政策，大幅度提高最低收入工资，各行业最低工资提高了 10%，③ 增加对家庭和弱势群体的津贴和补助，把家庭补贴提高了 25%，对富人征收 0.5% ~ 1.5% 的大宗财产税。④ 1981 年法国社会党政府规定对收入超过 32 万法郎的纳税人征收 10% 附加税，从原有 55% 上升到 65%，收入超过 37 万法郎的征收 15% 的附加税，从之前的 55% 提升到 70%，拥有 300 万法郎以上的财产者增收大资产税，税率从 0.5% 逐步提高到 8%，月薪超过 4 万法郎的还要征收工资税，⑤ 以期通过财富再分配来维护社会稳定，但这样也抑制了富人创造财富的热情。1987 年法国财政赤字已达 1201 亿法郎，占国内生产总值的 2.26%。1992 年财政赤字上升为 2220 亿法郎，占国内生产总值的 3.18%。⑥ 为什么会不惜财政赤字也要大力发展社会保障？李姿姿研究了 1981 ~ 2002 年法国社会党的政策偏好：从传统政治的以阶级联盟为基础走向新政治的以就业联盟为基础，进一步加剧了社会保障制度的二元化和社会不平等。⑦ 这种改革表面上看起来有政党之争的表征，其实

---

① Sarah Haßdenteufel, "Covering Social Risks: Poverty Debate and Anti-Poverty Policy in France in the 1980s," *Historical Social Research*, Vol. 41, No. 1, 2016, pp. 201 – 222.
② 吴国庆：《法国执政党关于财富再分配与社会和谐的实践》，《红旗文稿》2005 年第 9 期。
③ 吴国庆：《法国政治史（1958 ~ 2012）》，社会科学文献出版社，2014，第 177 页。
④ 吴国庆：《法国执政党关于财富再分配与社会和谐的实践》，《红旗文稿》2005 年第 9 期。
⑤ 刘玉安、蒋锐：《从民主社会主义到社会民主主义》，人民出版社，2010，第 157 ~ 158 页。
⑥ 吴国庆：《法国政治史（1958 ~ 2012）》，社会科学文献出版社，2014，第 214、222 页。
⑦ 李姿姿：《法国社会党的社会政策偏好：传统与变迁》，《欧洲研究》2009 年第 6 期。

不同党派之间通过社会保障来解决贫困问题已达成共识。

为了获得选民的支持，左右翼政党都试图通过提高福利待遇来获得民众之心。这样的高福利不但增加了政府的财政压力，也吸引了很多移民，其中一些非法潜入的移民因为没有正式的合法身份获取福利，就会走上违法犯罪的道路。贫困导致的社会排斥加剧了贫困人口在心理层面的失衡和脆弱性，不利于社会团结的建设，也引发了法国民粹主义情绪的蔓延，极右翼的民粹政党国民阵线获取选票最多的地方就是贫困严重的地区，这种民粹主义对贫困问题的再利用和话语再造加重了法国的社会危机。[①] 诺纳·梅耶尔（Nonna Mayer）的研究也表明不稳定的生存状态导致越来越多的人支持国民阵线，进一步改变了法国的政治生态。[②] 这种为了维护社会稳定和获取支持选票的心态，导致不同党派达成了共识：通过建立和完善福利保障体系来反贫困。

二 反贫困的政策思路

"辉煌三十年"之后，在第四世界、天主教救助等慈善组织的推动下，对贫困相关问题的重视再度发酵，各界尝试通过关注社会正义问题来探寻贫困的根源。让－克劳德·巴比尔（Jean-Claude Barbier）研究了自 1980 年底法国、美国等"激活社会保护政策"的历史逻辑，通过改革来推动就业，使劳动力市场更具包容性和公平性，以期消除贫困和减少社会排斥。如通过互助计划和工会计划来保障失业者，1793 年法国救济法强调工作能力的培养，而"再度激活"是系统性推进，将其纳入"政治和道德"逻辑，[③] 主要为了应对失业和就业不足。此时期政府发布了一些有代表性的文件，迈克尔·塔康（Michel Tachon）反思了一些有深度的问题：其中四个文本是否真的反映了法国政治思想的变化；在与贫困的斗争中，左派和右派的博弈与转变是否会产生其他态度；社会专业人士如何看待和接受这些不同的建议；社会干预的所有参与者之间建立了怎样的关系；这些政治取向与社会工作者的专业实践之间妥协与和解的本质是什么。此时期主要

---

① 张金岭：《当代法国社会治理的结构性困局》，《国外社会科学》2018 年第 5 期。

② Nonna Mayer, "Le premier effet de la précarité est de détourner du vote," La Marseillaise, 26 janvier 2014, https://www.gouvernement.fr/.

③ Jean-Claude Barbier, "Activer les pauvres et les chômeurs par l'emploi?" Politiques sociales et familiales, No. 104, 2011, pp. 47–58.

反贫困的政策文件如下。

一是 1980 年 6 月，总理雷蒙德·巴尔（Raymond Barre）委托国务委员加布里埃尔·奥黑（Gabriel Oheix）编写的《反对不稳定和贫困的 60 项建议》（"奥黑报告"），虽然没有正式发表，但是在专家内部传阅，很多社会机构负责人都参考过。报告中提出要实施相关人员有责任参与的、有效的集体行动，以"逐渐减少贫困人口的数量"（résorption progressive des îlots de pauvreté），指出要关注新贫困的不稳定性，提出的 60 条建议有点类似新自由主义社会政策。让－米歇尔·贝勒吉（Jean-Michel Belorgey）谴责了"社会保护的漏洞"（trous de la protection sociale），为了解决相关问题，政界主要采用两种策略。第一是通过扩大监管范围，将贫困人群纳入监测体系，逐渐将私人慈善或公共慈善行动的社会救助融入社会监管体系中，经由社区进行管理。第二是制定"最低限度的社会支持"政策，以保障那些极端贫困群体。① 但是遇到的问题是如何有效统计贫困人口的数量。因为"最低限度的社会支持"的总成本很复杂，面临潜在受益者数量不确定的风险，所以如何界定贫困是当务之急，要对贫困进行定量与定性研究，而为贫困群体提供"更好的社会融合条件"是一种"泛化援助"的方式。

二是凯瑟琳·布鲁姆·吉拉多（Catherine Blum Girardeau）于 1981 年 9 月提交给民族团结部部长的《团结报告》。该报告采用一种社会主义方法对相关社会问题进行了政治反思，基于现代民族团结或国家团结的概念，指出贫困问题是一个社会不平等问题，重在解决就业和收入问题。② 在一定程度上，该报告反映了左派的意识形态。

三是皮埃尔·莫鲁瓦（Pierre Mauroy）政府于 1983 年 1 月通过的《减贫计划》（Plan de lutte contre la pauvreté）。该文件的意义在于，作为第五共和国左翼政府的第一个倡议，旨在制订一项专门与贫困做斗争的计划，除了社会干预的技术问题外，还揭示了解决贫困问题的方法和反贫困政策框架。《减贫计划》是在城市管理方式变化的背景下，采取更务实有效的方法，由社会工作机构采用社会工作的方法推进反贫困。因为社会工作机构是消除贫困的实践者和推动者，依托他们对社会行动系统的了解，积极

---

① Michel Tachon, "Politique de lutte contre la pauvreté: nouveaux habits et vieilles dépouilles," *Revue internationale d'action communautaire*, No. 16, 1986, pp. 143 – 157.

② Michel Tachon, "Politique de lutte contre la pauvreté: nouveaux habits et vieilles dépouilles," *Revue internationale d'action communautaire*, No. 16, 1986, pp. 143 – 157.

投身反贫困工作中。但在实践中，决策者和行动者的不一致性往往会导致双方的妥协与和解，以期共同推进反贫困工作。此外，反贫困不仅需要社区参与，还要逐渐恢复慈善的活力，[①] 促进当地政府和协会合作行动。

四是法比尤斯政府（gouvernement Fabius）于 1984 年 10 月 17 日通过的《反"严重贫困"的五项举措》，主要是为了应对 1984～1985 年的冬季紧急计划。[②] 与此同时，慈善机构的推动增强了政界人士和公众反贫困的意识，媒体揭露贫困问题的紧迫性成为一种政治义务，如何应对"新贫困"成为政府重要的议题。所以，1988 年最低融合收入政策的实施，主要是为了应对贫困问题。

五是《2018～2022 年国家预防贫困的反贫困战略》。"解放的社会模式"（modèle social de l'émancipation）的两条主线是预防贫困和支持就业，所以要从幼儿期、儿童期提前干预，积极帮助青年人就业。[③] 为了落实相关政策，采用总统负责制，与各部门签订合同，推动反贫困政策实施。因为贫困儿童无法获得全面的语言学习和发展机会，托育所和保育员数量不足，家庭开支有限，一些儿童无法享有接受个人和集体照料的机会。贫困也会导致一些未成年人辍学，有 6 万名 16～18 岁的年轻人没有工作，没有继续学习，也没有受过任何培训，约有 20.7% 的青年处于失业状态。[④] 所以要侧重儿童贫困和青年贫困问题的解决，从而打破贫困的代际循环。

此外，2018 年爱德华·菲利普总理的反贫困理念有一种从社会救助向社会投资转变的趋势。减贫战略、医疗体制改革、失业保险改革，这将是一个面向解放、面向实际权利和面向社会投资的社会模式。[⑤] 因为福利保障可以确保广大受益人的基本购买力，进一步拉动经济的供需增长。更重要的是可以通过提供就业岗位，减轻失业救济金的保障负担，激发企业和

---

① Michel Tachon, "Politique de lutte contre la pauvreté: nouveaux habits et vieilles dépouilles," *Revue internationale d'action communautaire*, No. 16, 1986, pp. 143 – 157.

② Michel Tachon, "Politique de lutte contre la pauvreté: nouveaux habits et vieilles dépouilles," *Revue internationale d'action communautaire*, No. 16, 1986, pp. 143 – 157.

③ "Stratégie contre la pauvreté: Plus on intervient tôt, plus on est efficace sur le destin des personnes," 27 juin 2018, https://www.gouvernement.fr/strategie-contre-la-pauvrete-plus-on-intervient-tot-plus-on-est-efficace-sur-le-destin-des-personnes.

④ "3 millions d'enfants pauvres en France," INSEE, 2015, https://www.insee.fr/fr/accueil.

⑤ Édouard Philippe, "Discours d'Édouard Philippe en réponse aux motions de censure," Assemblée nationale, mardi 31 juillet 2018, https://www.gouvernement.fr/discours/10427-discours-d-edouard-philippe-en-reponse-aux-motions-de-censure.

经济发展的活力。

在这个过程中，政府逐渐意识到其自身功能在反贫困问题上的局限性，开始支持社会公众、当地社区、协会、社会工作专业人士、慈善公益组织和志愿者一起参与反贫困，积极发挥慈善组织的反贫困作用，即政府将对贫困的社会干预下放和分包。① 之后又发布一系列的政治提案解决贫困和不稳定的发展问题，逐渐形成社会干预的"政治模式"。将反贫困纳入对社会政策的反思，激发了政治话语与社会制度冲突的张力，具体表现在对贫困的认知、对贫困者的认定和社会行动者的经验等方面。② 政府部门解决贫困问题的思路与社会工作者和慈善组织、协会等社会力量是有差异的，比如政府认为发展经济，提供就业岗位是减贫的重要举措，但是慈善公益机构等非营利组织则认为将资金等用于帮助流落街头的无家可归者才是实在的，这样就会引发资源分配的不一致等问题。但总体还是从社会救助向社会投资转型，更加聚焦在儿童贫困、青年贫困和失业问题的解决上。

三 反贫困的政策目标：社会团结与社会凝聚力

政府部门推行反贫困政策的主要目标是什么？20 世纪 80 年代中期社会援助问题逐渐成为国民团结问题。1981 年密特朗上台之后立即成立了国民团结部（Ministère de la Solidarité Nationale），并在 1983 年更名为社会事务与国民团结部（Ministère des Affaires Sociales et de la Solidarité Nationale），旨在消除不平等的社会政策，具体表现为国家政府为处于困难境地的公民提供经济援助和社会援助，以互助的方式促进"国民团结"。③ 1988 年密特朗在竞选连任的时候提出建立最低融合收入制度，之后左派采取了一系列公共行动计划对抗贫困。社会团结学派认为国家具有警察和监护人的双重角色，应该制定旨在改善工人家庭的物质和精神条件的各项制度。④ 因此，国家应该提供社会保障，承担社会风险的保障责任。2005 年 1 月的社

---

① Michel Tachon, "Politique de lutte contre la pauvreté：nouveaux habits et vieilles dépouilles," *Revue internationale d'action communautaire*, No. 16, 1986, pp. 143 – 157.

② Michel Tachon, "Politique de lutte contre la pauvreté：nouveaux habits et vieilles dépouilles," *Revue internationale d'action communautaire*, No. 16, 1986, pp. 143 – 157.

③ 陈玉瑶：《国民团结：法国的理念与实践》，社会科学文献出版社，2019，第 49 页。

④ O. Amiel, "Le solidarisme, une doctrine juridique et politiaue française de Léon Bourgeois à la Vᵉ République," Parlement Rev. Hist. Pol, 2009, p. 149, 转引自〔法〕弗朗西斯·凯斯勒《法国社会保障制度》，于秀丽、李之群译，中国劳动社会保障出版社，2016，第 20 页。

会团结法案（又称"Borloo 法"）是对反社会排斥相关法律法规的一次总结，主要有两大支柱。一是减少失业，降低青年失业率，实现男女平等就业，为个人服务领域创造就业机会。二是增加社会廉租房供给以解决住房问题，为遭遇社会排斥和无家可归者设立接待站等提供紧急住房。① 2005年 12 月为纪念联合国第一个消除贫困十年（1997～2006 年），将之后每年的 12 月 20 日定为"国际人类团结日"，因此"团结"成为 21 世纪世界人民的普遍价值观之一。

　　学术界也认为"团结"是反贫困的重要目标。卡罗琳·吉贝·拉法耶（Caroline Guibet Lafaye）认为社会援助、减贫等举措都是为了增强社会凝聚力，以化解社会冲突和抑制社会分裂，其中核心维度是国家责任、国民团结和社会团结。通过社会再分配以实现多种形式的团结，尤其是涂尔干所说的"有机团结"（solidarité organique），即因分工造成的社会体系联系而形成的相互依赖与团结。② 福柯也认为贫困问题会引发社会分裂，他在研究"捍卫社会"时指出社会控制与社会保护是联系在一起的，政府需要对穷人、儿童、病人、家庭进行治理，否则贫困和排斥问题可能会导致社会分裂。③ 所以，政府反贫困也是为了维护社会稳定。在调研过程中发现了制度化团结对"温暖团结"的影响，一方面关注个人之间的团结，强调帮助和关注他人，因为社会援助可以缓解贫困，另一方面也关注社会援助的经济成本及其不利影响。④ 早期团结（solidarité）思想主要指"道德团结"（solidarité morale），⑤ 在概念演进过程中主要有团结、连带性、休戚与共、命运共同体、凝聚力强等内涵，之后"团结"发展为福利国家的主要理念，也可以说是法国福利思想的源头，是法国社会保险和制度保障的最初推动力，⑥ 也是一种"风险共担"。

---

① 白澎、叶正欣、王硕编著《法国社会保障制度》，上海人民出版社，2012，第 277 页。

② 吴国庆：《法国"新社会"剖析》，社会科学文献出版社，2011，第 3 页。

③ Guillaume Le Blanc，"Existe-t-il une philosophie de l'assistance?" in "L'assistance dans le cadre de la solidarité nationale," Didier Gélot，Actes du séminaire juin-octobre 2012，pp. 14 – 15.

④ Caroline Guibet Lafaye，"Aides sociales, représentations de la justice et de la cohésion sociales," in "L'assistance dans le cadre de la solidarité nationale," Didier Gélot，Actes du séminaire juin-octobre 2012，pp. 61 – 62.

⑤ Henri Marion，*De la solidarité morale: Essai de psychologie appliqué (relié)*，London：Forgotten Books，2019.

⑥ François Ewald，*Histoire de l'état providence: les origines de la solidarité*，Paris：Librairie générale française，1996.

总之，可以在各类"团结"研究的基础上，将其概括为：命运共同体成员基于共同福祉和利益对其内部其他成员的友好、联合、休戚与共的意愿，以及对共同体整体的认同，从而形成一种意识凝聚、关系和谐融洽、共同体整体稳定统一的状态。① 所以，反贫困就是为了增强法国国家团结、国民团结和社会团结，进一步增强国家凝聚力，实现国家和社会的和谐稳定。

四 反贫困的主要方式：社会融入和社会投资

（一）社会融入与社会融合的区别

社会融入是法国反贫困政策的指导思想之一。社会融入是反排斥和不平等的主要方式，通过就业培训帮助失业者重新融入社会生活，帮助穷人建构起新的社会关系网络。1993 年的社会融入和就业地区性计划（PLIE）以及促进区域发展的 Voynet 法案（LOADT）将相关领域的社团联合起来，准备为最困难的人群提供重新就业的途径。② 2017 年 5 月 6 日关于社会工作的法令明确提出"社会工作旨在让人们获得所有基本权利，促进他们融入社会，并行使完整的公民权"，强调"社会工作是基于团结、社会公正的框架，并充分考虑受益于社会支持体系人群的多样性"。③ 在实践中，社会工作者的主要使命也是反贫困和反社会排斥。

除了政策层面，在学术研究领域中，20 世纪 70 年代法国学界再次发现贫困根源于社会问题（problème social），皮埃尔·麦克卢夫（Pierre Maclouf）用社会学的研究方法分析反贫困政策的形成，以及参与者对贫困的态度和贫困的不同"表征"，提出通过社会融入（insertion）、社会包容等概念分析如何为社会保障提供新动力。他主要从概念、法律和程序三个互补的维度分析了 20 世纪 70 年代以来社会政策演变发生的主要变化。第一，在概念层面，他对融入（insertion）和融合（intégration）进行了区分，融

---

① 陈玉瑶：《国民团结：法国的理念与实践》，社会科学文献出版社，2019，第 34～35、80 页。

② 白澎、叶正欣、王硕编著《法国社会保障制度》，上海人民出版社，2012，第 20 页。

③ Christine Cloarec-Le Nabour, Julien Damon, Rapport au Premier ministre, "La juste prestation pour des prestations et un accompagnement ajustés," septembre 2018, p. 42, https://www.gouvernement. fr/upload/media/default/0001/01/2018_09_rapport_de_christine_cloarec-le_nabour_et_julien_damon_sur_la_juste_prestation. pdf.

入主要指个体或特定群体的状况，如重返工作岗位等可以说融入社会生活；而融合是社会学意义上的界定，如移民如何融合到法国等，即不同的概念适用于分析不同的研究对象。但实际两者是交融的，如失业的移民找到新工作融入社会。第二，提出了新的国家干预模式，如行动主义者（actionnaliste），国家越来越将自己定位为一个社会参与者，这与之后国际上的新公共管理运动中全能型政府向有限政府和服务型政府转型的大趋势一致。第三，程序上的变化主要根据政治指导方针进入监管法律程序。[①] 政府逐渐加强了对相关领域的监督管理，如社会保障资金的管理与支出是否存在福利欺诈等。

（二）社会凝聚力

也有研究不将融合局限于民族、种族的问题研究，而将其视为更广泛的社会关系重建。社会融合是通过国家提供的社会服务实现的，人与人之间的融合取决于家人、朋友、邻里之间稳定牢固关系的建立，取决于需要时可以依赖的社会网络，[②] 这种社会网络的建构影响着社会凝聚力和社会团结。雷蒙德·塞歇（Raymonde Séchet）从社会地理学的角度研究了城市贫困、排斥等问题对社会整合和社会凝聚力的影响，以期调节社会的紧张局势。[③] 与此同时，代际不平等正在成为影响法国社会凝聚力的主要因素之一。虽然不平等与贫困有差异，但是不平等会加剧贫富分化。目前青年的失业率和贫困率都比较高，如果年轻一代是法国社会系统性和持久性歧视的受害者，肯定会削弱法国社会凝聚力。所以，2001 年法国实行首个国家行动的社会融合（包容）计划（Plan national d'action pour l'inclusion sociale，PNAI）。

（三）以促进就业为主的社会投资

为了更好地推进社会投资和预防贫困的法国社会模式的发展，需要使

---

① Danièle Debordeaux，"RMI, pauvreté et exclusion，"*Revue des politiques sociales et familliales*，No. 26，1991，pp. 31 – 35.

② "Combating Exclusion in Ireland 1990 – 1994，"*A. Midway Report*，1993，p. 4，in Françoise Euvrard，Alain Prélis，"La lutte contre la pauvreté dans la construction européenne，"*Revue des politiques sociales et familiales*，No. 38，1994，pp. 113 – 124.

③ Raymonde Séchet，*Espaces et pauvretés: La géographie interrogée*，Paris：Editions L'Harmattan，1996.

获得体面工作和可持续就业成为坚实的社会基础。① 按照社会融入和政策融合的精神与逻辑，以平等的意愿，支持每个人承担起个体责任，巩固和延续国家团结与民族团结。法国将动员和激发贫困者努力的动力、提升他们脱贫的能力和增强贫困群体的信心作为一种社会投资方式，所以培训和就业指导都是工作改革的重点。企业和经济、社会合作伙伴是该政策的重要纽带，也是核心参与者，通过互惠承诺合同（Contrat d'engagement réciproque）帮助积极就业团结收入的受益者就业，重新融入劳动力市场。② 这些就业培训和资格证书考试培训，帮助受益者与公共行动部门、企业之间建立互信关系和权利义务关系，一起承担减贫的社会责任。社会模式改革意味着通过新的团结形式缩小差距，如养老金制度改革将缩小最贫困者和最富裕者之间的养老金差距，以及男性与女性养老金之间的差距，确保退休金不低于最低工资的 85%，③ 以保持代与代之间的团结。

可见，法国反贫困的总体思路是通过社会保障来保障人的基本权利，通过税收和一些反排斥与反不平等举措调整再分配，在经济疲软的境遇中，只有通过社会再分配来缓和不同阶层之间的矛盾，用富人的钱救助穷人。但这样不能解决根本问题，最重要的还是要发展经济，才能确保反贫困的资金来源和提供就业岗位，消除失业贫困。

五 社会团结经济

法国政府对经济的干预调节比较多，此时期也有发展社会经济的趋势。20 世纪 80 年代的团结经济之后，法国相继推出一些"社会团结经济"（Economie Sociale et Solidaire）政策，2014 年国家通过了《社会团结经济法》，标志着政府承认民间社会创新发展模式的探索，在经济发展中注重社会价值。

---

① Claire Pitollat, Mathieu Klein, "L'accompagnement des bébéficiaires du RSA," Rapport au Primer Ministre, 4 septembre 2018, p. 7, https：//www. gouvernement. fr/upload/media/default/0001/01/2018_09_rapport_de_claire_pitollat_et_mathieu_klein_sur_laccompagnement_des_beneficiaires_du_rsa. pdf.

② Claire Pitollat, Mathieu Klein, "L'accompagnement des bébéficiaires du RSA," Rapport au Primer Ministre, 4 septembre 2018, pp. 4 - 8, https：//www. gouvernement. fr/upload/media/default/0001/01/2018_09_rapport_de_claire_pitollat_et_mathieu_klein_sur_laccompagnement_des_beneficiaires_du_rsa. pdf.

③ "Édouard Philippe a prononcé sa déclaration de politique générale à l'Assemblée nationale," 12 juin 2019, https：//www. gouvernement. fr/.

与之类似的还有道德经济，法国从 1945 年就启动"穷人的钱"（l'argent des pauvres）等"社会问题"的历史社会学调查，政府部门对之很关注，相关贫困状况的社会信息越来越详细，一些协会和社会公众也不断支持反贫困和反排斥，但穷人的状态却没怎么改变，可支配收入越来越受控制，[1] 也受到经济道德的影响。劳伦斯·方丹（Laurence Fontaine）研究了道德经济的表现形式，如小额信贷、礼物经济和捐赠等，这种基于信任和信用的经济具有解决社会问题的功能，不是总在金融投机市场上赚钱，在这个过程中也促进了不同等级、社会团体、不同地区的不同机构之间相互依存，贷方和借款人之间的信任关系构成了基本的社会纽带。在多样化的地理和社会空间中编织了债权人和债务人之间的权利义务网络，一起合力解决贫困问题，[2] 经济理性在封建主义和资本主义秩序和社会地位建构过程中，会有一些价值观念的冲突和包容，道德经济的发展有利于化解其间的多重紧张关系。

总之，法国反贫困的制度逻辑体现了卢梭"主权在民"的思想，团结观念是防范社会风险的保障，[3] 所以国民团结也是社会政策的主要目标之一，减少贫困是一个社会正义问题，是一项将使全社会受益的投资，建议在不增加公共支出的情况下应对这一挑战，通过就业培训、临时合同、经济活动和社会生活的整合，加强公共机构对贫困儿童的支持和对社会救助的改革。[4] 现阶段法国正努力将自身再造为一个焕发创新活力的国家，尝试从侧重再分配的反贫困政策向侧重投资和经济发展引导型的反贫困政策转型。

第二节　反贫困的悖论

在扶贫过程中，很容易出现一种"越扶越贫"的现象，在扶贫领域投

---

① Vincent Dubois, "La fraude sociale: la construction politique d'un problème public," in Bodin, ed., *Les Métamorphoses du contrôle social*, Paris, la dispute, 2012, https://www.researchgate.net/publication/285837390_ La_ fraude_ sociale_ construction_ politique_ d'un_ probleme_ public.

② Laurence Fontaine, *L'économie morale: Pauvreté, crédit et confiance dans l'Europe préindustrielle*, Paris: Editions Gallimard（Format Kindle）, 2009.

③ "Société d'Assurances mutuelle, Notre programme," *Solidarité*, No. 1, 1902, p. 1.

④ Denis Clerc, Michel Dolle, *Réduire la pauvreté, un défi à notre portée*, Paris: Les petits matins, 2016.

入大量的人力、物力和财力，结果却出现贫困人数越来越多、状态越来越恶化的困局。主要表现在以下几个方面：一是法国穷人越来越多，而且越来越穷；[①] 二是反贫困并没有如预期那样加强和巩固社会团结，反而激发了更多的分裂和舆论谴责。[②] 这些观点当然有待商榷，但是也有一定的合理性。

一 什么是法国的贫困"陷阱"？

贫困"陷阱"是指处于贫困状态的个人、家庭、群体、区域、国家等主体等因为贫困而不断地再生产出贫困，长期处于贫困的恶性循环中不能自拔。[③] 主要相关理论有贫困的恶性循环理论、低水平均衡陷阱、循环积累因果关系等理论，也有基于人口、营养问题等陷入贫困陷阱的研究。为了与20世纪80年代因失业和就业不足导致的贫困和社会排斥做斗争，法国开始改革社会保护制度，除了与稳定受薪工作有关的社会保险外，基于详细的审查制度和受益者的经济和社会信息，建立了一个特定的、最低保障制度。但是30年来，该系统并没有消除贫困，穷人依然处于匮乏、困难的境地，反而因严查制度给受益者带来耻辱感，加强了对穷人的控制。[④] 法国福利保障体系在不断地产生和制造贫困，导致法国财政陷入一个贫困循环的陷阱中，即法国的福利保障制度是"长期贫困"的生成机制，保障困难群体和贫困人群的兜底保障机制已经产生了加剧贫困的非预期"破坏性"影响。

（一）社会保障不足以消除贫困

在法国的贫困再生产过程中，社会保障支出的增加不足以消除贫困。2000年法国社会保障总开支占GDP的29.8%，占公共总开支的56.4%；2004年法国社会保障总开支占GDP的29.3%，占公共总开支的57.3%；[⑤]

① Nicolas Duvoux, *Le Nouvel Age de la solidarité. Pauvreté, précarité et politiques publiques*, Paris：Le Seuil, 2012.

② Denis Clerc, Michel Dolle, *Réduire la pauvreté, un défi à notre portée*, Paris：Les petits matins, 2016.

③ 钱运春：《经济发展与陷阱跨越：一个理论分析框架》，《马克思主义研究》2012年第11期。

④ Frédéric Viguier, "Les paradoxes de l'institutionnalisation de la lutte contre la pauvreté en France," *L'Année sociologique*, No. 63, 2013, pp. 51 – 75.

⑤ http://stats.oecd.org, 转引自白澎、叶正欣、王硕编著《法国社会保障制度》，上海人民出版社，2012，第50页。

2005 年法国社会保障总支出为 5260 亿欧元，占 GDP 的 30%，[1] 从 2000 年到 2004 年贫困率虽有所降低但对整体贫困率影响不大（见表 6-1）。

表 6-1 2000~2019 年法国贫困率

单位：%

	2000 年	2001 年	2002 年	2003 年	2004 年	2005 年	2006 年	2007 年	2008 年	2009 年
收入中位数 60% 的贫困率	13.6	13.4	12.9	13	12.6	13.1	13.1	13.4	13	13.5
	2010 年	2011 年	2012 年	2013 年	2014 年	2015 年	2016 年	2017 年	2018 年	2019 年
	14.1	14.3	13.9	13.8	14	14.2	14	14.1	14.8	14.6

资料来源：https://www.insee.fr/fr/statistiques/2408282#graphique-figure1。

法国贫困率除个别年份有所降低之外，整体呈现上升态势，从 2000 年的 13.6% 上升到 2019 年的 14.6%，尤其是 2018 年受"黄马甲"运动的冲击，当年贫困率为 14.8%。同期法国贫困人数的变化见表 6-2。

表 6-2 2000~2019 年法国贫困人数

单位：千人

	2000 年	2001 年	2002 年	2003 年	2004 年	2005 年	2006 年	2007 年	2008 年	2009 年
收入中位数 60% 的贫困人数	7838	7757	7495	7578	7382	7766	7828	8039	7836	8173
	2010 年	2011 年	2012 年	2013 年	2014 年	2015 年	2016 年	2017 年	2018 年	2019 年
	8617	8729	8540	8563	8732	8875	8783	8889	9327	9244

资料来源：https://www.insee.fr/fr/statistiques/2408345。

法国贫困人口从 2000 年的 783.8 万增长到了 2019 年的 924.4 万，出现了贫困人口越来越多的发展趋势。可见，法国庞大的社会保障开支不但没有降低贫困率，反而陷入了越投入穷人越多的贫困循环陷阱。究其原因，主要有以下两方面。一是社会保障开支中，专门的反贫困和反社会排斥相关支出很少，约 80 亿欧元，约占社会保障补助金额的 1.5%，[2] 社会保障的领取者大部分不一定是绝对贫困者，用于扶贫的金额是有限的。2013 年法国社会保障支出总计 7150 亿欧元，占 GDP 的 33.8%，各种津贴和社会补助 6720 亿欧元，占 GDP 的 31.7%，其中医疗津贴 2328 亿欧元，促进就业津贴 409 亿欧元，占 GDP 的 1.9%，而养老津贴 3705 亿欧元，占

① 白澎、叶正欣、王硕编著《法国社会保障制度》，上海人民出版社，2012，第 279 页。
② 白澎、叶正欣、王硕编著《法国社会保障制度》，上海人民出版社，2012，第 279 页。

所有津贴总额的 46%。① 相对于各类基本津贴，2013 年社会贫困和社会排斥风险津贴增加到 168 亿欧元，增长率为 6.6%，高于 2012 年的 3.7%。② 但比起医疗津贴和养老津贴，资金量仍然是非常少的。二是反贫困的"负效应"。关于法国反贫困的挑战，丹尼斯·克莱克（Denis Clerc）指出近 15 年来法国减贫政策影响了 13% ~14% 的贫困人口，但并没有加强社会团结，反而引发了越来越多的政治家和舆论谴责相关"援助"（l'assistanat）问题，将弱势群体的困境归结为他们的处境，如不愿意工作等。事实上，大部分成年穷人都有工作，他们的贫穷多是因为"家庭传承"或生活事故等，③ 也就是贫困的代际循环。

因此，有研究反思法国的社会模式已经不能再支持当今陷入贫困状态的人了，指出法国曾经的社会模式很好，具有再分配性，2008 年在缓冲社会、经济危机中发挥出价值。但在这个过程中对市民的资助开支减少了40%，而津贴补助金的开支增加 80%，法国的系统逐渐变得荒谬，在经济复苏期间，应该支持经济增长，支持企业发展，这样才能从长远帮助那些被排斥在劳动力市场之外的人。④ 庞大的社会保障开支挤压了原本应该用于纳税人和促进经济发展的生产性和研发性投资资金的空间，也没有精准聚焦在最贫困者身上，减弱了经济发展和社会发展的动力。

（二）全球化对民族国家的冲击

全球化过程中，各类资源、人才、资本、技术、信息跨国界自由流动与配置，冲击了法国原有的经济和社会模式，尤其是社会保障制度。在法国生活的人，无论国籍和贫富，只要加入法国社保就可以享受相关待遇，个人支付的非常少，有些慢性病还可以免费医治。因为法国人认为救死扶伤和关爱他人是天经地义的，也是完全超越国界和意识形态的。⑤ 在教育

---

① 〔法〕弗朗西斯·凯斯勒：《法国社会保障制度》，于秀丽、李之群译，中国劳动社会保障出版社，2016，第 161 页。

② 〔法〕弗朗西斯·凯斯勒：《法国社会保障制度》，于秀丽、李之群译，中国劳动社会保障出版社，2016，第 161 ~ 162 页。

③ Denis Clerc, Michel Dolle, *Réduire la pauvreté, un défi à notre portée*, Paris：Les petits matins, 2016.

④ "Stratégie contre la pauvreté：Plus on intervient tôt, plus on est efficace sur le destin des personnes," 27 juin 2018, https：//www. gouvernement. fr/strategie-contre-la-pauvrete-plus-on-intervient-tot-plus-on-est-efficace-sur-le-destin-des-personnes.

⑤ 徐波：《转型中的法国》，中信出版社，2020，第 35 页。

方面，在法国上学基本是免费的，对外籍学生也一样，从中小学到大学基本是义务教育，不用交学费，法国政府又把义务教育的起点提前到幼儿园，还会为学生的膳食营养提供补贴。[1] 是否对来法国读大学的外籍学生收取学费的事宜有争议，法国国家宪法委员会认为这会违背法国教育的公平原则，坚决拒绝了。依据法国家庭补助规定，在法国有合法身份和有2个子女（16岁以下）需要抚养的家庭，家庭成员无论是法国人还是外国人，都有权领取家庭津贴，拥有孩子越多的家庭享受的家庭补贴也越多，[2]这均加大了法国福利保障体系的压力。

总之，非法国国籍的人都可以申请领取家庭津贴、失业津贴等各类补助，这种"福利分配"方式提供了一个"地球村"的理想社会模式，但是也加剧了法国的财政困难。法国式福利经济模式在全球化冲击中，最终会不堪重负。

（三）积极就业团结收入的负效应

在过去的20年中，已经采取了最低融合收入、全民医疗覆盖和积极就业团结收入，但是这些救助远不能满足社会的真实需求，运作起来也很复杂。目前存在大量的积极就业团结收入长期受益者就业率不足、一些受益人缺乏支持等现象，容易让人质疑积极就业团结收入对促进青年人就业融合发挥的作用。据相关数据，一些人在申请了积极团结收入之后的6个月内，有40%的受益人没有得到支持和帮助，有13%的人在3年内都没有得到支持，约有一半的人没有签订互惠承诺合同，[3] 即没有成功步入就业的支持轨道。丹尼斯·克莱克也发现积极就业团结收入并没有减少接受援助的耻辱感，反而产生了一种排斥效应，尤其是对一些在职贫困者或工作贫困者。如果社会福利在再分配中没有很好地发挥出作用，会导致更多的不平等，[4] 而不是人们通常所认为的会减少不平等。建议采取更加慷慨和普

---

① 徐波：《转型中的法国》，中信出版社，2020，第37页。

② 翟凌晨：《冷战后移民对法国社会保障制度的影响》，硕士学位论文，华东师范大学，2008，第32页。

③ Claire Pitollat, Mathieu Klein, "L'accompagnement des bébéficiaires du RSA," Rapport au Primer Ministre, 4 septembre 2018, p. 10, https://www.gouvernement.fr/upload/media/default/0001/01/2018_09_ rapport_de_ claire_ pitollat_ et_ mathieu_ klein_ sur_ laccompagnement_ des_ benefi-ciaires_ du_ rsa. pdf.

④ Denis Clerc, "Les lacunes de la lutte contre la pauvreté," in "L'assistance dans le cadre de la solidarité nationale," Didier Gélot, Actes du séminaire juin-octobre 2012, p. 88.

遍的社会保护政策，调和个人自治、民族团结和国家团结，只有建立真正适应社会的社会保障制度，才能减少贫困。[①] 调研发现，这些穷人感觉被政府抛弃了，产生了越来越多的敌意，甚至开展一些煽动性的活动，究竟是如何进入这样一个恶性循环的？又该如何摆脱困境？

（四）惰性陷阱

其中争议比较大的是惰性陷阱（也称为闲置陷阱或无所作为陷阱，trappes à inactivité）问题，这也是"福利依赖"的一种表现形式。有研究认为最低融合收入在财政上鼓励惰性，没有鼓励受益人从事低于融合收入的工作，[②] 贫困者因为依赖国家而陷入"长期贫困"无法自拔。2000 年盖伊·拉洛克（Guy Laroque）和伯纳德·萨拉尼埃（Bernard Salanié）发表文章指出个人根据工资和福利额度在工作和不就业/休闲之间进行选择，[③] 并将失业者进行了分类。解决方案是减少援助或将工资与社会福利结合起来，而不会造成收入的净损失。国家贫困与社会排斥观察所试图通过强调恢复或拒绝就业的多元动机来质疑该陷阱的作用，指出毕竟"拒绝工作"者只是少数。因为这也涉及市场提供岗位的能力，那些领取最低社会福利的人的就业回报在很大程度上取决于劳动力市场和该市场是否能为他们提供工作。总之，这些讨论其实涉及失业者和穷人在工作中的责任问题，即如何解决"不就业"问题。那些身体健全的穷人不想工作，只依赖福利救济是很危险的社会现象。

二 反贫困的挑战

（一）贫困的污名化

反贫困是一个复杂的社会问题。本杰明·格里沃（Benjamin Griveaux）认为"援助"问题曾被视为法国社会的癌症，也成为 2012 年总统大选的核心议题。穷人的问题涉及权利问题，如一些针对特定群体的污名化，以

[①] Nicolas Duvoux, *Le Nouvel Age de la solidarité. Pauvreté, précarité et politiques publiques*, Paris: Le Seuil, 2012.

[②] 〔法〕弗朗西斯·凯斯勒：《法国社会保障制度》，于秀丽、李之群译，中国劳动社会保障出版社，2016，第 51 页。

[③] Guy Laroque, Bernard Salanié, "Une décomposition du non-emploi en France," *Economie et statistique*, No. 331, 2000, pp. 47 – 66.

及社会最低保障问题。① 工人、失业者、在职穷人和一无所有者之间的冲突再次被激化，工具主义的右派与左派在相关问题上的协调，需要在福利国家的性质和对弱势群体的可持续援助方面进一步努力，毕竟共和国选择的是团结而不仅仅是慈善。② 但也要深入关注"排斥"问题，因为社会进步的程度取决于为穷人提供的权利保障。在这个过程中，对穷人的不信任和对贫困的污名化传播开来，社会照顾和社会控制也逐渐加强。一些协会的工作人员觉得他们应该对穷人负起责任，以确保最困难的家庭能解决温饱问题，为当地贫困问题解决提供"稳定的情感框架"。③ 与此同时，社会监督的代理人也在关注穷人的动态，将其置于"共同生活"的规则之中，不至于发生暴乱。

（二）难以解决的极端贫困问题

社会工作面临一些贫困与社会排斥的新问题，如社会工作者在解决贫困、脆弱性与排斥问题时主要采用的手段和方法存在风险，需要扭转社会工作者与贫困的关系。克里斯蒂安·沙塞里奥（Christian Chasseriaud）指出主要挑战是通过"联盟实践"成功地将社会工作纳入"另一种社会关系"，以便实施适应穷人需求和利益的应对措施。④ 相关研究报告指出如果不将贫困问题置于与法国贫困相关的全球性问题上，似乎很难解决贫困问题，尤其是极端贫困问题（pauvreté en constituent un des extrêmes）。21 世纪法国的极端贫困率基本没有什么大变化（见表 6 - 3）。

法国极端贫困率（赤贫率）从 2000 年的 2.7% 上升到 2019 年的 3.7%，主要转折点是从 2004 年的 2.5% 上升到 2005 年的 3.2%，之后持续小幅度提升。2009 年在全国推行积极就业团结收入之后极端贫困率也很稳定，基本没有明显降低的趋势。有研究认为赤贫者主要面临的问题是获得权利的不确定性、过长的支付期限（补助发放）和家庭资源的不可预测性（家庭

---

① Benjamin Griveaux, *Salauds de pauvres! Pour en finir avec le choix français de la pauvreté*, Paris：Fayard，2012.

② Benjamin Griveaux, *Salauds de pauvres! Pour en finir avec le choix français de la pauvreté*, Paris：Fayard，2012.

③ Claire-Sophie Roi, "Vivre le manque en Picardie：les campagnes de la pauvreté," *Communications*, No. 98, 2016, pp. 37 - 51.

④ Christian Chasseriaud, *Le travail social confronté aux nouveaux visages de la pauvreté et de l'exclusion*, Paris：Ecole des Hautes Etudes en Santé Publique, 2007, p. 149.

表 6 - 3　2000 ~ 2019 年法国极端贫困率

单位：%

	2000 年	2001 年	2002 年	2003 年	2004 年	2005 年	2006 年	2007 年	2008 年	2009 年
收入中位数 40% 的极端贫困率	2.7	2.6	2.3	2.6	2.5	3.2	3.1	3.2	3.3	3.5
	2010 年	2011 年	2012 年	2013 年	2014 年	2015 年	2016 年	2017 年	2018 年	2019 年
	3.5	3.5	3.7	3.5	3.7	3.4	3.5	3.5	3.4	3.7

资料来源：https://www.insee.fr/fr/statistiques/2408282#graphique-figure1。

预算困难）等。[1] 法国的社会保障政策和反贫困政策对于消除极端贫困之所以没有明显的作用，是因为一些极端贫困者没有领取社会保障的补助，一些最贫困的人被排在基本福利体系之外，如一些没有合法身份的人。

（三）法国病与法国梦

关于法国病的代表性研究是阿兰·佩雷菲特 1976 年出版的《法国病》（*Le mal français*），该书主要将法国中央集权制和庞大的官僚行政机构及其祸害视为"法国病"，当时成为快速突破 80 万册的畅销书。[2] 随着福利病、英国病等福利制度的危机出现，法国病在不同的时代也有不同的新内涵。如夏多布里昂（Chateaubriand）小说中描写的"哀伤、空虚而幻灭"的法国青年显示出的"世纪病"。也有研究认为法国经济疲软、财政赤字不断扩大是"法国病"。[3] 法国多年来一直处于公共财政赤字状态，公共财政赤字占 GDP 的百分比，自 2009 年飙升到 7.2% 之后，直到 2014 年才勉强降到 3.9%，2015 年与 2016 年是 3.5%，[4] 依然高于警戒线的 3%，为了在 2017 年将公共财政赤字降到国内生产总值 3% 的警戒线以下，法国政府努力调整公共支出，自 2017 年 5 月以来法国财政赤字一直在缩减，2017 年公共财政赤字占 GDP 的百分比为 2.8%，这是十年来前所未有的，已经较为成功地遏制了国家公共支出的增加，进一步调整结构性赤字。

法国的税赋特别高，是典型的高税收、高负担、高赤字状态。2012 年法国各类税赋占国民生产总值的 46.2%，远远超过经合组织 34 个成员国

---

[1] ONPES, "Les Travaux de l'Observatoire 2000," 29 septembre 2009, p.230, https://onpes.gouv.fr/le-rapport-2000.html.

[2] 李元明：《法国三百年的历史是没落的历史吗？——评〈法国病〉》，《法国研究》1986 年第 2 期。

[3] 吴国庆：《法国政治史（1958 ~ 2012）》，社会科学文献出版社，2014，第 381 页。

[4] https://www.insee.fr/fr/statistiques/4161455.

的平均值 34.2%。① 所以，马克龙曾在电视讲话中提出"法国病"的产生，主要是因为法国经济体制造成的高失业率，鼓励法国青年要有当亿万富翁的决心，② 支持青年创新创业。其实马克龙的"法国梦"吸引了一部分年轻人，他反对食利阶层的优厚待遇和阶层固化，想构建一个流动性社会。但这不太符合国民大众对稳定性社会的向往，社会大众往往希望签署一个长期的工作合同，有稳定的福利待遇和带薪休假的权利，在工作之余构建一种平衡的生活。③ 因此，如果再造法国梦，精英阶层必须肩负起自己的道德责任，④ 要为那些处于失业境地的年轻人提供更多机会。

第三节　贫困"陷阱"何以生成？

为什么法国福利保障开支越来越大却一直无法有效降低法国的贫困率，反而成为加剧"长期贫困"的生产机制？本节尝试从福利保障制度自身困境展开相关分析。

一　法国社会福利保障制度的运作困境

社会事务和卫生部国务秘书塞格勒内·纽维尔（Ségolène Neuville）曾指出法国的社会保障体系是世界上最好的保障体系之一，但也是最复杂的体系之一，住宿、经济援助等都需要填写各类表格，有时候分不清不同机构各类福利申请的职能边界，还会经历漫长的行政审批程序，有些申请者会有愤怒和不信任的情绪，所以我们要将求助者的需求作为重新思考社会政策的中心问题。

（一）社会保障管理体系的"碎片化"

在法国社会保障管理中，国家政府的力量体现在相关社会保障政策的制定和改革上，各类社会保险机构的运作主要由各类工会负责，也会受政府的监督和管理，整体上呈现明显的"碎片化"特征。依据《社会保障

---

① 徐波：《转型中的法国》，中信出版社，2020，第 59 页。
② 徐波：《转型中的法国》，中信出版社，2020，第 84 页。
③ 〔法〕埃里克·福托里诺编《重塑法国——法国总统马克龙访谈录》，钱培鑫译，上海译文出版社，2020，第 125~126 页。
④ 〔法〕埃里克·福托里诺编《重塑法国——法国总统马克龙访谈录》，钱培鑫译，上海译文出版社，2020，第 46 页。

法》等相关规定，在国家层面和地区层面构建协调全国性基金（CCMSA）和若干地区性或跨地区基金的社会保障制度。不同管理机构对应不同领域，如社会保障中央基金管理事务厅（ACOSS）管理基金财政，全国社会保险基金联盟（UCANSS）管理资方人事。此外，还有全国医疗保险联盟（UNCAM）、社会保障与家庭津贴缴费管理联盟（URSSAF）、全国家庭津贴基金、全国自由职业者养老保险基金（CNAVPL）、管理失业保险制度的全国工商业就业联合会（UNEDIC）、全国补充医疗保险联盟（UNOCAM）、企业管理干部退休协会（AGIRC）、农业互助会等一系列机构，对应社会保障的相关领域。法国社会保障实行多头管理，按照行业等不同类型实行合伙制和互助制。社会保险的主要基金管理机构和董事会多由"工会"负责，如医疗保险由"工人力量总工会"负责，家庭补助由"全法劳工民主联盟"（天主教联盟）负责，养老基金由"高级职员总联盟"（CGC）负责。① 这种社团主义在一定程度上也会成为社会发展的阻力，为了维护自身利益而成立的社会组织，容易忽视国家和社会整体的利益，从而陷入社会固化、不信任民主和行动效率低的困境。② 所以，马克龙曾考虑将全国工商就业联合会收归国有，以实现失业保险国有化，针对个别雇主滥用短期合约、不签长期劳动合同的现象，实行税收惩罚措施。③ 可见，一些协会等社团的力量过大，导致政府在一些领域不能发挥出公权力的调节作用。

也有研究从"基本担忧"和"集体想象"的文化角度剖析法国社会福利制度的"碎片化"，实质是法国社会结构以职业分层为特征的"碎片化"，即建立在行业分化的基础上，也支撑了以职业身份认同为核心的"荣誉逻辑"。④ 但社会保障制度也建立了一种帮助个体融入社会，被社会接纳的身份认同机制，随着人口老龄化、提前退休、失业率提升、移民增加、贫富分化加剧等，社会保障的分摊金越来越少，需要政府财政投入的补贴就会越来越多，尤其是新冠疫情加大了这种福利投入力度，政府的财政压力就会越来越大。

---

① 白澎、叶正欣、王硕编著《法国社会保障制度》，上海人民出版社，2012，第44页。
② 〔法〕埃里克·福托里诺编《重塑法国——法国总统马克龙访谈录》，钱培鑫译，上海译文出版社，2020，第38~39页。
③ 〔法〕埃里克·福托里诺编《重塑法国——法国总统马克龙访谈录》，钱培鑫译，上海译文出版社，2020，第102页。
④ 田珊珊：《社会文化视角下法国社会保障制度"碎片化"特征解析》，《社会保障评论》2017年第2期。

（二） 福利保障制度的内生张力

作为一种保障社会公平和正义的财富再分配机制，目前法国的社会福利保障制度的"碎片化"加大了社会不公平和政府财政的赤字压力。主要表现在以下几个方面。一是部门间的竞争压力。不同的社会保障群体和保险体系都在努力维护本群体或本部门的权益，导致部门分化和不同行业与群体间社会关系的恶化，撕裂了社会团结。二是量化的贫困测量体系和福利保障体系的评定标准，实际上加剧了社会的不平等，使那些被排除在福利核定标准之外的群体感受到强烈的不平等和排斥感。[1] 有研究认为法国社会保障的危机是由政府权力过于集中和政府责任定义不清导致的，政府权力的集中造成了制度本身的内在张力，因为政府集权和保险制的原则不相符，人们可以根据保险的原则反对政府的政策，即法国社会保障的危机是一种制度内部矛盾造成的危机，是一种政治危机，这与法国社会理论的贫困化有关，[2] 制度设计时的内生张力导致后期运作过程中的改革困境。所以，后期法国每每准备推行福利改革都会引发大规模的罢工等社会风潮。

（三） 法国福利保障的落实困境

虽然法国有种类繁多的补助金，但真正获取到补助还是有一定难度，要经过很长时间的申请和审核流程，在这个过程中如果换工作就更加麻烦。据调研，约有30%的法国人因为缺乏对福利制度的了解或社会服务供给不足等而没有领取到相关福利。因此，政府将通过合并多项社会福利，简化社会福利体系，如将一些补助整合为普遍积极收入（revenu universel d'activité，RUA）。[3] 此次简化社会福利体系主要有三个目标。一是消除不使用社会福利权利的障碍。二是消除不同社会福利间的直接竞争，将积极就业团结收入、活动奖金和住房津贴等进行合并。三是鼓励更多福利受益者就业，自2017年以来，只有50%的积极就业团结收入受益者就业，可见，现行的制度并未有效推动就业融合，还需要进一步帮助和推动受益者积极主动工作。

除了福利制度的相关规则外，社会保护的"分散化""碎片化"也会影响贫困者和被排除者享受相关权利。收入与成本研究中心（Centre d'études

---

① 张金岭：《当代法国社会治理的结构性困局》，《国外社会科学》2018 年第 5 期。
② 周弘：《法国的社会保障制度：危机与改革》，《世界经济》1997 年第 11 期。
③ "Les contours du revenu universel d'activité se dessinent，" https://www.gouvernement.fr/les-contours-du-revenu-universel-d-activite-se-dessinent.

des revenus et des coûts，CERC）在 1986 年和 1989 年对不到 60 岁的寡妇所领取的津贴进行调研，发现无追索权的比例为 20%～40%，42% 的寡妇在丈夫去世后 7 个月内未领取到相应的津贴，24% 的女性在丈夫死后 18 个月内未领取到相应的津贴，这种无追索权的直接后果是让很多寡妇生活很困难。[1] 1995 年生活状况观察研究中心对"可能处于贫困状态"的 754 人进行了抽样调查，发现有 1/10 的人没有获得任何资源支持（如没有福利保障支持），有 173 个符合条件的人（23%）没有获得最低融合收入，大部分人可以获得住房补助，但是他们没有申请，其中年轻人占 3/4。[2] 可见，对信息的了解程度起了重要作用，很多青年人或者贫困者不了解相关的政策补助，不了解社会救助机制的运作，不了解自己的资格，也不熟悉申请规则和程序，这在受教育程度低的人和外籍人士中尤为明显。[3] 一些社会保障机构也存在工作失误，如相关工作管理人员不负责任，或因工作能力不足产生了误差，[4] 建议对此采取措施。

为了帮助人们摆脱领取法国社会保障福利时的相关困境，诺尼姆（Nonyme）和马赫奇斯·达阿芙罗狄蒂（Marquis d'Aphrodite）写了一本 21 世纪法国被排斥的穷人的生存指南，为了更好地推动社会的平等和正义，也为了防止社会分裂，必须采取一系列切实有效的反排斥行为。2019 年法国有 1000 万名被排斥者，他们的居住、生活和工作都面临很多问题，这本指南可以帮助处于困境中的贫困者成为幸运的"反排斥"受益者，在陷入贫困"陷阱"之前选择较合适的申请程序。[5] 但这些帮助无家可归者等的夜间庇护所、免费医疗救助、融入社会的最低收入保障和积极就业团结收入等各类援助方式，使穷人没有自己的隐私，因为接受援助的前提是各类信息的登记。其实，这是国家和社会计算法国贫困率和动态监测贫困动向的一种方式，但有些人会认为这样会给穷人带来耻辱感。

---

[1] CERC, "Recherches et prévisions," No. 43, mars 1996, p. 15

[2] CREDOC, "Enquête sur la pauvreté," commandée par le Conseil économique et social, 1995, https://news. un. org/fr/tags/conseil-economique-et-social-ecosoc.

[3] CERC, "Recherches et prévisions," No. 43, mars 1996, p. 24, https://news. un. org/fr/tags/conseil-economique-et-social-ecosoc.

[4] ONPES, "Les Travaux de l'Observatoire 2000," 29 septembre 2009, p. 253, https://onpes. gouv. fr/le-rapport-2000. html.

[5] A. Nonyme, Marquis d'Aphrodite, "L'Exclusion à la Française des Gens qui ne sont rien! Manuel et Guide de Survie d'une Vie sans Domicile Fixe dans la France," 2018, p. 153.

（四） 新冠疫情加剧了福利保障困境

新冠疫情突然而至后，大量的财政补助加剧了法国政府的财政困境，2020 年法国公共赤字为 2120 亿欧元，公共赤字占国内生产总值的 9.2%，比 2019 年提高了 6.1 个百分点，公共债务已经达到 GDP 的 115.1%。财政状况恶化的主要原因是国家和社会保障基金的增加，2019 年社会福利增加了 48 亿欧元，2020 年增加了 231 亿欧元，各类补贴 2019 年增加了 42 亿欧元，2020 年增加了 85 亿欧元。[①] 近年来法国公共收支变化见图 6 - 1。

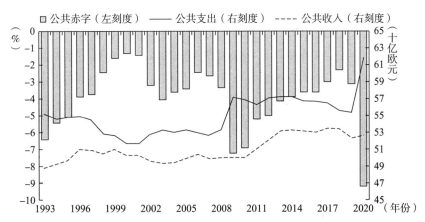

图 6 - 1 1993～2020 年法国公共支出与收入情况以及占 GDP 的比例

资料来源：INSEE, comptes nationaux, base 2014。

可见，新冠疫情明显加剧了政府的财政赤字。法国政府一直在努力控制公共开支，近年来也有一些成效，疫情导致开支飙升，2020 年法国公共财政赤字占 GDP 的百分比跃升为 9%，在政府的努力下，2021 年降到 6.5%，2022 年降到 4.7%，[②] 虽然收入整体略呈上升趋势，但远低于开支，进一步凸显了法国财政的困境。

二 法国社会保障制度的改革困境

阿兰·勒芬弗尔（Alain Lefenvrre）认为法国的社会保障模式引发了严

---

① Antoine Pointeaux, Thierry Alarcon, Caroline Cann, Guillaume Jarousseau, Sylvia Roose, Marie Cases, Kevin Garcia, Amélie Morzadec, Thomas Ouin-Lagarde, Emmanuelle Picoulet, Victor Prieur, Hugues Ravier, Simon Schatz, "Le compte des administrations publiques en 2020: Un déficit public historique dans le contexte de la crise sanitaire," No. 1859, Insee Première, https://www. insee. fr/fr/statistiques/5387893.

② https://www. insee. fr/fr/statistiques/4161455.

重的社会危机，这种原本以调节不公平为目标的社会保障制度在行业化进程下加大了社会的贫富差距。[1] 既然社会保障制度出了问题，为什么不能改革？每次政府推行社会保障制度改革都步履维艰，因福利金额易上难下的分配"刚性"，一改革就会激发社会矛盾，似乎形成"谁改革，谁下台"的怪圈。

（一）危机—改革—罢工的循环怪圈

法国社会保障制度在学界通常被认为是导致财政危机和社会危机的"元凶"，高额的赤字和碎片化的福利体系导致改革的呼声不断，但强大的工会力量和社会模式的路径依赖又使相关改革很难成功推进。[2] 法国高福利的社会保障制度已经逐渐引发法国的债务危机、发展危机、就业危机和社会惰性，如高额失业救济金导致很多失业者宁愿失业也不愿意从事工资较低的工作，过高的累进税率导致平均主义的分配方式，挫伤了人们增加收入的热情和积极性。2002 年曾尝试改变 35 小时工作制，相关举措不当导致游行示威。[3] 整个 20 世纪法国因社会保障问题引发的大罢工约有 10 次，平均每 10 年一次，如 1947 年、1953 年、1968 年等，[4] 1990 年之后主要有以下几次改革。

一是 1993 年巴拉迪尔政府推行的养老保险改革：（1）延长私营部门的退休金缴费期，从 37.5 年延长到 40 年；（2）将计算养老金的工作年限从收入最高的 10 年延长为 25 年；（3）改变养老津贴指数，根据物价调整养老金，而不是根据工资进行指数化调整；（4）改革以控制和削减支出为重点的医疗保障制度，通过设置最高处方额引入医生的开支限制，并且实行病人支付额限制和增加共同付费。[5] 此次改革很好地采用了三方协商机制，获得雇主组织和工会组织的支持，所以后期推进的相关改革举措都相对顺利。

二是 1995 年 11~12 月阿兰·朱佩政府推行的社会保障制度改革，旨在控制社会保障的支出低于或不超过国内生产总值的增长。其中最有争议

---

① Yann Algan, Pierre Cahuc, *La société de défiance, comment le modèle social français s'autodétruit*, Paris: Cepremap éditions, 2007, p. 54.

② 田珊珊：《法国社会保障制度对劳动关系的影响研究》，《法国研究》2015 年第 4 期。

③ 刘利：《萨科齐与法国社会保障制度改革》，《当代世界》2007 年第 11 期。

④ 丁建定、郭林：《战后法国混合型社会保障制度特征的形成及其影响——兼论法国社会保障改革缓进及罢工频发的原因》，《法国研究》2011 年第 4 期。

⑤ 邓念国、向德彩：《法国社会保障政策变革的障碍因素：一个制度分析的视角》，《天津行政学院学报》2012 年第 1 期。

的是统一退休制度和扩大征收社会保障分摊金的范围，增加养老金领取者的医疗保障税缴纳比例，新开征社会保障债务分摊金，向工资以外的收入征收社会保险税，延长公务员享受退休待遇的年龄等。[①] 结果引发了全国大罢工，是自1968年"五月风暴"之后，约有380万人参加的影响深远、损失惨重的罢工运动，公共交通几乎瘫痪了一个月，有56%的法国人支持罢工。[②] 1997年的抗议政府削减社会保障开支的大游行，导致朱佩被迫辞职，社会党重新执政。

三是2003年拉法兰政府推行的退休金改革，再度引发大规模罢工。[③] 此次改革的主要内容为统一公共部门和私人部门年金法规、限制提前退休、增加缴费期和缴费比、创建自愿的私人年金账户，将缴纳退休金的年限从37.5年延长到40年。[④] 相关改革引发社会的罢工浪潮，导致拉法兰不得不辞职。希拉克接受拉法兰的辞呈后又立刻任命他为新总理，表明对社会保障制度改革的决心。[⑤] 可见，法国的罢工制度使民众可以通过罢工主动参与政府改革，加大了福利改革的难度。

四是2006年德维尔潘政府的"首次雇用合同法案"的改革，法国20人以上规模的企业可以在头两年内无条件解雇26岁以下的年轻雇员，被解雇者可以获得企业的违约金，并向政府申请460欧元补助。原本政策初衷是鼓励企业大胆雇用年轻人，创建灵活自由的雇佣制度，[⑥] 但引发了法国高校与大学和中学学生的不满和愤怒，认为该政策带有歧视性，于是开展了大规模的罢工、罢课等游行示威活动，全法国84所大学中有64所被迫全面停课或局部停课。[⑦] 因此，时任总统希拉克不得不宣布用"帮助困难

① 钱运春：《法国社会保障体制的行业特点、形成原因和改革困境》，《世界经济研究》2004年第10期。
② 李培林：《法国福利体制的危机及对我国的启示》，《社会学研究》1997年第2期。
③ 丁建定：《从"首次雇用合同法案"的流产看法国青年就业政策改革的艰难》，《社会保障研究》2009年第2期。
④ 邓念国、向德彩：《法国社会保障政策变革的障碍因素：一个制度分析的视角》，《天津行政学院学报》2012年第1期。
⑤ 钱运春：《法国社会保障体制的行业特点、形成原因和改革困境》，《世界经济研究》2004年第10期。
⑥ 邓念国、向德彩：《法国社会保障政策变革的障碍因素：一个制度分析的视角》，《天津行政学院学报》2012年第1期。
⑦ 张丽、姜芃：《法国近百年来的社会运动与社会保障制度》，《贵州社会科学》2016年第8期。

青年就业计划"取代"首次雇用合同法案"。① 总之，此次从改善就业环境为青年人就业提供帮助的政策，转变为提供宽松、自由的雇佣环境帮助企业扩大青年人雇用规模的政策没有成功。

五是萨科齐总统从 2007 年开始推进的社保改革。为了削减财政赤字，避免陷入债务危机，应对人口老龄化危机，2007 年 10 月菲永政府出台了"专门退休制度改革方针"，将退休保险金缴纳年限从 37.5 年延长到 40 年，导致全国铁路 24 小时大罢工，② 之后法国电力公司、煤气公司、邮政等各行各业人员走上街头罢工，造成社会动荡。2010 年颁布推行的"新退休制度法案"，将法定最低退休年龄从 60 岁增加到 62 岁，领取全额养老金的退休年龄从 65 岁延长到 67 岁。③ 议会审议期间，3 个月内各类社会风潮爆发，10 月爆发了 300 万工人参与的大罢工，一度导致"燃油危机"。④总之，相关改革引发了反对党和工会组织的抗议，迅速发展为全国跨行业的大罢工，政府部门顶住各方面压力推进此次改革。

六是马克龙总统时期对失业保险、公务员和养老金的改革，如下调失业救济金额，提高失业金领取条件，⑤ 预计裁掉 12 万个公务员工作岗位以精简机构，减少财政预算。为了缓解养老金赤字压力，取消 42 个特殊养老金，建立以积分为基础的单一养老体系，并将退休金基准年龄提升到 64岁，领取条件也更为严格，结果引发了 2019 年底 51 年以来持续时间最长的"大罢工"，各行各业约 80 万人走上街道抗议马克龙的退休金计划，公务员、警察以及医疗、教育等各领域人员都参与了罢工，全国城市交通几乎瘫痪，法国 1/4 航班取消，铁路客运时间压缩到正常时间的 1/3，集体反对改革。⑥ 法国老年人的贫困率已经相对较低，儿童和青少年贫困率较高，新改革只是想通过调整福利分配将资金用于更贫困的群体，但是遭到激烈的反对，可见再分配的"弹性"调试步履维艰。

---

① 丁建定：《从"首次雇用合同法案"的流产看法国青年就业政策改革的艰难》，《社会保障研究》2009 年第 2 期。
② 吴国庆：《法国政治史（1958～2012）》，社会科学文献出版社，2014，第 402 页。
③ 邓念国、向德彩：《法国社会保障政策变革的障碍因素：一个制度分析的视角》，《天津行政学院学报》2012 年第 1 期。
④ 吴国庆：《法国政治史（1958～2012）》，社会科学文献出版社，2014，第 403～404 页。
⑤ 之前失业者在过去 24 个月内工作 4 个月就可以领取失业救济金，自 2019 年 11 月开始，工作 6 个月才有资格领取失业救济金。
⑥ 杨成玉：《马克龙新政下的经济形势及展望》，转引自丁一凡主编、戴冬梅副主编《法国发展报告（2020）》，社会科学文献出版社，2020，第 40 页。

总之，因为福利分配的"刚性"只能调高不能降低，法国福利保障金额一直在调高，直到调到政府和社会都难以支付，后期每每尝试改革都会引发社会动荡。

（二）福利制度改革困境之因

为什么法国福利制度改革这么难？根源在哪里？邓念国、向德彩发现改革之所以困难，主要是因为以下三个方面。[1] 一是总统与总理的双重行政长官制度的特殊政治结构加剧了社保政策变革的"路径依赖"，具有不同政治倾向的总统和总理可能处于"左右共治"时期。二是公众参与公共政策制定的方式导致了社会保障政策难以进行激进的变革。一方面是参与政策制定，另一方面是通过罢工、罢课等游行示威的方式表达对新政策的抗议，导致很多新改革无法按预期推进。三是工会组织的强大功能和利益分散化[2]是社会保障制度改革困难的卡点。工会一般会反对削弱社会福利开支，所以改革是否能取得成功，在很多情况下取决于工会的态度。这些导致了法国社会保障体系呈现"碎片化"的特征，不同政治力量、不同阶级和阶层、社会团体之间相互博弈的产物，使管理成本高，效率低。此外，还有其他多种因素。

总之，在福利改革的过程中容易受到相关受益阶层的抵制，也会引发不同阶层之间的福利攀比，[3] 而且"高成本"的劳动力导致企业负担过重。有些企业主不愿意在国内进行生产性投资，转而在国外投资一些容易赚钱的行业，或者采用新技术和新设备，减少雇员的人数，降低成本和提高生产效率，结果导致大规模的失业，以至于法国的社会保障制度已经使法国经济陷入了"高税收—高福利—高负债—高成本—高失业率—低投资和低收益—低增长的恶性循环"，所以需要处理好经济成本和社会成本之间的关系。

---

① 邓念国、向德彩：《法国社会保障政策变革的障碍因素：一个制度分析的视角》，《天津行政学院学报》2012年第1期。

② 法国主要有五大工会联盟，意识形态取向各异。如共产主义取向的法国总工会（CGT）、社会主义和托洛茨基取向的工人力量联合会（FO）、社会主义和实用主义取向的法国工人民主联合会（CFDT）、基督教取向的基督教工会联盟（CFTC）和以白领工会为主的法国干部总工会（CGC）。转引自邓念国、向德彩《法国社会保障政策变革的障碍因素：一个制度分析的视角》，《天津行政学院学报》2012年第1期。

③ 钱运春：《法国社会保障体制的行业特点、形成原因和改革困境》，《世界经济研究》2004年第10期。

（三） 福利改革的创新举措

1. 从社会保障到社会投资

马克龙上台之后，开始进一步改革福利制度，减少财政支持，从分配型的福利制度转向投资型福利制度。[①] 针对目前法国福利制度开支大，不能有效解决长期贫困、失业、社会排斥和阶层固化问题等弊病，马克龙决定推行积极福利改革，构建"21世纪的社会保障"，遵循"预防"、"统一"和"尊严"三原则[②]，改革退休制度，整合分散、碎片化的养老津贴，制订减贫计划，不再遵循以往的社会救助思路，而是从就业帮扶和教育入手，将失业救济变成激励就业，并从源头上通过教育提升人口素质，打破贫困代际循环的阶层固化，即从社会保障走向社会投资，[③] 以预防的思路代替事后的补救，全面提升社会的抗风险能力。

2. 完善福利申请程序

福利保障制度虽然不能进行大改革，但是可以对福利申请程序中的管理问题进行创新性微调，以更好地服务申请者。如对积极就业团结收入申请程序进行改进，一般申请之后的8天内会有第一次面谈，进行初步诊断和定向面谈。比较有代表性的是滨海－阿尔卑斯省的CORSA系统和埃罗的回旋式面谈，在CORSA指导系统中，有专业顾问或辅导员与申请人进行面谈，听取他们的意见，并引导他们找到合适的支持体系。

2018年1月家庭补助基金与埃罗进行了回旋式面谈的合作实验，减少了积极就业团结收入的启动实施时间，专业社会援助启动时间从平均94天缩短到33天，[④] 大多数新申请者的面试次数适当减少了，相关帮助就业的培训课程也得以重新定位，[⑤] 通过赋权积极就业团结收入的受益者，提升他们的工作能力和工作责任感，帮助他们再就业。总之，一些服务流程的

[①] 丁一凡：《法国政府的政策重点太多》，转引自丁一凡主编、戴冬梅副主编《法国发展报告（2020）》，社会科学文献出版社，2020，第9页。

[②] 预防：及早解决社会不平等问题；统一：每位公民享有相同的福利权利；尊严：从劳动中获得解放，而不是从救济中获得。

[③] 彭姝祎：《试析法国福利国家改革》，转引自丁一凡主编、戴冬梅副主编《法国发展报告（2020）》，社会科学文献出版社，2020，第227页。

[④] 一般程序有提出申请、面谈诊断、评估个人情况、签署合同等。

[⑤] Claire Pitollat, Mathieu Klein, "L'accompagnement des bébéficiaires du RSA," Rapport au Premier Ministre, 4 sseptembre 2018, pp. 11 - 12, https://www.gouvernement.fr/upload/media/default/0001/01/2018_09_ rapport_ de_ claire_ pitollat_ et_ mathieu_ klein_ sur_ laccompagnement_ des_ beneficiaires_ du_ rsa. pdf.

"微更新"有助于帮助贫困者尽快获得社会保障的福利支持。

三 经济疲软陷阱和空心化

20 世纪 80 年代的国有化改革触动了法国大资产阶级的利益，法国学界把 20 世纪法国的国有化历程称为法国式"社会国家"的构建，[①] 但一些法国企业失去了投资热情，转而把资金投到国外。随之也导致法国国内工业投资剧减，1974～1980 年法国工业投资每年平均减少 2%，1980 年是 10%，1982 年是 7%。[②] 没有足够的扩大再生产的资金，法国经济从危机中复苏就更难了，1981 年经济增长率仅有 0.5%，所以 1982 年政府不得不推出紧缩计划，当年国内生产总值也只增长了 1.5%，200 万人失业，外贸逆差 980 亿法郎。[③] 在这种法国经济增长缓慢、财政赤字压力大的情况下，庞大的社会保障开支快速增长。法国经济每况愈下，近年来在欧债危机中，外贸逆差，失业率飙升，企业不停地破产，一些国有企业亏损得很厉害。2015 年国企净亏损 101 亿欧元，尤其是法电亏了 35 亿欧元，恩吉（ENGIE）亏损了 87 亿欧元，法铁亏损了 12 亿欧元，在 2017 年底债务已经高达 466 亿欧元，[④] 各类债务和福利保障开支使法国财政产生严重赤字。所以，法国的 GDP 增长率一直没有显著提升（见表 6-4）。

表 6-4　1985～2008 年法国的 GDP 增长率

单位：%

	1985 年	1990 年	1996 年	1997 年	1998 年	1999 年	2000 年	2001 年	2002 年	2003 年	2004 年	2005 年	2008 年
GDP 增长率	1.9	2.5	1.1	1.9	3.5	3.2	4	1.9	1	1.1	2.3	1.2	1.7

资料来源：转引自白澎、叶正欣、王硕编著《法国社会保障制度》，上海人民出版社，2012，第 42 页。

为了解决国企的亏损问题，法国政府一方面改革福利制度减少公共开支，另一方面推行新企业法方案出售国企股权，进行国有企业部分私营化。

---

① 张丽、姜芃：《法国近百年来的社会运动与社会保障制度》，《贵州社会科学》2016 年第 8 期。
② 吴国庆：《法国政治史（1958～2012）》，社会科学文献出版社，2014，第 180 页。
③ 吴国庆：《法国政治史（1958～2012）》，社会科学文献出版社，2014，第 187 页。
④ 徐波：《转型中的法国》，中信出版社，2020，第 56 页。

（一）高劳动力成本

近年来为了避免企业负担过重，鼓励雇用更多员工以激活就业市场活力，一度放缓最低工资增速。2021 年又尝试继续提高最低工资额度，以确保最低工资的增长可以补偿通货膨胀引起的实际购买力下降的损失，保障底薪劳动者的生活水平不至于下降。与此同时，马克龙认为在法国所有人不分年龄和性别，每人每周一律工作 35 个小时不太合适，应该引入弹性机制，"允许通过行业协议、企业协议自行调整以达到平衡"，① 如年轻人每周可以工作 35 小时以上，老年人可以工作 35 小时以下，根据不同的行业来定，进一步赋予企业灵活的就业管理权力，以激发企业活力，加快经济发展速度。

（二）实体经济虚化

受塞尔日·丘鲁克（Serge Tchuruk）等侧重研发，将低端装配制造业外移的思路影响，法国北部和东部传统的汽车、钢铁、煤矿、化工等重工业区逐渐衰落，法国工业占 GDP 的比重从 1974 年的 33% 下降到 2018 年的 10%。② 法国著名的企业相继被国外企业集团收购，如 2003 年铝业公司佩希内（Pechiney）被加拿大铝业公司阿尔坎（Alcan）收购，2014 年电气公司阿尔斯通（Alstom）被美国通用电气公司（GE）收购，2017 年大西洋造船厂（STX France）被意大利的芬坎蒂尼收购，幸好马克龙及时干预阻止兼并案，将此船厂国有化。③ 被印度阿塞洛·米塔尔（Arcelor Mittal）收购的弗洛朗日（Florange）钢铁厂裁员 650 名工人和标致雪铁龙裁员 8000 名工人引发了大规模舆论争议。其实，根本原因是法国国内汽车市场狭小，劳动力成本高，在全球化的冲击下企业维生很艰难。法国支柱企业逐渐被国外企业收购，进一步加大了法国经济复苏的难度。

（三）资本外流严重

据世界银行统计，近十年来法国资本外流从五成上升到七成，CAC40 的法国企业 80% 的业务在海外，80% 的利润也在海外。④ 国有化改革进一

---

① 〔法〕埃里克·福托里诺编《重塑法国——法国总统马克龙访谈录》，钱培鑫译，上海译文出版社，2020，第 101 页。
② 徐波：《转型中的法国》，中信出版社，2020，第 75 页。
③ 徐波：《转型中的法国》，中信出版社，2020，第 75 页。
④ 徐波：《转型中的法国》，中信出版社，2020，第 81 页。

步加剧了资本的外流，尤其是"巨富税"和国有化，导致一些法国富人为了避税也到了国外，如比利时的布鲁塞尔、瑞士的日内瓦和内钦（Néchin）小镇都有法国的富人社区。[①] 尤其是法国贸易逆差越来越大，导致法国用于经济建设的生产性投入不足，却不得不为日益庞大的社会保障开支疲于奔命，又因"黄马甲"运动和新冠疫情的冲击，法国财政雪上加霜。

总之，造成法国贫困"陷阱"的主要原因是过高的税收和国家对经济的过度干预，如最低工资制形成的高成本的劳动力导致企业成本过高，经营不善被兼并、破产或转移到国外，高额的社会"分摊金"给企业套上了沉重的枷锁，使得法国经济发展的动力和活力不足，GDP 一直没有明显增长。为了继续维持庞大的社会保障支出，就会继续提高各类税费，以至于引发各类社会运动，而这些日益增加的社会保障开支并没有降低法国的贫困率，法国整体贫困率和极端贫困率近 20 年都呈增长趋势。相关社会福利保障并没有"精准"聚焦在最贫困的人群，因法国秉承博爱的价值观，因此对非法国人也是平等开放的，所以就陷入了社会保障投入越多，贫困率没有根本性降低，反而激发了更多社会矛盾的循环困境。

---

① 徐波：《转型中的法国》，中信出版社，2020，第 296 页。

第七章
法国反贫困的经验与启示

法国在反贫困政策的制定与执行、实施社会创新项目、建构多元主体联动的反贫困网络体系以及界定新多维贫困等方面颇有建树。

第一节　大众参与的反贫困决策与反贫困网络体系

消除贫困、反排斥的社会包容计划是法国主要国策之一，1992 年成立的国家消除贫困和社会排斥政策委员会也一直在积极推动相关工作。早在 2002 年法律已经规定，人们可以参与社会改革，参与设计医疗和社会服务机构（ESSMS）内的接待和支持项目及其实施，也使生活贫困者参与扶贫计划等公共政策的制定和监督成为可能，① 确定了贫困人口参与制定和监测与他们有关的公共政策的原则，通过创建社会生活委员会（CVS）、社会重新安置住宿中心（Les Centres d'Hébergement de Réinsertion Sociale，CHRS）来推动落实。所以，法国的社会治理和社会共治在扶贫领域有所创新。

一　发挥贫困群体解决贫困问题的主动性

（一）贫困人口参与政策制定模式

2010 年创建的全国接待人员咨询委员会（Le Conseil Consultatif des

---

① Jean-Philippe Vinquant，"Le Conseil Consultatif des Personnes Accueillies/Accompagnées（Bilan 2015），" 2015，p. 3，http://www.ccpa-ccrpa.org/.

Personnes Accueillies，CCPA）是促进参与和沟通的典范案例，旨在将贫困者、不稳定的脆弱群体①的经验和反贫困工作者的专业知识整合到公共政策的制定、监测和评估中，以制定有效的解决方案。允许处于排斥状态的人和专业人士之间展开公开自由地辩论，因其在代表和支持人民方面的贡献，各地都成立了地区接待或陪伴人员咨询委员会（Conseils consultatifs régionaux des personnes accueillies et accompagnées，CCRPA，或译为受援人咨询委员会），成为反贫困和反排斥的主要推动者。依据 2016 年相关法令，该委员会更名为全国接待或陪伴人员咨询委员会（Conseil National des personnes accueillies ou accompagnées，CNPA）。② 国家即将颁布法令赋予其持久地位，并肯定其参与原则。该机构将与社会工作高级委员会（Conseil Supéieur du Travail Social，CSTS）整合为一所公民学院，③ 逐步推动社会治理机构的系统化。据 2015 年年报数据，举办了 6 次会议，法国各地 261 名代表参会，其中 161 人是第一次参会，平均每场会议 89 人，来自 20 个不同地区的 53 个不同机构，社会凝聚力总局（Direction Générale de la Cohésion Sociale，DGCS）资助 8 万欧元，救世军（Fondation de l'Armée du Salut）资助 37000 欧元，还有 6382 欧元的赤字，是由于差旅费、住宿和食物价格上涨导致的。④ 为了推动相关工作的专业化运作，要对全国接待或陪伴人员咨询委员会和地区接待或陪伴人员咨询委员会的工作人员进行培训，⑤ 尤其需要对冲突管理专业人才进行培训，使他们懂得在相互尊重和理解中交流，不歧视，保持和蔼的态度沟通，了解外国人原籍国的政治、社会和文化背景，不断提升沟通技能。这样通过多次交流、积极的讨论和相互倾听，政策制定者和社会工作服务机构会更好地了解被排斥者和穷人的心声，全国接待或陪伴人员咨询委员会的相关代表也被邀请参加政策制定报

---

① 如隔离或孤立的人、单亲家庭成员、暴力或同性恋恐惧症的受害者、流浪汉、吸毒人员、精神疾病患者、残疾人、老年人等穷苦的人。

② "Séance plénière du Conseil national des personnes accueillies ou accompagnées," 12 avril 2017, https：//www. gouvernement. fr/seance-pleniere-du-conseil-national-des-personnes-accueillies-ou-accompagnees.

③ Ségolène Neuville, "Le Conseil Consultatif des Personnes Accueillies/Accompagnées（Bilan 2015），" 2015, p. 2.

④ "Le Conseil Consultatif des Personnes Accueillies/Accompagnées（Bilan 2015），" 2015, pp. 11, 41.

⑤ Brigitte Bouquet, "Le Conseil Consultatif des Personnes Accueillies/Accompagnées（Bilan 2015），" 2015, p. 21.

告的起草工作，通过参与贫困政策制定推动有效治理。

总之，全国接待或陪伴人员咨询委员会等机构的运作方式是将不同群体的专业技能、知识和体验置于共同参与、共同决策和共同行动中，一起反思每个人贡献的丰富性和集体思考的重要性。

（二）社会创新项目

法国也积极通过社会创新项目来推进反贫困工作。杜布斯儿童和成年人保护部门协会（l'Association départementale du Doubs de sauvegarde de l'enfant à l'adulte）的"住房通道"项目获得社会创新奖，① 这是关于青年流浪者的"门户住宅"实验，通过调动过渡性住房容纳没有资源的年轻人。里昂的 MAS 协会和青年自治住房地方委员会（CLLAJ）进行了"过渡"试验计划，为刚获释人员提供住宿，以期通过住房来预防再犯罪，该计划获得 2014 年住房领域的"社会创新"项目，② 也是反贫困和促进社会包容多年计划中的一部分。

2011 年在马赛和图卢兹的一些社区启动"之前的家"（Un chez-soi avant）计划，2012 年巴黎也开始为生活在街道上患有严重疾病的人提供住宿，一些精神障碍患者和毒品成瘾者也获得救助。2016 年的相关数据显示，96% 的人连续 4 年得到救助，其中 86% 的人一直有地方住，80% 的人获得医疗救助。③ 巴黎住宿面临的挑战比较大，因为大多数租户都处在贫困线以下，好在一些协会和医院也积极提供救助，如曙光协会、天主教救助、巴黎社会行动中心和白房子医院等。

在这个过程中，一些企业、协会、银行也用社会创新的方式帮助积极就业团结收入的受益者就业，如蒂埃里·马赫斯的烹饪手册（Cuisine mode d'emploi de Thierry Marx）、团结纽带（Tissons la solidarité）与时装设计师克里斯蒂安·拉克鲁瓦（Christian Lacroix）的合作、里昂银行的教育与体育合作项目、马赛的奥特伊的学徒（Apprentis d'Auteuil）基金会的社

---

① "Le projet 'logements passerelles' de l'Addsea," soutenu par la Dihal, lauréat de la Fondation de France, 1 juillet 2016, https://www.gouvernement.fr/le-projet-logements-passerelles-de-l-addsea-soutenu-par-la-dihal-laureat-de-la-fondation-de-france-5323.

② "Innovation sociale: accès au logement à la sortie de détention dans le Rhône," 12 avril 2017, https://www.gouvernement.fr/innovation-sociale-acces-au-logement-a-la-sortie-de-detention-dans-le-rhone.

③ "Comité de pilotage du programme 'Un chez-soi d'abord à Paris," 1 juin 2016, https://www.gouvernement.fr/comite-de-pilotage-du-programme-un-chez-soi-d-abord-a-paris-5011.

会融入项目 Skola、明星与妇女（Des étoiles et des femmes）、数字网关（Passerelle Numérique）等，[1] 有些项目的就业率甚至达 75% ~ 100%。此外，在数字化时代，可以通过公共网络建设为贫困人群和各类福利领取者提供就业帮助。未来会加大社会凝聚基金（fonds de cohésion）的支持力度，增加小额信贷，为创业和再培训提供更多资金支持，发展志愿服务，构建社会创新网络（réseau d'innovation sociale），推动社会团结经济（l'économie sociale et solidaire）的发展，并继续完善积极就业团结收入等相关政策的评估，打击相关资金的不当支付和欺诈行为，进而提升贫困治理成效。

二 政—企—社联动的反贫困网络

正如之前对贫困的界定，贫困的产生是因为社会关系建构中的分化与失范，所以为了抵御贫困风险，劳伦斯·方丹（Laurence Fontaine）沿袭了历史学家和社会学家对贫困的看法，主张发挥市场的作用维护社会网络，政治、文化和社会问题会加重经济贫困，除了实施公共援助政策，家庭和个人采取避免陷入贫困或摆脱贫困的策略也很重要，要考虑到个人的多样性及对周围环境的看法，尤其是他们的行动能力，使他们主动脱离贫困状态。[2] 除了政府部门反贫困行为和组织的贫困调查，法国各类协会、基金会等非营利组织也积极参与反贫困。

（一）协会反贫困作用

协会在反贫困与反排斥、保护环境、儿童教育、提供公共服务，尤其是志愿服务方面发挥了重要作用。目前法国约有 130 万个协会，1300 万名志愿者和 180 万名带薪工作者，[3] 是社会经济建设的主要参与者，增强了社会凝聚力。为了更好地发挥出协会在创造长期就业机会和可持续地专业

[1] Claire Pitollat, Mathieu Klein, "L'accompagnement des bébéficiaires du RSA," Rapport au Primer Ministre, 4 septembre 2018, p. 16, https://www. gouvernement. fr/upload/media/default/0001/01/2018_09_rapport_de_claire_pitollat_et_mathieu_klein_sur_laccompagnement_des_beneficiaires_du_rsa. pdf.

[2] Laurence Fontaine, *Pauvreté et stratégies de survie: Une conférence-débat de l'Association Emmaüs*, Paris: Editions L'Harmattan, 2007.

[3] Édouard Philippe, "Le Gouvernement engage une politique de développement de la vie associative," 6 novembre 2017, https://www. gouvernement. fr/partage/9693-le-gouvernement-engage-une-politique-de-developpement-de-la-vie-associative.

融合方面的作用，政府推出了以下激励举措。一是 2018 年增加对协会等志愿部门的拨款，其中 9260 万欧元用于协会工作，4.47 亿欧元用于提供公共服务。二是实施工资税抵免（CITS），2018～2019 年维持不变，将为协会增加 5 亿欧元收益。三是作为就业税收抵免改革的一部分，费用的削减将使协会等志愿服务部门从 2019 年起获得 14 亿欧元的永久收益。[①] 以期通过这些措施发展更广泛的社区生活和社会团结经济，代表政府和第三部门共同推进联合发展模式的改革，鼓励协会等社团在就业领域发挥出更加积极的作用。

（二）反贫困网络体系

依据 1901 年《社团法》设立的大部分协会都是非营利组织，主要从事慈善公益活动和提供志愿服务，在扶贫、脱贫方面发挥了重要作用。法国埃玛斯协会（Association emmaus france）一直致力于反贫困和反排斥，在实践经验的基础上，提出了反贫困的 10 个建议，参与了总统竞选的公共辩论。[②] 法国总理于 2020 年 10 月 24 日调研位于埃皮奈河畔的埃玛斯团结协会（l'association Emmaüs Solidarité）住宿中心和重返社会中心（Le Bois de l'abbé）时宣布了新的扶贫措施，此期各类慈善组织做了大量工作，如大众救助（Secours Populaire）通过 23000 名志愿者运营的 1000 条热线接待了 226480 个家庭和 93499 名单身人士的求助，法国红十字会的 1200 个机构汇聚了 6 万名志愿者提供服务的同时，也做贫困数据信息的收集和整理。此外，恩特雷德新教徒（l'Entraide Protestante）、救世军、第四世界、统一犹太社会基金（le Fonds social Juif unifié）、阿贝 - 皮埃尔弱势群体住房基金会（la Fondation Abbé-Pierre pour le Logement des Défavorisés）、穷人兄弟会（les Petits Frères des Pauvres）、圣文森特团队（les Equipes Saint-Vincent）、圣文森特·德·保罗协会（la Société Saint Vincent de Paul）、穆斯林协会（des associations musulmanes）、爱心餐厅，以及由食品银行为国家服务的协会网络（le réseau des associations servies nationalement par les

---

① Édouard Philippe, "Le Gouvernement engage une politique de développement de la vie associative," 6 novembre 2017, https://www.gouvernement.fr/partage/9693-le-gouvernement-engage-une-politique-de-developpement-de-la-vie-associative.

② Association emmaus france, "Le combat continue: 10 propositions pour lutter contre la pauvreté," Paris, Éditions Les Liens qui libèrent, 2017.

Banques alimentaires)① 也做了大量的志愿工作，逐渐形成政府部门—科研机构—慈善公益组织的联合反贫困网络。

（三）代表性反贫困组织

1. 第四世界

1957 年约瑟夫·雷辛斯基（Joseph Wresinski）创立了第四世界，他认为"赤贫是整个社会的失败，但只有最贫穷的人承受了失败的苦果"，② 所以需要全社会所有行动者共同承担责任。该组织不但切实投入减贫事业中，还积极展开贫困领域的相关研究，如 1993～1995 年开展了一项"第四世界大学计划"（Programme Quart-Monde Université），准备拓展一种"实验性"的社会人员和国民教育培训，旨在从与极端贫困做斗争中产生新知识。侧重基于"记忆"的共同体写作，逐步建立有关历史、家庭、知识、工作和公民身份的五种记忆，③ 因为他们认为这种共同的思想是加强社会凝聚力和消除贫困的重要因素。

此外，第四世界调研了对贫困的各类看法，将一些错误的想法分类汇总起来，如"对失业者的控制正在加强""积极就业团结收入的受益者被强加了志愿服务""有些失业者不找工作""我们可以通过失业和交替工作来赚取更多的钱"等。逐条回应了 130 多种对贫困的偏见，表明消除贫困的任务仍非常艰巨，对穷人的污名化并没有基于事实，而是来自掩盖苦难真正根源的话语建构，为了解决穷人边缘化问题，为建立基于人人平等且有尊严的社会提出了一些解决贫困问题的新思路。④ 这是一种"后现代主义"的"解构主义"思路，分析了话语建构与事实之间的真实性关系。主张只是投入经济和用物质直接帮助穷人并不能真正解决贫困问题，对贫困认知观念的建构影响着社会大众对穷人的看法和态度，关注贫困者的尊严是反贫困的新路径。

---

① ONPES, "Les Travaux de l'Observatoire 2000," 29 septembre 2009, p. 139, https://onpes. gouv. fr/le-rapport-2000. html.

② 〔法〕白雅简：《如何一起在尊严中战胜疫情与贫困?》，爱德传一基金，2020 年 12 月 2 日，https://mp. weixin. qq. com/s/Dut1 v1 sgLWOGnVFYj0HtAQ。

③ ONPES, "Les Travaux de l'Observatoire 2000," 29 septembre 2009, pp. 160 – 161, https://onpes. gouv. fr/le-rapport-2000. html.

④ Jean-Christophe Sarrot, *ATD Quart Monde, En finir avec les idées fausses sur les pauvres et la pauvreté*, Paris：Coédition Editions de l'Atelier, 2020.

奥朗德任期内，戴高乐的女儿吉纳维芙·戴高乐·安东尼奥兹（Geneviève de Gaulle Anthonioz，1920～2002）等四位英雄被迁入先贤祠，以纪念他们对国家的贡献。她作为第四世界的联合创始人之一，领导了40多年的反贫困和反社会排斥的慈善公益活动。[①] 可见，法国政府和人民非常肯定第四世界在反贫领域的贡献。

2. 天主教救助

天主教救助于1946年由神父让·罗德海恩（Jean Rodhain）创建，积极从事反贫困和反社会排斥，寻求社会正义。1998年已经拥有78000名志愿者和4200个团队，为714831人提供服务。自1994年以来，每年至少遇到70万件各类贫困事件，其中单身者求助数量增长非常快，如1994年单身母亲占比22%，1998年占比24%，接受救助者的单身比例1994年占比41%，1998年为43%。与此同时，生活在单亲家庭中的儿童数量也从1994年的40%提升到45%。[②] 每年有数十万人到天主教救助这样的慈善机构求助，所接收的人中84%是没有工作的，其中有2/3年龄在25～50岁，[③] 也就是处于可以正常工作年龄段的失业者。所接收的外国人中，有37%正在等待合法身份，21%没有任何证件，这是一个特别脆弱的群体。[④] 可见，天主教救助为法国社会的稳定和谐做了大量基础性的工作。

3. 世界医生协会

世界医生协会（Médecins du Monde）的法国使命（Missions France）代表团每年免费接诊治疗数以万计处于危险境地的人，大部分是无法获得基本医疗条件等社会保障的贫困者。1998年的接诊者中不到1/4的患者有固定住所，大部分住在亲戚家里或住宿中心，只有5%是全职或兼职的，70%的患者领取最低融合收入，也有43%的人表示他们没有获得资助。在工资收入比例很低的患者中，1997年参加工作的患者收入勉强相当于最低

---

① "Quatre héros de la Résistance font leur entrée au Panthéon," 24 mai 2018, https://www.gouvernement.fr/partage/10217 – 27-mai-2015-quatre-heros-de-la-resistance-entrent-au-pantheon.

② ONPES, "Les Travaux de l'Observatoire 2000," 29 septembre 2009, pp. 149 – 150, https://onpes.gouv.fr/le-rapport-2000.html.

③ 依据相关数据，2018年天主教救助的法国慈善社接收的人中，成年人的平均年龄：男性41岁，女性39岁。

④ "État de la pauvreté en France, personnes migrantes：une même aspiration à vivre dignement," Rapport statistique 2019, p. 1, https://www.secours-catholique.org.

融合收入，只有 7.5% 的人工资高于最低收入工资（SMIC）。[①] 1999 年，入院患者 32385 人，咨询总人数 80809 人，其中来自巴黎的患者占比 29%，里昂占比 9%，马赛占比 10.8%，热纳维利埃占比 7.5%，其中 70.8% 患者为外籍（1998 年外籍患者占比 60%），法国患者占比 29.2%，外籍患者中马格里布国家占比 26%，撒哈拉以南的非洲国家占比 25%。73% 的患者没有社会保障，[②] 体现了法国博爱的人道主义精神。有 3/4 的患者是通过口耳相传或者是朋友、家人和协会介绍到世界医生协会就诊的，有 20% 是通过医院、社会服务机构等普通服务机构介绍过来的，相关患者的数量在 2000 年显著减少，主要归功于一些患者重新纳入常规的社会保护系统。

4. 包容性住房促进协会联合会

包容性住房促进协会联合会（FAPIL）对弱势群体住房需求和住宿情况进行了调查，基于 50 个成员协会，在租客变化、标价变化、住房金融和个人援助监管等方面进行了年度调查：60% 的租户为 30 岁以下，单身者居多，34% 为单身男性，20% 为单身女性，33% 是外国人，所有住户中仅 1/3 的人有工资收入，46% 的住户没有工资收入，或者收入低于最低融合收入，[③] 从中可以看出贫困的固化现象。

总之，法国一些慈善组织和志愿服务组织积极参与扶贫济困，也有一些组织利用废弃工厂、公寓设立贫困收容所、接待中心和团结中心等收留无家可归者，有免费的医疗援助，也会通过爱心餐厅发放一些饮食。在政府福利保障和社会救助体系之外，通过教会、慈善组织等民间力量为无家可归的穷人提供基本的衣食住行保障。

（四）政—企—社合作平台建设

法国一些企业也积极投身于反贫困事业。自 2007 年金融危机后，成千上万的家庭陷入困境，法国每年有超过 20 万户家庭因无法负担债务而提交了超额债务文件。摆脱相关经济困境的贷款方法中有三种比较具有代表性：一是 1997 年的"团结贷款"（prêts solidaires）；二是 1999 年南特的

---

① ONPES, "Les Travaux de l'Observatoire 2000," 29 septembre 2009, pp. 143 – 146, https://onpes. gouv. fr/le-rapport-2000. html.

② ONPES, "Les Travaux de l'Observatoire 2000," 29 septembre 2009, p. 147, https://onpes. gouv. fr/le-rapport-2000. html.

③ ONPES, "Les Travaux de l'Observatoire 2000," 29 septembre 2009, p. 148, https://onpes. gouv. fr/le-rapport-2000. html.

"稳定贷款"（prêts stabilité）；三是 2001 年图卢兹工厂爆炸后天主教救助等推行的"个人信用项目"（crédit projet personnel），该项目使受害者在等待保险费偿还时可以紧急使用。① 基于这些信贷方式，目前推行的反贫困小额信贷金额为 300～3000 欧元，利率是固定的，仅授予无法获得银行信贷的人，为借款人提供个性化支持，包括对借款人的要求进行评估，并对整个还款过程实行监控。主要提供信贷的机构有储蓄银行（Caisse d'épargne）和一些协会，如天主教救助和法国红十字会（la Croix rouge française），以及一些社会机构（如 CCCAS，UDAF）。在反贫困的过程中，不同类型的机构逐渐形成一个互助网络。

为了更好地破解失业贫困难题，积极推进就业，政府将继续推行职业化合同（Le Contrat de professionnalisation）的试验，这是促进年轻人职业融合的有效工具，72% 职业化合同的受益者在合同期后 6 个月内成功就业，其中超过一半有稳定的工作。② 这是一种结合相关资格培训期和商业活动期的雇佣合同，旨在通过培训融入或重新融入就业，培训持续至少 6 个月，最少 150 个小时，占合同期限的 15%～25%，培训费由公司已缴纳会费的分支机构承担，原则上需要取得文凭、职称、职业资格证书或分支机构集体协议认可的资格才可以获得正式工作。对于 45 岁以上的求职者，可以减少或免除雇主的社会缴款。这种合同也适用于长期失业者，因为这种培训是为求职者量身定制的，符合预期工作单位的实际需求。

总之，法国政府积极寻求企业支持，一起构建稳定的就业渠道，发挥出协会等慈善组织的力量，动员国内外一切能调动的资源，构建政府—企业—高校科研机构—慈善组织联动的反贫困网络体系，尽量为在法国的每一个贫困的、有需要的人提供基本的兜底保障，充分体现了法国自由、平等、博爱的国家价值观和人道主义精神。

---

① Georges Gloukoviezoff, *Microcredit contre pauvreté, des prets entre solidarité*, Paris：Atelier, 2013, https：//www. amazon. fr/Microcr% C3% A9dit-contre-pauvret% C3% A9-solidarit% C3% A9-march% C3% A9/dp/2708242393/ref = sr_1_1？ __mk_fr_FR = % C3% 85M% C3% 85% C5% BD% C3% 95% C3% 91&dchild = 1&keywords = Microcredit + contre + pauvret% C3% A9% 2C + des + prets + entre + solidarit% C3% A9&qid = 1628675352&sr = 8 - 1.

② Édouard Philippe, Rapport du gouvernement, "Insertion et lutte contre la pauvreté," Jeudi 21 septembre 2017, p. 5, https：//www. gouvernement. fr/dossier-de-presse/9523-insertion-et-lutte-contre-la-pauvrete.

第二节　法国的多维贫困

不同于一般意义上对多维贫困的界定，法国各界在实际的反贫困探索中，界定了"法国式"的多维贫困，关于贫困知识的再生产和穷人体验的新知识建构，有一定的创新性和前瞻性。

一　法国多维贫困的界定

法国著名的反贫困组织第四世界、巴黎天主教学院、社会文化中心和天主教救助联合进行了法国多维贫困的研究，主要有以下几个维度。[①]

1. 物质匮乏与权利剥夺：经济资源不足、物质条件差、缺乏权利、无法获得权利及在获得权利方面存在障碍，这种贫困状态具体表现为工资、福利、养老金、教育、工作、住房等资源的短缺和不足。

2. 社会虐待或社会伤害（maltraitance sociale）：非贫困者看待和对待贫困人群的方式，如污名化等。

3. 体制虐待或机构虐待：国家、机构如何看待、判断和对待穷人，如一些高端场所对穷人的排斥等。

4. 孤立、隔离：贫困者与周围其他人关系的破裂，贫穷会破坏与家人、朋友和邻居的关系。

5. 身心健康恶化：贫困对身心健康的负面影响，健康恶化会加剧贫困。

6. 时空限制：从时间维度看，过去、现在与未来的贫困状态的动态变化；从空间的角度看，指贫困者的不同生活空间。

7. 恐惧和痛苦：因贫困引起的情绪和生活在贫困中人们的感受，如一些普遍性的消极情绪会加剧贫困，并产生新的贫困。

8. 获得技能或未被承认的技能（来自贫困的经验）：穷人为了生存和摆脱贫困而拥有的知识和技能，不仅仅是个人技能，也可以为社会带来新知识等贡献，但是现在多是不被认可的。[②]

可以看出，法国对贫困的界定除了物质匮乏之外，还与剥夺、排斥、

---

① "État de la pauvreté en France, personnes migrantes: une même aspiration à vivre dignement," Rapport statistique 2019, pp. 50 – 51, https://www. secours-catholique. org.

② "État de la pauvreté en France, personnes migrantes: une même aspiration à vivre dignement," Rapport statistique 2019, pp. 50 – 51, https://www. secours-catholique. org.

不平等、污名化、心理恐惧与焦虑等多元因素有关。其中最后一点重视穷人的经验与体验的价值，并准备以此发展出新的知识体系，承认穷人对新知识的贡献是一个非常好的维度，也是值得其他国家借鉴的。

二 法国经济福利指数

除了一般的衡量标准之外，为了破解只以 GDP 来衡量经济发展指标的问题，弗洛伦斯·简尼－卡特里斯（Florence Jany-Catrice）研究了法国经济福利指数，主要由四部分组成：人均实际消费量（按不变价格计算的货币价值）、人均实际国内资本存量（货币价值，生产性财富存量）、综合贫困指标（结合收入贫困率和贫困程度）、经济安全（与失业、疾病、家庭破裂和老年人贫困有关的经济风险）。这种不安全感会影响主体的焦虑情绪，以期能揭示社会经济的真实状况。[1] 在经济不平等与贫困问题中，个人关心的是财富再分配，即能分给他们多少。贫困的产生是通过相对贫困率和贫困强度来进行整合的，多用基尼系数来衡量，其中计算不平等与贫困维度的指数测算方法见图 7-1。

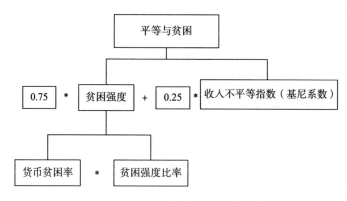

图 7-1　法国经济福利指数贫困率测算方法

资料来源：Florence Jany-Catrice, Stephan Kampelmann, "L'indicateur de bien-être économique：une application à la France," *Revue française d'économie*, Vol. 22, No. 1, 2007, p. 121。

法国经济福利指数也反映了"新贫困"期间的一些发展趋势。生产性财富存量增长较快，从 1980 年到 2003 年增长了 25%，与之相应的有效消

---

① Florence Jany-Catrice, Stephan Kampelmann, "L'indicateur de bien-être économique：une application à la France," *Revue française d'économie*, Vol. 22, No. 1, 2007, pp. 107 - 148。

费也呈递增趋势，平等与贫困等指数整体波动较明显（见图 7 - 2）。经济风险中有两个负趋势指标，物质风险指数上升到 54%，疾病风险指数上升到 39%，尤其是 1985 ~ 1995 年，家庭破裂风险指数从 1980 年的 13.8% 上升到 2003 年的 19%。[①] 这与法国近年来单亲贫困率不断上升的趋势一致。

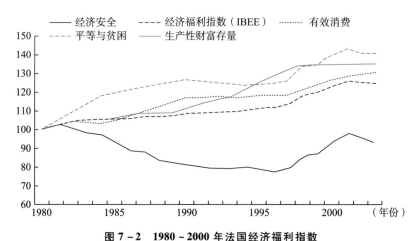

图 7 - 2　1980 ~ 2000 年法国经济福利指数

＊注：法国经济福利指数在初始观察期（1980 年）取值 100。

资料来源：Florence Jany-Catrice, Stephan Kampelmann, "L'indicateur de bien-être économique：une application à la France," *Revue française d'économie*, Vol. 22, No. 1, 2007, p. 131。

据法国经济福利指数数据分析，1980 年初贫困与不平等有所缓解，1985 年进入贫困停滞期（stagnation de la pauvreté），1997 ~ 1998 年再度改善。但是经济安全率基本一直在下降，主要是由经济增速的放缓以及失业率提升和就业不足引起的，因为福利保障制度的兜底机制确保了人们的购买力，所以消费趋势基本稳定并呈增长态势。

可见，法国的贫困测量体系是多样化的，除了此前国家统计与经济研究所发布的货币贫困率和生活条件贫困率，国家贫困与社会排斥观察所发布的新贫困测量体系的"计分板"之外，还有对经济福利指数的测量，从不同的维度综合反映法国贫困、排斥与不平等的情况，体现了科学反贫困的严谨态度。

---

① Florence Jany-Catrice, Stephan Kampelmann, "L'indicateur de bien-être économique：une application à la France," *Revue française d'économie*, Vol. 22, No. 1, 2007, pp. 107 – 148.

三 欧盟城市扶贫联盟

之前已经初步分析了全球化对法国民族国家福利保障体系的冲击，因为法国福利保障体系的开放性，非法国国籍的人也可以领取各样的福利补助，给法国的财政带来巨大的压力，但是法国依然愿意为跨国界反贫困贡献力量。亚尼克·马雷克指出法国贫困问题及其解决方法面临很多新的尖锐挑战，如脆弱性、贫困的表征及其监测等。[①] 他通过对 19 ～ 20 世纪鲁昂等法国一些城市和欧洲其他国家城市反贫困的案例进行解析，提出了一个跨国界的反贫困框架，有一种构建国际化反贫困共同体的前瞻性。

在全球化过程中，法国、加拿大、英国、美国等出现了大城市贫困社区越来越多或社区中的穷人越来越多的现象。为了解决这类城市贫困问题，不同国家的干预政策形成了不同的发展模式，如加拿大蒙特利尔的"城市综合振兴模式"。[②] 2014 年欧盟人口的 1/4（约 1.2 亿人）面临贫困或社会排斥风险，其中儿童占 27%，约 10% 的人没有工作。[③] 为此欧盟组建了欧盟城市扶贫联盟，主要成员国有法国、比利时、德国、西班牙和希腊，主要城市有里尔、科特赖克、伯明翰等，还有法兰西岛等地区。该联盟为推动欧盟反贫困立法和制定政策提供建议，加强国家、地区、城市间扶贫政策的联系，主要优先事项是消除儿童贫困和重建贫困社区。在参与欧盟城市扶贫联盟的过程中，可以将法国在反贫困领域的相关经验和价值理念推广开来。

第三节　法国贫困与反贫困的思考

一 21 世纪法国贫困与反贫困的变迁

通过从长时段透视法国贫困与反贫困问题和政策，可以发现 21 世纪法

---

① Yannick Marec, *Pauvreté et protection sociale aux XIXe et XXe siècles: Des expériences rouennaises aux politiques nationales*, Rennes: Presses universitaires de Rennes, 2006.

② Anne-Marie Séguin, Gérard Divay, "La lutte territorialisée contre la pauvreté: examen critique du modèle de revitalisation urbaine intégrée," *Le territoire, instrument providentiel de l'État social*, No. 52, 2004, pp. 67 – 79.

③ "Urban Agenda for the EU," https://ec. europa. eu/futurium/en/urban-agenda/terms/all/urban%20poverty%3Fpage = 2. html.

国主要致贫原因已经不是历史上的战争、饥荒、黑死病等瘟疫、封建制的地租和资本主义血汗工厂的压榨，20 世纪 80 年代的"新贫困"主要有失业贫困、在职贫困、单亲贫困、青年贫困、儿童贫困和中产贫困等，主要原因在于经济发展增速放缓，市场中就业岗位的相对不足，经济疲软无力支撑庞大的福利保障开支，以及女性主义观点对婚姻和家庭结构的冲击导致单亲家庭比例上升，贫困的单身母亲抚养孩子进一步导致儿童贫困率提升，容易形成贫困的代际循环。此外，与人口老龄化伴生的大量退休金的支付压力使福利改革更难推进，这种三次分配的失调、分配调节的"刚性"膨胀和"弹性"不足，导致社会福利保障制度成为加剧社会整体贫困的催化剂。

（一）法国贫困问题的十大转型

朱利安·达蒙（Julien Damon）研究了法国近 50 年贫困问题的十种转型，[1] 尤其是新冠疫情防控期间贫困问题的新动态。一是贫困被列为政府必须解决的重要议题。2020 年 12 月 31 日马克龙明确指出疫情危机中贫困同胞的生活更困难，由此可见，贫困问题在政治决策中占有重要位置。二是消除贫困成为优先的公共政策。20 世纪 90 年代以来，消除贫困和排斥已成为公共政策的优先事项，2018 年国家推出新的"防止和反排斥的国家战略"，如普遍积极收入（RUA）逐渐将住房援助和积极就业团结收入等进行合并，2020 年底重启"公共融合和就业服务"项目，推动脱贫攻坚的创新发展。三是脱贫成效明显。之前的退休金改革确保了老年人的养老收入，但近年来青年人的贫困问题日益严重，如年轻人的失业问题，进入劳动力市场的年轻人和跌出劳动力市场的年轻人的差距也在拉大，需要进一步关注代际不平衡问题。法国货币贫困变化率 1970～1985 年主要呈下降趋势，之后 20 多年一直稳定在 12%～15%，[2] 该时期的货币贫困率变化见图7-3。四是单亲家庭的贫困率更高。处于"婴儿潮"（baby boom）和"离婚潮"（divorce boom）中的一代人受到较大的影响，尤其是单身母亲，怀孕、生育和抚养导致她们的工作受影响。五是贫困的女性化（féminisation）。

---

① Julien Damon, "Pauvreté: l'aggravation devrait être pour demain," RDSS, mars-avril 2021, pp. 6 – 9.

② Julien Damon, "Pauvreté: l'aggravation devrait être pour demain," RDSS, mars-avril 2021, pp. 6 – 9.

除了上述原因，也与女性的预期寿命延长有关，老年妇女的贫困率相对较高。六是预算受限的问题。住房成本等生活成本的增加，对弱势群体的预算产生了很大的影响，虽然一些智库建议发放"消费券"以提升购买力，但低收入家庭的消费脆弱性仍很高。七是在职贫困、工作贫困更严重。[①]有工作依然贫困的人主要是因为工作不稳定、工资低，或者生活在低收入的家庭里，疫情导致的一些封闭措施，加剧了工作的不稳定性，贫困人数大量增加。八是对福利越来越依赖。减贫的总公共支出和特定社会支出在增加，2020年支出更高，失业问题凸显和失业青年人数的增加，可能导致相关支出预算和低收入家庭保障的预算还会增加。[②]九是贫困的城市化。虽然法国全国平均贫困率稳定，但是巴黎和人口超过20万的城市贫困率明显提升，尤其是城市中的敏感区域，有些社区的贫困率甚至比一般地区高出2～3倍，即贫困的区域化差异仍很明显。疫情防控期间受去工业化影响的部门损失不是最严重的，旅游等一些服务行业受到较大的冲击，可能会产生新的贫困地区。十是移民贫困问题值得关注。随着贫困的国际化，未来法国要在全球视野中关注移民贫困问题。[③]朱利安·达蒙的研究没有强调

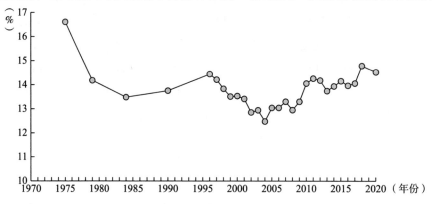

图7-3　1970～2020年法国货币贫困率

资料来源：INSEE；Julien Damon，"Pauvreté：l'aggravation devrait être pour demain，"RDSS，mars-avril，2021，p. 6。

① Julien Damon，"Pauvreté：l'aggravation devrait être pour demain，"RDSS，mars-avril 2021，pp. 6 - 9.

② Julien Damon，"Pauvreté：l'aggravation devrait être pour demain，"RDSS，mars-avril 2021，pp. 6 - 9.

③ Julien Damon，"Pauvreté：l'aggravation devrait être pour demain，"RDSS，mars-avril 2021，pp. 6 - 9.

儿童贫困，这是马克龙反贫困的主要侧重点之一，也是避免贫困代际循环的关键环节。他也忽视了农村贫困问题，总之，贫困将继续转型，也会有更多困难需要克服。

（二）21 世纪法国反贫困的新转型趋势

针对上述法国贫困问题中的重点领域——儿童贫困、青年贫困、失业贫困、单亲贫困、女性贫困、在职贫困、城市贫困、农村贫困、区域贫困等，在此前反"新贫困"的基础上，21 世纪法国的反贫困政策理念有一个比较明显的转变，就是从社会救助向社会投资转变，注重从源头解决贫困问题，关注儿童贫困，以发展经济和促进就业为主，打造 21 世纪积极福利国家。

1. 从重视再分配到重视经济发展

马克龙认为以往过于注重税收调控的反贫困方式是有问题的，主要有两个化解思路。一是减少国家对社会和经济的干预，国家一味地管控，反而削弱了自己，国家制定过多的准则以为能保护弱者，其实反而会阻挠更多贫困家庭脱贫。[1] 二是当代是开放的世界，应该以创新经济为重，传统的再分配制度会导致人才的流失，保障弱势群体和穷人利益的前提是不能阻挠一些人才的成功，要允许创新财富积累，让贡献多的人富起来，[2] 将国家的发明力、创新和创造力转换成经济效益。首先，要推动劳动力市场改革，扩大企业自主权，实行较为弹性的管理机制，减少工会的议价权，为中小企业松绑，设置遣散费上限，鼓励企业雇用工人，提高劳动力市场的效率。其次，取消巨富税，欧债危机时向高收入人群征税来平衡贫富差距，但也造成了法国财富大量流失，很多富人离开法国，甚至更换国籍以逃避重税。所以要留住能创造财富和就业的人才，应先取消巨富税。最后，推行减税政策，提高起征点，降低征税率至 11%，近 1200 万纳税人每户将减税 350 欧元，并实施"减额"机制，2019 年企业平均税率从 33.3% 降到 31%。[3] 进一步减轻企业的负担，提升法国的创新竞争力和发

---

① 〔法〕埃里克·福托里诺编《重塑法国——法国总统马克龙访谈录》，钱培鑫译，上海译文出版社，2020，第 52 页。

② 〔法〕埃里克·福托里诺编《重塑法国——法国总统马克龙访谈录》，钱培鑫译，上海译文出版社，2020，第 44~45 页。

③ 杨成玉：《马克龙新政下的经济形势及展望》，转引自丁一凡主编、戴冬梅副主编《法国发展报告（2020）》，社会科学文献出版社，2020，第 37~38 页。

展数字经济。这些改革举措大大提升了法国吸引外资的能力，2019 年外资吸引力居全球第 5 位。① 希望能通过吸引国际资本到法国投资，发展法国的经济，通过经济发展提升就业率，从而减少在职贫困和失业贫困等痼疾。

2. 打破贫困的代际循环

为了不让贫困的儿童成长为贫困的成年人，甚至一生都靠领取最低生活保障维生的贫困代际循环持续下去，法国政府从关心儿童贫困开始，将义务教育提前到幼儿园阶段，并在贫困街区建立托育所，为贫困家庭的单身母亲提供幼儿看护服务，为贫困家庭提供第三方支付（国家付款）的个性化托育服务，以期提升贫困家庭的儿童入托率，② 保障贫困儿童不至于输在起跑线上，他们的母亲也有时间和精力通过工作维生，不至于因为照料孩子而终日待在家里等救济金度日。与此同时，改善学生的膳食，推出"一欧元学生食堂"计划，保证贫困儿童的营养。因为据社会事务委员会的调研报告，平均 1/3 的学生没吃早饭就上学，对于弱势群体的儿童来说，这一比例更高。③ 此外，一些单亲家庭住宿条件恶劣，政府努力通过一系列措施为儿童提供体面的住宿条件，防止儿童乞讨。

3. 消除住宿贫困

因为有大量无家可归者，反贫困重心也从之前关注温饱问题转向关注住宿问题。2017 年 9 月 11 日，马克龙于图卢兹宣布，将实施住房优先计划和反无家可归（contre le sans-abrisme）计划（2018～2022 年），对相关领域进行结构性改革，自 2020 年起将为此政策额外拨款 6000 万欧元，用于开发经济适用房，并新增 4 万个租赁中介和 1 万个家庭养老名额，旨在为合适条件的人直接提供住房。城市和住房部部长朱利安·德诺曼迪（Julien Denormandie）宣布政府为此推行"双足"政策：一方面，确保最弱势群体的住所，自 2017 年 5 月由国家提供 14000 个住宿名额；另一方面，随着 2018 年人口流动性的增加，有 7 万人从临时住宿转变为永久住

---

① https://www.businessfrance.fr/decouvrir-la-france-article-la-france-garde-le-cap-de-l-attractivite#.

② 彭姝祎：《试析法国福利国家改革》，转引自丁一凡主编、戴冬梅副主编《法国发展报告（2020）》，社会科学文献出版社，2020，第 235 页。

③ "Contre la pauvreté: des repas à 1 euro à la cantine et des petits déjeuners proposés dans les écoles prioritaires," https://www.gouvernement.fr/contre-la-pauvrete-des-repas-a-1-euro-a-la-cantine-et-des-petits-dejeuners-proposes-dans-les-ecoles.

宿，一年内增加了20%。[①] 此外，也将为患有严重精神疾病的群体提供直接住宿。自2017年以来"紧急住宿"计划的拨款增加了15%，达20亿欧元。自2018年以来实施"住房优先"计划，已经有235000人入住。[②] 可见，反贫困已经从之前提供食物救助向消除住宿贫困转变。

在新冠疫情危机弥散的冬季，尤其要制定相关住宿和住房解决方案，更好地支持相关人员。主要措施如下。（1）2020年10月18日启动冬季保护行动，开放冬季场所，并确保从宵禁开始提供庇护。（2）为带着婴儿无家可归的妇女（即产前、产后的妇女）提供1500个安置点，[③] 以防止她们睡在医院或街上，并提供适当的健康和医疗支持。（3）为一些边缘人群，如无家可归的流浪汉、吸毒的人提供住宿和社会支持项目，预计为3000人提供保障。（4）为入住旅馆的45000人提供团结餐厅、移动厨房等设施。（5）2021年提供的低租金社会住房（PLAT）的数量增加一倍。（6）组建流动家访小组，[④] 因为他们无法通过传统的方式获得社会服务。（7）2020年6月住宿计划对未付租金和住房费用的人进行援助，放宽了对弱势群体提供援助的标准，为不稳定人群提供租金帮助等。2020年在新冠疫情带来的健康危机中，用公共力量驱逐出住所的人员数量历史性下降，截至2020年10月31日，被驱逐出住所的人数约3500人，比2019年减少了80%。[⑤] 为此，法国投入1000亿欧元用于住宿计划，包括新增住宿地点、修复已有的破旧集体建筑、创建共享厨房等，还有5亿欧元专门用于住房的翻新和

① "Lancement du l'Acte II du Logement d'abord 60 millions d'euros supplémentaires annoncés par Julien Denormandie, ministre chargé de la Ville et du Logement," 19 septembre 2019, https://www.gouvernement.fr/lancement-du-l-acte-ii-du-logement-d-abord-60-millions-d-euros-supplementaires-annonces-par-julien.

② "235 000 personnes logées depuis 2018: la Dihal publie le bilan 2020 du Logement d'abord," 2 février 2021, https://www.gouvernement.fr/235 – 000-personnes-logees-depuis-2018-la-dihal-publie-le-bilan-2020-du-logement-d-abord.

③ "1500 places d'hébergement d'urgence pour les femmes en pré ou post maternité sans solution de logement: un cahier des charges publié par la Dihal," 10 février 2021, https://www.gouvernement.fr/1500-places-d-hebergement-d-urgence-pour-les-femmes-en-pre-ou-post-maternite-sans-solution-de.

④ 自2021年初开始，由3~5名社会工作者或律师组成的26个流动家访小组为一些因付不起租金而被驱赶的房客和有住房、租房相关诉讼需求的人员提供帮助，https://www.gouvernement.fr/creation-de-26-equipes-mobiles-de-visite-a-domicile-des-personnes-menacees-d-expulsions-en-2021-et。

⑤ "Création de 26 équipes mobiles de visite à domicile des personnes menacées d'expulsions en 2021 et 2022," 16 décembre 2020, https://www.gouvernement.fr/creation-de-26-equipes-mobiles-de-visite-a-domicile-des-personnes-menacees-d-expulsions-en-2021-et.

修复。① 可见，政府为了保障贫困者居有定所做了大量工作。

此外，房价的上涨导致住宿开支的增长，以及失业等使得近年来法国贫困问题中的住宿贫困问题越来越突出，疫情防控期间更需要为流动人群提供稳定的栖身环境，所以 21 世纪法国反贫困的新举措侧重消除住房贫困、儿童贫困和青年人就业贫困。

二 三次分配机制的不协调

福利经济学一直致力于最优的社会再分配机制研究，分析如何有效通过政治机制、经济结构发挥出再分配的积极作用，解决贫困、排斥和不平等问题。托马斯·皮凯蒂研究了稳定的再分配体系模型，低收入群体、中等收入群体、高收入群体三者在一个整体的三角形体系里，在这个体系里如果有益于一个群体就不利于其他两个群体，一旦超越了平衡点，分配体系的稳定性就被破坏了。② 所以说，对于低、中、高不同收入水平的协调，找到平衡点非常重要。厉以宁提出的三次分配理论，可以为解决相关问题提供一个参考思路。初次分配是以市场为主导的分配，注重效率；第二次分配以政府税收、扶贫和社会保障统筹等方式进行分配，③ 侧重公平正义；第三次分配通过道德、自愿公益捐赠进一步调节，即通过社会公益事业将慈善资产用于帮助贫困的弱势群体等。第三次分配强调一系列新的社会机制，包括公益活动、社会救助、志愿服务、福利彩票等具有公益性、互益性、志愿性、非政府性、非营利性、自治性和社会性的社会活动形态。④ 相对于市场根据要素贡献进行的初次分配和政府体现国家意志的再分配，第三次分配是社会主体自主自愿参与的财富流动，是一种"弹性"的分配机制，需要激发企业和民众的捐赠热情和积极性。法国政府在福利保障制度和经济领域的高税收"干预调节"导致三次分配有些失衡。

（一）第一次分配失调

从三次分配的视角来看，国家对第一次分配的调节力度过大，导致市

---

① Jean Castex, "De nouvelles mesures pour prévenir et lutter contre la bascule dans la pauvreté," 24 octobre 2020, pp. 14 – 16, https://www.gouvernement.fr/upload/media/default/0001/01/2020_10_dp-mesures_pauvrete-vdef_0.pdf.

② 〔法〕托马斯·皮凯蒂：《财富再分配》，郑磊等译，格致出版社，1994，第 114～115 页。

③ 厉以宁：《股份制与现代市场经济》，江苏人民出版社，1994。

④ 王名、蓝煜昕、王玉宝、陶泽：《第三次分配：理论、实践与政策建议》，《中国行政管理》2020 年第 3 期。

场的自发分配功能未能很好地发挥。1950 年 2 月 11 日创建了行业最低保证工资制（Salaire Minimum Interprofessionnel Garanti，SMIG），明确了"最低工资"，并允许集体协议的自由谈判，旨在促进消费和反贫困。之后1950 年 8 月 23 日颁布法令，在巴黎保证每周 45 小时的工作时间，最低跨专业工资是每小时 78 法郎。[①] 因为按照物价水平计算，物价水平往往比平均工资上涨得快，行业最低工资领取者的实际购买力未上涨，[②] 于是政府推行改革，1970 年 1 月 2 日，最低保证工资制被法国各行各业应达到的最低工资制（Salaire Minimum Interprofessionnel de Croissance，SMIC）取代，这个数额根据通货膨胀和购买力不断调整。2001 年法国最低工资时薪 6.67欧元，2011 年是 9 欧元，2003 年 7 月最低工资收入是每月 1227.57 欧元，[③]且每周工作 35 个小时，社会最低标准渐进式地调整，后期也因此导致了法国"过高的"劳动力成本。法国的社会保障缴费较高，社会保障分摊金主要由雇主和雇员承担，如 2010 年法国缴费收入占社会保障总收入的 69.6%，其中雇主缴费占 2/3，雇员缴费占 1/3。[④] 这给企业主招聘雇员带来很大压力，大量法国制造业迁往国外，或通过裁员减少劳动力成本，导致法国经济和产业的空心化。

未来低技能劳动市场的工资问题可能会进一步严重化，伊默沃尔（Immervoll）指出，如果促进就业的政策成功增加了低技能工人的就业，将会产生更激烈的就业竞争，并导致工资进一步下滑。这样低工资部门中的低收入人群将面临更高的贫困风险。[⑤] 法国 2010 年在职贫困率为 7%，

[①] "Création du salaire minimum interprofessionnel garanti（S. M. I. G），" 11 février 1950，https://www.gouvernement.fr/partage/8700 – 11-fevrier-1950-creation-du-salaire-minimum-interprofessionnel-garanti-smig.

[②] 彭璐琪：《法国贫困问题及政府对策研究》，硕士学位论文，对外经济贸易大学，2011，第 30 页。

[③] "Les dispositifs de lutte contre la pauvreté et l'exclusion au Québec et en France," *Santé, Société et Solidarité*，No. 1，2003，pp. 36 – 41，https://www.persee.fr/doc/oss_1634 – 8176_2003_num_2_1_912？q = Les + dispositifs + de + lutte + contre + la + pauvret% C3% A9 + et + l% E2% 80% 99 exclusion + au + Qu% C3% A9bec + et + en + France.

[④] 〔法〕弗朗西斯·凯斯勒：《法国社会保障制度》，于秀丽、李之群译，中国劳动社会保障出版社，2016，第 136 页。

[⑤] Herwig Immervoll，Mark Pearson，*A Good Time for Making Work Pay？ Taking Stock of In-Work Benefits and Related Measures across the OECD*，IZA Policy Paper，No. 3，April 2009，p. 56.

略低于欧盟 8% 的平均水平。① 可能得益于法国法定的最低工资水平——约每月 1200 欧元，并为贫困线以下、每年工作不足 10 个月的最低收入者提供资助。但法国政府的过度"干预"政策已经影响到市场机制自由的财富流动和资源配置，过高的最低工资制度导致法国第一次分配失调，经济发展成本过高，从长远来看，将影响经济逐利发展的持续性动力。

（二）第二次分配比例过高：过于"刚性"

蒲鲁东曾把税收作为消除贫困的一种方式："富人过着富裕的生活，穷人却饥寒交迫。我何不从面包、酒类、肉类、食盐、蜂蜜等种种必需品和珍贵品上征收捐税，这将是对我的穷人的一种救济。"② 第二次分配调节作用很明显，据相关数据，政府在征税等第二次分配调节之前，法国的基尼系数为 0.516，主要是由大企业高管和失业者之间的巨大差距导致，调整之后的基尼系数为 0.293，这种社会财富再分配的 35% 来自强制性税收，65% 是政府各类补助津贴。③ 可见，社会保障是政府第二次分配的主体部分，也因社会保障支出比例过高影响经济发展。1996 年社会保障总开支占 GDP 的 30.1%，占公共总开支的 54.3%；2000 年社会保障总开支占 GDP 的 29.8%，占公共总开支的 56.4%；2004 年社会保障总开支占 GDP 的 29.3%，占公共总开支的 57.3%。④ 可见，社会保障总开支基本占 GDP 的 1/3，占公共总开支的一半，这在某种程度上体现了法国的再分配率，过高的第二次分配率虽然对调整基尼系数有显著作用，但也占用了大量原本可以用于生产性投资的本金。这些不断增加的福利保障开支不只分配给法国人，还分配给很多在法国生活的外国人，这些领取补助的人大都处于贫困、失业需要救济的状态，而不是能创造财富纳税的人群，没有发挥财富的增值性，以至于一些民众抱怨税收使用错位，他们缴纳的税并没有用到纳税人本身。

分配调节的"刚性"导致这种福利保障制度改革难以推进，一旦改革就会引发数百万人罢工和大游行，交通陷入瘫痪，进一步影响经济发展，

---

① Idesbald Nicaise, "The Revenu de Solidarité Active as a tool to fight in-work poverty," 31 mars 2011, https://ec. europa. eu/social/main. jsp? langId = en&catId = 89&newsId = 1390.

② 〔法〕蒲鲁东：《贫困的哲学》，余叔通、王雪华译，商务印书馆，2017，第 305 页。

③ 徐波：《转型中的法国》，中信出版社，2020，第 291 页。

④ http://stats. oecd. org，转引自白澍、叶正欣、王硕编著《法国社会保障制度》，上海人民出版社，2012，第 50 页。

可以说博爱的普惠式法国社会保障模式已经给法国经济套上了沉重的枷锁。

(三) 第三次分配有待调节：弹性不足

历史上以天主教和基督教为主的教会是扶贫济困的主要力量，1905 年政教分离法案逐渐削弱教会的作用，此时期教会依然努力通过建立慈善组织和投身慈善事业扶贫济困。据法国统计署数据，法国约有 150 万个各种类型的活跃协会，约有 2200 万名活跃的志愿者，将近 1/3 的法国人每天从事各种各样的慈善公益活动。法国社会捐赠力也很强，如 2018 年的电视慈善活动筹集到 8584 万欧元，[①] 但相关资金是否用在扶贫领域有待确证。为了减轻政府财政压力和摆脱福利保障的相关困境，一些慈善公益组织积极发挥出第三次分配的作用，如一些慈善协会成立企业，致力于解决社会贫困问题，这种不同主体之间的"联盟"有助于推进社会政策创新。慈善公益主要基于自愿、道德律和爱心捐赠，是一种"弹性"的分配机制，有助于减轻第二次分配的压力，但相关调节作用有待于进一步发挥。

(四) 走出"分配陷阱"

为了摆脱目前三次分配失衡的困境，可以尝试以下方法。一是大力发展经济，促进企业的发展，这样会产生大量的就业岗位，一方面为贫困人群提供了自食其力的机会，另一方面也增强了法国企业的国内和国际竞争力，通过提升生产力来创造全社会物质财富，发挥出市场机制的主导作用。二是减弱第二次分配力度，目前法国的税收和分摊金过重，福利领取门槛太低，全球化对民族国家福利保障制度的冲击，导致法国财政赤字压力很大。三是发挥慈善公益等第三次分配的自发调节功能，鼓励人们捐赠和做志愿服务，法国已经有一些失业者开始主动在慈善公益机构做志愿者，帮助困难群体做一些力所能及的事，有助于促进社会融合和稳定和谐，建议对这类志愿者进行补贴和奖励，维持他们的基本生活需要，传递更多社会关爱。最好不要无条件、低门槛泛化发放各类福利补助和社会救助资金，侧重为社会做贡献和积极重新投入工作或融入社会生活的人员发放福利补助，从而使资金的流动形成一个"正效应"循环。

---

① 徐波：《转型中的法国》，中信出版社，2020，第 299、317 页。

三 反事实假设

面对法国福利保障制度加剧贫困的问题，从逆向思维的视角也许可以讨论一些解决方案，在此尝试通过反事实假设的方法，来推演法国采用比较低的贫困线和让家庭、个人承担责任是否能减少福利保障的开支，从而减轻政府财政赤字的压力。

（一）选取极端贫困线？

世界上存在不同的贫困线衡量标准，有些国家采用绝对贫困线来推进反贫困战略。法国主要采用收入中位数 60%、50% 和 40% 的贫困线来统计贫困率，21 世纪法国不同贫困线的月收入标准见表 7-1。

表 7-1　2000~2019 年法国贫困线月收入标准

单位：欧元

	2000 年	2001 年	2002 年	2003 年	2004 年	2005 年	2006 年	2007 年	2008 年	2009 年
中位数 60% 贫困线月收入	950	974	999	996	991	1008	1023	1044	1061	1065
中位数 50% 贫困线月收入	791	811	832	830	826	840	852	870	884	888
中位数 40% 贫困线月收入	633	649	666	664	661	672	682	696	708	710
	2010 年	2011 年	2012 年	2013 年	2014 年	2015 年	2016 年	2017 年	2018 年	2019 年
中位数 60% 贫困线月收入	1061	1054	1043	1051	1054	1057	1067	1072	1074	1102
中位数 50% 贫困线月收入	884	878	869	876	878	881	889	893	895	918
中位数 40% 贫困线月收入	707	702	695	701	703	705	712	715	716	735

资料来源：https://www.insee.fr/fr/statistiques/2499760#tableau-figure1。

统计一般都采用收入中位数 60% 的货币贫困率，也是为了保障法国中产阶级的稳定性和购买力，以确保社会整体结构是橄榄形。从 2000 年的每月 950 欧元，到 2019 年每月 1102 欧元，凡是低于此贫困线的个人和家庭就可以领取相关福利，这会大大加剧政府财政负担。如果仅从反贫困的有效性来说，可以尝试做一个反事实假设，先把最紧缺的扶贫资源用于最贫困的人群，重点保障和救助月收入低于中位数 40% 的极端贫困人群，也许社会保障支出的压力不会那么大。那么精准聚焦在低于收入中位数 40% 以下的人群，是否真的可以减轻政府财政压力，降低整体贫困率？首先，如图 7-4 所示，如果选择低于收入中位线 40% 标准的极端贫困线，相较于低于收入中位线 60% 的贫困率大为下降。

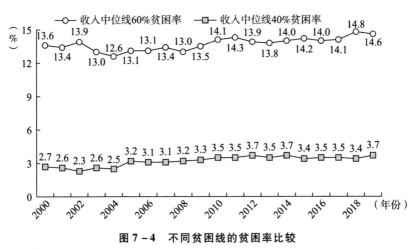

图 7-4 不同贫困线的贫困率比较

资料来源：INSEE。

　　一般来说，极端贫困人群是没有劳动能力的老年人、残疾人、病患、抚养孩子的单身女性、没有工作的无家可归者等"长期贫困"群体，如果大量资金用于这部分人群，也许很难有明显的脱贫成效，主要是政府的兜底机制帮助其维持基本生活所需。

　　其次，以极端贫困线为底线，则"非极端贫困"群体就不能领取社会保障和社会救助资金，相关资金如果用于生产性建设和促进经济方面发展，是不是可以拉动 GDP 的增长？基于之前的分析，已经发现法国社会保障开支和税收占比很高，经济发展缺乏强劲的动力，主要引擎——企业的负担过重，所以法国企业被兼并、转移到国外和破产的比较多。与此同时，"高税收"导致纳税人的钱多用于达不到纳税条件的困难群体的保障方面，一些人依靠创新和勤奋得到的高收入经税收的再分配，被分到穷人和失业者手中，"多劳"并没有"多得"，反而成了"不劳"者的救济金，削弱了一些富人创造和积累财富的动力和热情，法国也面临资本大量外流的困局，难以形成"先富带动后富"效应。因为这种国家主导下的财富分配制度和产业政策可能造成如下的消极影响：市场扭曲、资源错配、生产与消费的不协调、供给与需求失衡、资本家作用的弱化、创新创业思想淡化和财富冻结等，正如凯恩斯在《就业、利息和货币通论》中就强调了利率过高会对刺激投资产生副作用，过高的累进税率破坏了市场激励机制，阻止了财富积累新增利润的再投资，[①] 所以要让投资运转起来，从而激发企业家的动力和活力。

要破解相关困局，就面临一个艰难的选择，主要公共开支是用于以经济为主的发展性投入，还是以社会稳定为主的保障性开支方面？其中关键的环节也许是最低工资制的调整，过高的、固定的工资额度为企业等雇主带来沉重的高劳动力成本负担，削弱了法国企业的竞争力并削减了成长空间，以至于人力资源红利的优势没有发挥出来。让市场机制自由定价，适度降低福利保障水平以鼓励就业，使贫困人群有机会通过工资来维生，而不是仅依靠福利保障来维生，进而以最小的成本代价"精准有效"地分配社会保障开支，既能促进社会稳定和谐，又能促进经济发展，这也是法国亟须解决的重要问题。

（二）释放家庭力红利？

法国社会各界大多认为扶贫和养老等是国家和社会的责任，家庭在相关领域的贡献力不大。有 2/3 的人认为这种贫困现象产生和不稳定风险的上升，以及维持社会正义和保护社会都是国家的责任。有调研表明，2012年有 51% 的人认为应该由国家负责养老，持这样观点的人在 2000 年仅占39%。[②] 可见，越来越多的人期待国家承担相关养老方面的责任。目前法国的主要政策是通过各类家庭津贴补助家庭，尤其是单亲家庭和多子女家庭，但没有很好发挥出家庭在社会保障中承担责任进而回馈社会的功能。其实很多国家都已经开始推进社区养老和居家养老，集家庭之力一起应对老龄化的危机，如果政府承担得太多，势必会加大财政赤字压力，并导致相关办公机构和人员的冗余。目前，法国还没有用好家庭力红利的机会。

1. 家庭津贴导致财政压力过大

法国家庭津贴种类繁多，主要包括家庭补助金、家庭住房补贴、幼儿

---

① 〔美〕乔治·吉尔德：《财富与贫困：国民财富的创造和企业家精神》，蒋宗强译，中信出版集团，2019，第 54~55 页。

② Observatoire national de la pauvreté et de l'exclusion sociale（ONPES），"Crise économique, marché du travail et pauvreté（rapport 2011-2012），" 29 mars 2012, p. 96, https://onpes.gouv.fr/le-rapport-2011-2012.html.

补贴（PAJE）①、单亲家庭补贴、多子女和贫困家庭补贴②（complément fa-milial）、子女疾病陪同补贴（AJPP）、开学补助（ARS）、家庭住房津贴（ALF）、搬家津贴（Prime de Démenagement）、住房补助等，此外，还有个性化住房援助（APL）、社会住房津贴（ALS）等。相关津贴的发放很好地体现了"平等、博爱"理念，具有普遍性。所有居住在法国，无论是就业还是非就业，只要有一个或多个孩子需要抚养，并满足津贴给予条件的就享有领取家庭津贴的权利。③ 家庭津贴没有过多限制，长期定居在法国的外籍人也可以申请领取。因为申请门槛相对较低，所以相关基金的支出快速膨胀。家庭津贴对法国财政的"负效应"日益明显，一些移民为了领取相关补助生育较多孩子。移民二代难以有效融入法国社会生活，又会导致公共参与的不稳定性和社会治安问题。

2. 家庭互助潜能未有效激活

家庭是个人得到照顾的首要场所，所以社会救助的相关立法将家庭团结置于优先地位，即家庭内部抚养和赡养义务优先于集体提供的援助，但前提是家庭成员有帮助的意愿，也要考虑到家庭的承受能力，因为家庭成员的互助不需要公共财政支付，是不计入社会保障体系的，但是政府鼓励家庭互助发挥社会保障的作用。④ 2007 年为了应对老龄化问题，法国围绕失能失智问题讨论时，一种解决思路是强调家庭作用，建议让失能者居家生活，国家通过补助和休假鼓励家庭成员承担起长期护理责任；另一种思路是强调个人预防作用，50 岁购买"失能险"，发挥出市场机制的作用。⑤ 最后萨科齐政府采用了全民互助和国家责任的模式，准备将"失能险"纳入社会保障体系。但因 2008 年国际金融危机的冲击，未能很好落实，之后的政府继续将相关问题纳入议程。

鉴于家庭在提供医疗照顾或日常照顾方面的重要作用，政府鼓励以志

① 幼儿补贴包括：新生儿（包括收养儿童）奖励金（La prime à la naissance）、幼儿（包括收养儿童）基础补贴（L'allication de base）、自由选择看护模式补贴（les complements de libre choix）等。

② 主要针对有三个孩子及上的家庭。

③ 〔法〕弗朗西斯·凯斯勒：《法国社会保障制度》，于秀丽、李之群译，中国劳动社会保障出版社，2016，第 95 页。

④ 〔法〕弗朗西斯·凯斯勒：《法国社会保障制度》，于秀丽、李之群译，中国劳动社会保障出版社，2016，第 7 页。

⑤ 陈玉瑶：《国民团结：法国的理念与实践》，社会科学文献出版社，2019，第 231 页。

愿服务为基础的邻里团结和社团关怀，在"家庭团结"和"社会团结"之间发展出"团结圈"，[①] 鼓励参与一些邻里社区团结的关怀行动等。未来可以进一步发挥家庭互助行动的力量，将家长协会、家庭协会、残疾人协会等协会联盟动员起来，鼓励家庭成员主动承担赡养和照顾责任，以及亲友之间对贫困者的救助和帮扶，发挥出家庭在解决社会问题，尤其是养老等方面的积极作用。

总之，在一个高风险社会时代，法国政府努力通过反贫困构建责任型社会。自由、平等、博爱的价值观对社会政策的塑造，形成了法式社会保障制度，虽然对于减小贫富差距有一定功效，也彰显了人道主义的光辉，但这种"高税收、高福利、高负担"的发展模式，使得日益膨胀的福利保障开支吸空了经济发展的基础性、支柱性、生产性资金，过高的劳动力成本也导致法国企业竞争力下降，法国国企的亏损、各类企业的兼并与破产、贸易逆差和资本外流，使得法国经济复苏困难重重，进一步加剧了失业贫困和在职贫困。

高收税、高福利的第二次分配过度"刚性"，导致第一次分配和第三次分配失调。福利利益只能调高，不能调低，一旦调低就会发生罢工、游行等社会运动。这种再分配的"刚性"膨胀，使得"弹性"的第三次分配不足以满足贫困弱势群体的需求，进一步激发社会矛盾，诱发社会不稳定因素的连锁反应。所以，法国福利保障制度导致的"法国病"已经逐渐成了"长期贫困"的生产机制，以至于法国陷入福利补助越发越多，但穷人也越来越多，贫困率久升难降的贫困"陷阱"而难以自拔。现阶段马克龙政府努力将法国再造为一个焕发创新活力的国家，尝试从侧重再分配的反贫困政策向侧重投资和经济发展引导型的反贫困政策转型，以期走出"分配陷阱"，再造"法国梦"。

---

① 〔法〕弗朗西斯·凯斯勒：《法国社会保障制度》，于秀丽、李之群译，中国劳动社会保障出版社，2016，第8页。

参考文献

一　中文

（一）著作

白澎、叶正欣、王硕编著《法国社会保障制度》，上海人民出版社，2012。

陈玉瑶：《国民团结：法国的理念与实践》，社会科学文献出版社，2019。

丁一凡主编、戴冬梅副主编《法国发展报告（2020）》，社会科学文献出版社，2020。

〔法〕埃里克·福托里诺编《重塑法国——法国总统马克龙访谈录》，钱培鑫译，上海译文出版社，2020。

〔法〕皮埃尔·布尔迪厄：《世界的苦难：布尔迪厄的社会调查（下）》，张祖建译，中国人民大学出版社，2017。

〔法〕马克·德蒙塔朗贝尔主编《法国社会保障》，法国文献出版社，2004。

〔法〕蒲鲁东：《贫困的哲学》，余叔通、王雪华译，商务印书馆，2017。

〔法〕托马斯·皮凯蒂：《财富再分配》，郑磊等译，格致出版社，1994。

〔法〕弗朗西斯·凯斯勒：《法国社会保障制度》，于秀丽、李之群译，中国劳动社会保障出版社，2016。

黄艳红：《法国旧制度末期的税收、特权和政治》，社会科学文献出版社，2016。

厉以宁：《股份制与现代市场经济》，江苏人民出版社，1994。

刘玉安、蒋锐：《从民主社会主义到社会民主主义》，人民出版社，2010。

〔法〕米尔丝：《社会保障经济学》，郑秉文译，北京法律出版社，2003。

〔美〕乔治·吉尔德：《财富与贫困：国民财富的创造和企业家精神》，蒋宗强译，中信出版集团，2019。

〔美〕佩内洛普·卡格尼、〔美〕伯纳德·罗斯：《全球劝募——变动世界中的慈善公益规则》，徐家良、苑莉莉、卢永彬译，上海财经大学出版社，2018。

〔法〕乔治·杜比、〔法〕罗贝尔·芒德鲁：《法国文明史Ⅰ：从中世纪到16 世纪》，博先俊译，东方出版中心，2019。

〔法〕乔治·杜比、〔法〕罗贝尔·芒德鲁：《法国文明史Ⅱ：从17 世纪到20 世纪》，博先俊译，东方出版中心，2019。

钱运春：《西欧生产方式变迁与社会保护机制重建》，上海社会科学院出版社，2011。

〔法〕让－弗朗索瓦·艾克：《战后法国经济简史》，杨成玉译，中国社会科学出版社，2020。

吴国庆：《法国政治史（1958～2012）》，社会科学文献出版社，2014。

吴国庆：《法国"新社会"剖析》，社会科学文献出版社，2011。

王战、刘靖玥、崔萍主编《法国热点问题研究》，武汉大学出版社，2019。

徐波：《转型中的法国》，中信出版社，2020。

许平：《法国农村社会转型研究》，北京大学出版社，2001。

姚介厚、李鹏程、杨深：《西欧文明（下）》，中国社会科学出版社，2002。

（二）期刊

〔法〕C. 米尔、郑秉文：《法国社会保障的经验教训与出路——与中国学者的交流》，《国外社会科学》2001 年第 2 期。

邓念国、向德彩：《法国社会保障政策变革的障碍因素：一个制度分析的视角》，《天津行政学院学报》2012 年第 1 期。

丁建定、郭林：《战后法国混合型社会保障制度特征的形成及其影响——兼论法国社会保障改革缓进及罢工频发的原因》，《法国研究》2011 年第 4 期。

丁建定：《从"首次雇用合同法案"的流产看法国青年就业政策改革的艰难》，《社会保障研究》2009 年第 2 期。

顾文静、穆怀中、王国辉：《法国社会保障水平的经济效应分析及启示》，《辽宁工程技术大学学报》（社会科学版）2005 年第 4 期。

胡勇：《托克维尔的公共慈善观与近代自由主义的转型》，《政治思想史》

2012 年第 3 期。

李培林：《法国福利体制的危机及对我国的启示》，《社会学研究》1997 年第 2 期。

李元明：《法国三百年的历史是没落的历史吗？——评〈法国病〉》，《法国研究》1986 年第 2 期。

李姿姿：《法国社会保障制度变迁中的国家作用及其启示》，《欧洲研究》2008 年第 5 期。

林嘉、黎建飞、吴文芳：《"中国—法国社会保障法高级论坛"综述》，《人权》2005 年第 4 期。

刘利：《萨科齐与法国社会保障制度改革》，《当代世界》2007 年第 11 期。

〔法〕米歇尔·德雷福斯：《1789 年至 1945 年法国的社会保护史》，李晓姣、张丽摘译，《世界历史》2011 年第 5 期。

〔法〕皮埃尔·龚夏尔第、杨无意：《法国经济发展与社会保障：以 20 世纪 80 年代中期为转折点》，《社会保障评论》2019 年第 1 期。

钱继磊：《大陆法系社会法研究之回顾与反思——以德国、法国等国家以及中国的台湾地区为例》，《温州大学学报》（社会科学版）2017 年第 6 期。

钱运春：《法国社会保障体制的行业特点、形成原因和改革困境》，《世界经济研究》2004 年第 10 期。

钱运春：《经济发展与陷阱跨越：一个理论分析框架》，《马克思主义研究》2012 年第 11 期。

田珊珊：《社会文化视角下法国社会保障制度"碎片化"特征解析》，《社会保障评论》2017 年第 2 期。

吴国庆：《法国执政党关于财富再分配与社会和谐的实践》，《红旗文稿》2005 年第 9 期。

吴国庆：《"巴黎的忧郁"：变革、平衡与新的困境——近三十年来法国经济社会转型历程综述》，《人民论坛·学术前沿》2014 年第 16 期。

吴国庆：《法国的社会治理与城乡一体化转型》，《国家治理》2014 年第 3 期。

吴国庆：《法国社会治理模式及其面临的新挑战》，《社会治理》2015 年第 1 期。

王名、蓝煜昕、王玉宝、陶泽：《第三次分配：理论、实践与政策建议》，

《中国行政管理》2020 年第 3 期。

张金岭：《当代法国社会治理的结构性困局》，《国外社会科学》2018 年第 5 期。

张丽、姜芃：《法国近百年来的社会运动与社会保障制度》，《贵州社会科学》2016 年第 8 期。

郑爱青：《法国"社会法"概念的历史缘起和含义》，《华东政法大学学报》2019 年第 4 期。

周弘：《法国的社会保障制度：危机与改革》，《世界经济》1997 年第 11 期。

（三）论文

彭璐琪：《法国贫困问题及政府对策研究》，硕士学位论文，对外经济贸易大学，2011。

翟凌晨：《冷战后移民对法国社会保障制度的影响》，硕士学位论文，华东师范大学，2008。

二　外文

（一）著作

Algan, Yann, Pierre Cahuc, *La société de défiance, comment le modèle social français s'autodétruit*, Paris：Cepremap éditions, 2007.

Arnaud, André-Jean, Laure Ortiz, *La Gouvernance. Un outil de participation*, Issy-les-Moulineaux：Librairie Générale de Droit et de Jurisprudence, Lextenso éditions, 2014.

Barrat, Claude-François, *La Pauvreté*, Paris：Presses Universitaires de France, 1998.

Berger, Maurice, *Sur la violence gratuite en France: Adolescents hyper-violents, témoignages et analyse*, Paris：L'artilleur, 2019.

Boisvert, Laurent, *La pauvreté religieuse*, Paris：Les éditions du Cerf, 1981.

Bulmer, Martin, *The Uses of Social Research: Social Investigation in Public Policy-Making*, London：Routledge, 2015.

Castel, Robert, *Les Métamorphoses de la question sociale. Une chronique du salariat* （format kindle）, Paris：Fayard, 2014.

Cagney, Penelope, Bernard Ross, *Global Fundraising: How the World Is Chan-*

ging the Rules of Philanthropy, Hoboken: John Wiley & Sons, Inc. , 2013.

Charbonnel, Jean-Michel, *La pauvreté en France-Permanences et nouveaux visages*, Paris: La Documentation française, 2013.

Chartreux, Moine, *Les richesses de la pauvreté*, Paris: Presses de la Renaissance, 2017.

Chasseriaud, Christian, *Le travail social confronté aux nouveaux visages de la pauvreté et de l'exclusion*, Paris: Ecole des Hautes Etudes en Santé Publique, 2007.

Clerc, Denis, Michel Dolle, *Réduire la pauvreté, un défi à notre portée*, Paris: Les petits matins, 2016.

Cornu, Marie, JérÔme Fromageau, *Fondation et Trust dans la protection du patrimoine*, Paris: L'Harmattan, 2000.

Colombi, Denis, *Où va l'argent des pauvres: Fantasmes politiques, réalités sociologiques*, Paris: Editions Payot & Rivages, 2020.

Corbett, Steve, Brian Fikkert, *Quand aider fait du tort, Réduire la pauvreté sans se nuire⋯ et nuire aux pauvres*, Éditions Impact, 2017.

Coulange, Pierre, *Ce que dit la Bible sur la pauvreté*, Nouvelle cite, 2017.

Crozet, Yves, Dominique Bolliet, François Faure, Jean Fleury, *Les Grandes Questions de la société française*, Paris: Armand Colin, 2005.

Delacroix, Eva, Hélène Gorge, *Marketing et pauvreté: Être pauvre dans la société de consommation*, Paris: Éditions EMS, 2017.

Destremau, Blandine, Pierre Salama, *Mesures et démesures de la pauvreté*, Paris: Presses Universitaires de France, 2002.

Dirn, Louis, *La société française en tendance 1975 – 1995*, Paris: Presses universitaires de la France, 1998.

Dolino-Brodiez, Axelle, *Combattre la pauvreté. La Lutte contre la précarité de 1880 à nos jours*, CNRS (Centre national de la recherche scientifique), 2013.

Duflo, Esther, *Expérience, science et lutte contre la pauvreté*, Paris: Fayard, 2009.

Duflo, Esther, *La Politique de l'autonomie. Lutter contre la pauvreté (II)*, Paris: Seuil, 2010.

Dumont, Marie-Jeanne, *La Fondation Rothschild et les premières habitations à bon marché de Paris, 1900 – 1925*, Paris: Ministère de l'Urbanisme et du Logement, 1984.

Duvoux, Nicolas, *Le Nouvel Age de la solidarité. Pauvreté, précarité et politiques publiques*, Paris: Le Seuil, 2012.

Ewald, François, *Histoire de l'état providence: les origines de la solidarité*, Paris, Librairie générale française, 1996.

Fall, Abdou Salam, Rokhaya Cisse, *La pauvreté dynamique au Sénégal*, Paris: Éditions universitaires européennes.

Fassin, Didier, *La Raison humanitaire. Une histoire morale du temps présent*, Paris: Seuil/Gallimard, 2010.

Fontaine, Laurence, *L'économie morale: Pauvreté, crédit et confiance dans l'Europe préindustrielle*, Paris: Editions Gallimard (Format Kindle), 2009.

Fontaine, Laurence, *Pauvreté et stratégies de survie: Une conférence-débat de l'Association Emmaüs*, Paris: Editions L'Harmattan, 2007.

Galland, Olivier, Yannick Lemel, dir., *La nouvelle société française: Trente années de mutation*, Paris: Armand Colin, 1998.

Geremek, Bromislaw, *La Potence ou la pitié: L'Europe et les pauvres du Moyen Âge à nos jours*, Paris: Gallimard, 1987.

Geremek, Bronislaw, *Truands et Misérables dans l'Europe moderne (1350 – 1600)*, Paris: Folio Histoire, 2014.

Griveaux, Benjamin, *Salauds de pauvres! Pour en finir avec le choix français de la pauvreté*, Paris: Fayard, 2012.

Gueslin, André, Henri-Jacques Stiker, *Handicaps, pauvreté et exclusion dans la France du XIXe siècle*, 2003, Paris: Editions de l'Atelier.

Guinchard, Christian, *Logiques du dénuement: Réflexions sociologiques sur la pauvreté et le temps*, Paris: Editions L'Harmattan, 2011.

Gusfield, Joseph, *La Culture des problèmes publics. L'alcool au volant: la production d'un ordre symbolique (1981)*, Paris: Economica, 2009.

Gutton, Jean-Pierre, *La société et les pauvres en Europe (XVIe-XVIIIe siècles)*, Paris: Presses universitaires de France, 1970.

Guyennot, Claudel, *L'insertion. Discours, politiques et pratiques. Paris and Montréal*, Paris: L'Harmattan, 1998.

Haus, Jeffrey, *Challenges of Equality: Judaism, State, and Education in Nine-*

teenth-Century France, Detroit: Wayne State University Press, 2009.

Jarrassé, Dominique, *Osiris, mécène juif et nationaliste français. Daniel Iffla (1825 – 1907)*, Le Kremlin-Bicêtre: Éditions Esthétiques du Divers, 2009.

Jeffry, Kaplov, *Les noms des rois: les pauvres de paris à la veille de la révolution*, Paris: Maspero, 1974.

Hirsch, Martin, Sylvaine Villeneuve, *La pauvreté en héritage*, Paris: Robert Laffont, 2006.

Labrousse, Ernest, Fernand Braudel, *Histoire économique et sociale de la France, 1789 – 1880, tomeIII*, Paris: Presses Universitaires de France, 1976.

Laé, Jean-François, Numa Murard, *Deux générations dans la débine. Enquête dans la pauvreté ouvrière*, Paris: Bayard, 2011.

Leglaive-Perani, Céline, Catherine Duprat, Jacques-Guy Petit, *Philanthropies et politiques sociales en Europe (XVIIIe-XXe siècles)*, Actes du colloque organisé par l'Areppos, Paris: Éditions Economica, 1994.

Lenoble, Clément, *Exercice de la pauvreté*, Rennes: Presses universitaires de Rennes, 2013.

Lévy, Marc, *Comment réduire pauvreté et inégalité: Pour une méthodologie des politiques*, Paris: Karthala, 2003.

Lovesse, Patrice, *RENACA, un maillon de micro-finance pour la lutte contre la paureté*, Paris: Éditions universitaire européennes, 2015.

Marec, Yannick, *Pauvreté et protection sociale aux XIXe et XXe siècles: Des expériences rouennaises aux politiques nationales*, Rennes: Presses universitaires de Rennes, 2006.

Marion, Henri, *De la solidarité morale: Essai de psychologie appliqué (relié)*, Wentworth Press, 2019.

Maurin, Eric, *L'égalité des possibles: la nouvelle société française*, Paris: Seuil, 2002.

Mendras, Henri, *La seconde révolution française, 1965 – 1984*, Paris: Gallimard, 1988.

Missié, Jean-Pierre, *Histoire et sociologie de la pauvreté en Afrique: Regards croisés sur un phénomène durable*, Paris: Editions L'Harmattan, 2012.

Mollo, R. P. Exupère de Prats de, *La pauvreté-Étude d'économie sociale*, Editions Saint-Sébastien, 2016.

Mothe-Fénelon, François de Salignac de La, *Dialogues Des Morts Composez Pour l'education d'un Prince*, Wentworth Press, 2019.

Nassie, Michel, *Noblesse et pauvreté: La petite noblesse en Bretagne XVe-XVIIIe siècle*, Rennes: Presses universitaires de Rennes, 2012.

Norberg-Hodge, Helena, *Quand le développement crée la pauvreté: L'exemple du Ladakh*, Paris: Fayard, 2002.

Ogien, Ruwen, *Théories ordinaires de la pauvreté*, Paris: Presses Universitaires de France, 1983.

Oheix, Gabriel, *Contre la précarité et la pauvreté. 60 Propositions*, Paris: ministère de la solidarité Nationale, 1981.

Pages, Alexandre, *La pauvreté en milieu rural*, Toulouse: Presses universitaires du Mirail, 2012.

Palier, Bruno, *Gouvermer la sécurité sociale: les réformes du systéme français de protection sociale depuis 1945*, Paris: Presses Universitaires de France, 2002.

Paugam, Serge, *Les Formes élémentaires de la pauvreté*, Paris: Presses Universitaires de France, 2013.

Paugam, Serge, *La disqualification sociale: Essai sur la nouvelle pauvreté*, Paris: Presses Universitaires de France, 2013.

Rowntree, Benjamin Seebohm, *Poverty: A Study of Town Life*, London: Macmillan, 1901.

Sarrot, Jean-Christophe, *ATD Quart Monde, En finir avec les idées fausses sur les pauvres et la pauvreté*, Paris: Coédition Editions de l'Atelier, 2020.

Schor, Ralph, *Histoire de la société française au XXe siècle*, Paris: Belin, 2005.

Séchet, Raymonde, *Espaces et pauvretés: La géographie interrogée*, Paris: Editions L'Harmattan, 1996.

Sélimanovski, Catherine, *La frontière de la pauvreté*, Rennes: Presses universitaires de Rennes, 2008.

Şeni, Nora, *Les Inventeurs de la philanthropie juive*, Paris: Éditions de la Martinière, 2005.

Simmel, Georg, *De l'avarice, du gaspillage et de la pauvreté: Suivi de Les pauvres*, Frederic Joly Traduction, Paris: Éditions Payot, 2020.

Soeur Emmanuelle, Philippe Asso, *Richesse de la pauvreté*, Paris: Éditions J'ai lu, 2002.

Sylla, Ndongo Samba, *Le scandale commerce équitable: Le marketing de la pauvreté au service des riches*, Paris: Editions L'Harmattan, 2013.

Tauler, Jean, *Le Livre de la pauvreté spirituelle: Ou l'Imitation de la vie pauvre de notre Seigneur Jésus Christ*, Paris: Éditions Arfuyen, 2012.

Zundel, Maurice, *Emerveillement et pauvreté*, Paris: Éditions Saint-Augustin, 2011.

Zwarthoed, Danielle, *Comprendre la pauvreté. John Rawls-Amartya Sen*, Paris: Presses Universitaires de France, 2009.

（二）期刊

Accardo, Jérôme, "Thibaut de Saint Pol, Qu'est-ce qu'être pauvre aujourd'hui en Europe? L'analyse du consensus sur les privations," *Economie et Statistique*, No. 421, 2009.

Agier, Michel, "Le maléfice de la race et le corps de l'indésirable," *Communications*, No. 98, 2016.

Allègre, Guillaume, "RSA et lutte contre la pauvreté: quels effets sur les travailleurs pauvres?" *Revue des politiques sociales et familiales*, No. 113, 2013.

Atkinson, Anthony B. , Sandrine Cazes, Serge Milano, Assemat J. , Bruno Jeandidier, Rudolf Teekens, Zaïdi M. A. , "Mesures de la pauvreté et politiques sociales: une étude comparative de la France, de la RFA et du Royaume Uni," *Observations et diagnostics économiques: revue de l'OFCE* , No. 33, 1990.

Barbier, Jean-Claude, "Activer les pauvres et le chômeurs par l'emploi?" *Politiques sociales et familiales*, No. 104, 2011.

Barre C. , "1. 6million d'enfants vivent dans une famille recomposée," *Les cahier de l'Ined*, No. 156, 2005.

Bordiec, Sylvain, "Une solidarité en miettes. Socio-histoire de l'aide alimentaire des années 1930 à nos jours," *Annales de Bretagne et des pays de l'Ouest*, Vol. 126, No. 3, 2019.

Bourgain, Jean, Nicolas Vaneecloo, "Inégalité, paupérisme et loi de Pareto," *Revue économique*, Vol. 32, No. 5, 1981.

Brodiez-Dolino, Axelle, "Figures de la pauvreté sous la III^eRépublique," *Communications*, *No.* 98, 2016.

Bruno, Cousin, "Les habitants des quartiers refondés face à l'injustice spatiale," *Communications*, No. 98, 2006.

Cahen, Léon, "Les idées charitables à Paris au XVIIe et au XVIIIe siècles d'après les règlements des compagnies paroissiale," *Revue d'histoire moderne et contemporaine*, Tome II, 1900.

Carbo, Santiago, Edward P. M. Gardener, Philip Molyneux, "Financial Exclusion in Europe," *Public Money &Management*, Vol. 27, No. 1, 2007.

Clément, Mathilde, "Mieux comprendre les facteurs de risque de pauvreté en conditions de vie en contrôlant les caractéristiques inobservées fixes," *Economie et Statistique*, Vol. 469 – 470, 2014.

Collier, Paul, David Dollar, Nicholas Stern, "Cinquante ans de développement économique: bilan et expériences," *Revue d'économie du développement*, Vol. 9, No. 1 – 2, 2001.

Crenner, Emmanuelle, Sylvie Dumartin, "Pauvreté et indicateurs de conditions de vie en France-Résultats de l'enquête permanente sur les conditions de vie menée par l'Institut national de la statistique et des études économiques (INSEE)-Évolution 1997 – 2001," *Santé, Société et Solidarité*, No. 1, 2003.

Debordeaux, Danièle, "RMI, pauvreté et exclusion," *Revue des politiques sociales et familliales*, No. 26, 1991.

Delalande, Nicolas, "L'entrée en philanthropie des Rothschild: L'hôpital israélite de Paris (1852 – 1914)," *Archives Juives*, Vol. 44, No. 1, 2011.

Domingo, Pauline, Muriel Pucci, "Impact du non-recours sur l'efficacité du RSA activité seul," *Economie et Statistique*, No. 467 – 468, 2014.

Donné, Stéphane, "La montée en charge du revenu de solidarité active," *Politiques sociales et familiales*, No. 104, 2011.

Duppat, Catherine, "Le temps des philanthropes. La philanthropie parisienne des Lumières à la monarchie de Juillet," *Annales historiques de la Révolution française*, No. 285, 1991.

Durang, Xavier, "Les nouveaux visages de la pauvreté laborieuse, Une approche des travailleurs pauvres en région PACA à partir de la source CAF," *Revue des politiques sociales et familiales*, No. 88, 2007.

Duvoux, Nicolas, Jacques Rodriguez, "La pauvreté insaisissable: Enquête (s) sur une notion," *Communications*, No. 98, 2016.

Duvoux, Nicolas, "Nouveaux pauvres, nouvelles politiques," *Politiques sociales et familiales*, No. 104, 2011.

Euvrard, Françoise, Alain Prélis, "La lutte contre la pauvreté dans la construction européenne," *Revue des politiques sociales et familiales*, No. 38, 1994.

Fall, Madior, Daniel Verger, "Pauvreté relative et conditions de vie en France," *Economie et Statistique*, Vol. 383, No. 385, 2005.

Fassin, Didier, "Une anthropologie politique et morale de la question sociale," *Communications*, No. 98, 2016.

Fontaine, Maëlle, Juliette Stehlé, "Les parents séparés d'enfants mineurs: quel niveau de vie après une rupture conjugale?" *Revue des politiques sociales et familiales*, No. 117, 2014.

Förster, Michael, Dominic Richardson, "Réduction de la pauvreté des enfants: comparaisons internationales," *Politiques sociales et familiales*, No. 104, 2011.

Francq, B., "La prévention comme dispositif politique Problématique pour un questionnement sur les projets et pratiques préventives," *Mouvements alternatifs et crise de l'État*, Vol. 50, No. 10, 1983.

Girault, Olivier, "Travailleurs à bas revenus et bénéficiaires du RSA activité en régions Rhône-Alpes et Auvergne, Une approche comparative des deux catégories en 2009," *Politiques sociales et familiales*, No. 104, 2011.

Grell, Paul, Anne Wery, "Le concept de pauvreté: les diverses facettes institutionnelles de la pauvreté ou les différentes naturalisations de ce concept," *Courrier hebdomadaire du CRISP*, Vol. 771, No. 25, 1977.

Grigon, Michel, Antoine Math, "Aux franges du RMI, Présentation d'une recherche menée par l'ADEPS," *Revue des politiques sociales et familliales*, No. 38, 1984.

Haßdenteufel, Sarah, "Covering Social Risks: Poverty Debate and Anti-Poverty Policy in France in the 1980s," *Historical Social Research*, Vol. 41, No. 1, 2016.

Hennock, Peter, "The Measurement of Urban Poverty: Form the Metropolis to the Nation: 1880 – 1920," *Economic History Review*, No. 2, 1993.

Henri sterdyniak, "Prestations et minima sociaux: la question des indexations," *Regards croisés sur l'économie*, Vol. 4, No. 2, 2008.

Jany-Catrice, Florence, Stephan Kampelmann, "L'indicateur de bien-être économique: une application à la France," *Revue française d'économie*, Vol. 22, Vol. 1, 2007.

Kamerman, Sheila B., "The New Mixed Economy of Welfare: Public and Private," *Social Work*, Vol. 28, No. 1, 1983.

Khalfoune, Thhar, "Le Habous, le domaine public et le trust," *Revue inthernationale de droit comparé*, Vol. 57, No. 2, 2005.

Laroque, Guy, Bernard Salanié, "Une décomposition du non-emploi en France," *Economie et statistique*, No. 331, 2000.

Léger, Sylvianne, Geneviève Bouchard, "Entretien simultané avec deux responsables de l'action publique de lutte contre la pauvreté et l'exclusion," *Santé, Société et Solidarité*, No. 1, 2003.

Leglaive-Perani, Céline, "De la charité à la philanthropie," *Archives Juives*, Vol. 44, No. 1, 2011.

Maclouf, P., "Perspectives on Poverty," quoted in Michel Villac, "Le RMI, dernier maillon dans la lutte contre la pauvreté," *Ecomomie et statistique*, No. 252, 1992.

Mathieu, Françoise, "Une carte de France de la pauvreté: les deneficiaires des minima sociaux," *Revue des politiques sociales et familiales*, Vol. 29, No. 30, 1992.

Paquette, Jonathan, "Le tournant social de la philanthropie culturelle anglaise: institutions culturelles et gouvernance des problèmes sociaux," *Lien social et Politiques*, No. 65, 2011.

Paugam, Serge, "La perception de la pauvreté sous l'angle de la théorie de l'attachement," *Communications*, No. 98, 2016.

Paugam, Serge, "Les populations en situation de precarité economique et sociale, Une recherche réalisée à Saint-Brieuc," *Revue des politiques sociales et familiales*, No. 20, 1990.

Paulanis, Thierry, "La lutte contre la pauvreté dans les villes en développement,"

Les Annales de la Recherche Urbaine, No. 93, 2003.

Périvier, Hélène, "La pauvreté au prisme du genre," *Communications*, No. 98, 2016.

Polack, Emmanuelle, "Retrouvées, classées, enfin accessibles: les Archives du Comité de bienfaisance israélite de Paris (CBIP)," *Archives Juives*, Vol. 36, No. 2, 2003.

Polak, Michael, Paul F. Lazarsfeld, "fondateur d'une multinationale scientifique," *Actes de la recherche en sciences sociales*, No. 25, 1979.

Pucci, Muriel, "Le RSA activité est-il ciblé sur les travailleurs pauvres au sens Eurostat?" *Politiques sociales et familiales*, No. 104, 2011.

Rodenstein, Bernard, "Luttre avec Espoir contre la pauvreté et l'exclusion," *Les cahiers du christianisme social*, No. 17, 1988.

Roi, Claire-Sophie, "Vivre le manque en Picardie: les campagnes de la pauvreté," *Communications*, No. 98, 2016.

Séguin, Anne-Marie, Gérard Divay, "La lutte territorialisée contre la pauvreté: examen critique du modèle de revitalisation urbaine intégrée," *Le territoire, instrument providentiel de l'État social*, No. 52, 2004.

Shibano, Marguerite-Marie, Arnaud Baric, "Missionnaire apostolique: un prêtre toulousain en Guerre contre la pauvreté la peste et les Jésuites (vers 1607 – 1668)," *Revue archéologique, historique et philologique de la France méridionale*, Vol. 100, No. 182, 1988.

Tachon, Michel, "Politique de lutte contre la pauvreté: nouveaux habits et vieilles dépouilles," *Revue internationale d'action communautaire*, No. 16, 1986.

Thouzelleir Ch., "La pauvreté, arme contre l'albigéisme, en 1206," *Revue de l'histoire des religions*, No. 15, 1957.

Toutalian, Carole, Valérie Bernardi, Jacqueline Petruzzella, Olivier Eghazarian, Francine Carmona, "Pauvreté: les enfants sont aussi concernés, Analyse de la pauvreté infantile en région Provence-Alpes-Côte-d'Azur," *Politiques sociales et familiales*, No. 104, 2011.

Viguier, Frédéric, "Les paradoxes de l'institutionnalisation de la lutte contre la pauvreté en France," *L'Année sociologique*, No. 63, 2013.

Viguier, Frédéric, "Les paradoxes de l'institutionnalisation de la lutte contre la pauvreté en France," *L'Année sociologique*, No. 63, 2013.

Wachsberger, Jean-Michel, "Jacques Rodriguez. La neutralisation politique de la pauvreté," *Communications*, No. 98, 2016.

Weber, Klaus, "La philqnthropie des Rothschild et la communauté juif de Paris au XIX°siècle," *Archives Juives*, Vol. 44, No. 1, 2011.

Wortley, B. A., "Le 'Trust' et ses applications modernes en droit anglais," *Revue internationale de droit comparé*, Vol. 14, No. 4, 1962.

Yves, Casa Casalis, Daniel Druesne, "Pauvres aujourd'hui," *Messages du Secours Catholique*, No. 360, 1984.

(三) 论文

Marconi, Cyrille, "Les Ateliers de charité en Dauphiné. L'assistance par le travail entre secours et enjeux économiques (1771 – 1917)," thèse pour le dorctorat d'histoire du droit, Université de Grenoble, 2012.

Viguier, Frédéric, "La cause des pauvres. Mobilisations humainitaires et transformations de l'État social en France depuis 1945," thèse de doctorat, Paris: École des hautes études en sciences sociales, 2010.

图书在版编目（CIP）数据

法国贫困问题与反贫困政策研究／苑莉莉著. －－ 北京：社会科学文献出版社，2023.10
（世界发展研究丛书）
ISBN 978 - 7 - 5228 - 2473 - 4

Ⅰ.①法… Ⅱ.①苑… Ⅲ.①贫困问题 - 研究 - 法国
Ⅳ.①F151.647

中国国家版本馆 CIP 数据核字（2023）第 172652 号

世界发展研究丛书
法国贫困问题与反贫困政策研究

著　　者／苑莉莉

出 版 人／冀祥德
责任编辑／郭白歌
文稿编辑／顾　萌
责任印制／王京美

出　　版／社会科学文献出版社·国别区域分社（010）59367078
　　　　　　地址：北京市北三环中路甲 29 号院华龙大厦　邮编：100029
　　　　　　网址：www. ssap. com. cn
发　　行／社会科学文献出版社（010）59367028
印　　装／三河市尚艺印装有限公司

规　　格／开　本：787mm×1092mm　1/16
　　　　　　印　张：16.5　字　数：277 千字
版　　次／2023 年 10 月第 1 版　2023 年 10 月第 1 次印刷
书　　号／ISBN 978 - 7 - 5228 - 2473 - 4
定　　价／98.00 元

读者服务电话：4008918866